난강망 궁통보감
欄江網[窮通寶鑑]

韓國 第一의 '八字術 마스터'가 풀어내는

# 欄江網 마스터리 Ⅲ

李修 지음

장서원
도서출판

## 동양오술(東洋五術)의 시종(始終), 팔자명리(八字命理)

근자에 대중적인 인기를 구가하는 종합격투기의 긍정적 요소로 그동안 무술(武術)계를 지배해 온 신비주의(神秘主義)의 혁파(革罷)를 꼽을 수 있다. 산속 수련을 하며 하늘을 날아다니고, 사람들의 눈에는 보이지 않을 정도의 발차기 능력을 지녔다거나, 손에서 장풍(掌風)이 나오는 고수(高手)들을 신봉(信奉)했던 이들에게 종합격투기는 무술에 대한 개념 자체를 뒤흔드는 일대 충격이었다. 종합격투기는 무술의 본질이 원초적인 싸움 기술이고, 격투 자체에 일차적 존재 가치가 있음을 확연히 알려 준 셈이다. 그곳에서는 유도나 레슬링의 금메달리스트 등 평생을 운동에 바친 기량이 출중한 엘리트 체육인들마저도 단 1승이 어려웠다. 격투기의 세계에서는 무엇보다 실전 기량이 중요하다. 지금은 어떤 신비주의 파이터가 출연한들 검증되지 않은 선수는 패배할 것으로 바라보게 된다. 결과적으로 무도(武道)만을 부르짖는 한편, 자신의 기예(技藝)야말로 실전최강이라는 믿음을 지녔던 부류들의 모순은 자연스럽게 폭로되었다.

"내가 몇 해 동안 복학(卜學)나 상학(相學)의 대가(大家)로 이름난 이들을 견문(見聞)하고 헤아려 보았는데 이들은 한결같이 팔자명리(八字命理)를 아는 듯 처세하지만, 실은 몹시 서툴렀다. 육임(六壬)이나 기문(奇門), 육효(六爻) 또는 풍수(風水)와 의(醫), 선(仙)의 단계에 이르기까지 다양한 학술과 도학을 선택하고 정진하는 문제는 다 개인의 취향과 자유다. 다만 어떤 형태로든 명리(命理)에 정통하지 않은 한, 간략한 점술(占術)이나 허세(虛勢)에 지나지 않는다고 볼 수 있다. 명(命)은 오술(五術)의 근간이자, 세사(世事) 일반을 벗어난 도(道)는 의미가 없기 때문이다. 가령 팔자(八字)를 모르고 유체(遺體)를 매장하는 음택법(陰宅法) 자체가 성립되지 않는데도 명리를 도외시한 풍수가 판을 친다. 개체적인 자아(自我)를 실체의 것으로 믿고 집착해 자기중심의 한정된 이론 체계를 벗어나지 못하는 부류들과는 도통 말이 통하지 않지만, 정히 불민(不敏)한 자세를 보이는 이들에겐 언제든 이 '이수'가 팔자술(八字術)의 진가를 쾌도난마(快刀亂麻)식으로 각인시킬 뜻이 있다. 부디 허구를 진실로 믿지 말고, 한 번쯤 돌이켜 명학(命學)의 기본부터 제대로 복기하기 바란다."

한 마디로 검증되지 않은 술(術)과 도(道)는 의미가 없다. 세사(世事)를 간파(看破)하는 과정을 거치지 않은 도(道)란 그 자체로 불완전하기 쉽다. 팔자명리(八字命理)의 세계는 비록 속진(俗塵)의 빈부귀천(貧富貴賤)과 길흉수요(吉凶壽夭)를 따져 보는 형이하학(形而下學)적 연구를 바탕으로 삼지만, 세사(世事) 일반의 가치를 헤아린 연후 참다운 도

(道)를 구현해 나가는 자연스러운 과정이라 할 수 있다. 그런데 현실은 팔자학(八字學)이 쉽지 않고, 사학(斯學)의 학문적 원칙을 견지한 인사들조차 찾아보기 어려운 문제가 있다. 실전에서 급수(級數)를 나누는 기준은 예외 없이 '기초(基礎)의 튼실함'으로 설명되어 왔다. 따라서 우리는 먼저 선학(先學)들이 친절하게 설명해 두지 않은 – 실상 몇 세기 전까지만 해도 문학이나 철학이 정형화된 포맷으로 존재하지 않고 오직 시(詩)의 형태로만 존재했으므로 대중이 공유하는 상세한 지식의 전수는 불가했다 – '베이식'부터 정확하게 완성해 나가야 마땅하다. 기초 체력부터 확실히 다지고, 눈부신 고급 기법을 체득해야만 현실에서 통하고 검증된다. 술(術)의 진가(眞價)는 현장에서 증명되는 것이지, 쌓아 둔 서책(書冊)으로 평가되는 게 아니므로 강호(江湖)의 환경은 갈수록 척박해질 게 분명하다. 한번 제대로 된 임자를 만나면 턱없이 무너질 골목의 '스트리트파이터'나 현실감각이 결여된 은둔 고수(高手)로 머물지 말고, 언제 어느 곳에서든 강력한 '포스'를 발산할 수 있는 정상급 실력자로 변모해서 한 번쯤은 명리(名利)를 거머쥐는 영화(英華)를 누려 보기 바란다.

"고래(古來)로 대부분의 인사들은 팔자명리(八字命理)를 잘 알지 못했다. 자평(子平)의 동호인(同好人)이나 평범한 학인(學人)으로 머문다면 모르되, 이른바 현장 술가(術家)라면 마땅히 팔자(八字)의 오의(奧義)에 통해야 한다. 그런데 강호(江湖)와 강단(講壇)을 묶어, 대개 사학(斯學)을 연구하는 학자들은 명리(命理)를 단지 '오행(五行) 생극제화(生剋制化)'의 이법(理法)적 틀에 국한된 시각을 견지하거나 그 정도 선에서 이해하기 일쑤다. 이토록 명리(命理)를 인식하는 수준이 낮으므로 명술(命術)의 다양한 기법을 수렴하기란 거의 불가능한 얘기가 된다. 기초적인 자평술(子平術)이나 두수(斗數) 또 이를 병용하는 성평합참(成平合參), 그리고 명학(命學)의 최고봉으로 치는 칠판신수(鐵板神數)나 복(卜)의 태을(太乙)에 이르기까지 나름대로 일가견을 피력한들, 명리(命理)에 정통하지 않다면 양두구육(羊頭狗肉)이 그럴듯한 바에 지나지 않는다. 오랫동안 동양술학계에는 수많은 문파(門派)와 유파(流派)들이 존재해 왔지만, 아직껏 성숙한 환경을 구축하지 못했고 학문적 위상에 걸맞는 대접을 받지 못한다. 원인은 자못 간단하다. 학문적인 원칙이 불분명하고, 지식이 온전치 않기 때문이다. 까닭에 지금껏 '명학의 학습 과정'이나 '술(術)의 실전 간명(看命) 순서'조차 바르게 설명되지 못하는 현실이다. '체용(體用)을 분간하는 용법(用法)'부터 정리가 되지 못했으므로 한 마디로 '펀더멘털'의 부재 상황이라 할 만하다. 이를테면 '자평진전(子平眞詮)'과 '난강망(欄江網)'은 체신(體神)의 영역에 집중된 이론을 전개하는 고서(古書)임에도 불구하고, 이를 통해 세월(歲月)의 희용(喜用)을 구하려는 우(愚)를 범한다. '적천수(滴天髓)'를 더한 사주학(四柱學)의 3대 텍스트 각각을 바르게 회득(會得)하지 못하므로 팔자명리의 근간을 일관되게 관통하는 지식체계를 견지하지 못한다. 무릇 팔자학을 학습하는 이라면 '이기(理氣)와 체용(體用), 기질(氣質)' 등의 기본 개념을 확고히 다진 연후, 제 것을 만들어야 비로소 천박하지 않은 진정한 팔자술(八字術)을 구사할 수 있는 것이다. 그러므로 명리(命理)의 '이법(理法)과 기학(氣學)'을 온전하게 이해하지 못하면 더한 학문이 사상누각(砂上樓閣)에 그치고 만다. 자평(子平)의 고법(古法)과 신법(新法)은 대부분 체(體)를 축으로 한 이론 체계로 구성되어 있다. 반면 근자의 선진 명학(命學)은 용(用)의 영역인 '오운육기(五運六氣)의 물상법(物象法)'과 '형충회합(刑沖會合)의 실기(實技)' 분야로 확장해 가는 추세를 보이고 있다. 혹자는 자평(子平)은 실성(實星)이요, 두수(斗數)는 허신(虛神)으로 대립 보완적인 관계를

> 논하기도 하는데, 이 또한 몰라서 하는 얘기다. 명리(命理)의 고급 기법은 허(虛)와 실(實)을 다 같이 포괄하고 수렴한다. 고전(古典)으로 기초(基礎)를 다지고, 이후 명술(命術)의 각론, 선진 기법을 익혀 이를 자유자재로 운용하는 묘법(妙法)을 체득해야만 비로소 '팔자술'의 마스터로 부상하게 되는 것이다."

학습자들은 항상 아집(我執)과 견강부회(牽强附會)를 경계해야 한다. 아울러 명학(命學)에 뜻을 둔 이상, 확고한 지식체계와 원칙을 세우는 노력을 게을리 해선 안 된다. 적당히 타협하거나 포기할 근기(根氣)라면 실은 지체 없이 진로를 바꾸는 게 좋다. 모르면서 안다고 착각하지 말고, 늘 겸손하며 삼가는 태도로 학습에 정진한다면 머지않아 명리(命理)를 온전히 깨칠 것이다. 스스로 흔들리지 않는 지경에 이르러 강호(江湖)로 나서라. 그러면 세인(世人)들의 존경을 한 몸에 받게 된다. 술법(術法)의 시대인 21세기는 필시 동양의 예측술(豫測術)이 대중의 기대와 주목, 찬사를 받게 될 것이다. 그러니 즐겁게 배우고 익혀 나가길 바란다.

乙酉年 龍仁, 寓居에서

이수 記

# |목 차|

## Ⅲ 아우트로[*Outro]



# 券 一

## Ⅰ 인트로[*Intro]



## Ⅱ 마스터리[*Mastery]

## 劵 二

- 三秋己土
- 三冬己土
- 三春庚金
- 三夏庚金
- 三秋庚金
- 三冬庚金
- 三春辛金
- 三夏辛金
- 三秋辛金
- 三冬辛金

## | 일러두기 Explanatory Notes |

'난강망(欄江網) 마스터리'는 기존의 명리서(命理書) 각각이 지닌 이질(異質)적인 내용의 통일성을 꾀한 일관(一貫)된 논리 체계로 전개됩니다. 다시 말해 자평명리(子平命理)의 음양오행(陰陽五行) '이법(理法)과 기학(氣學)'을 최적의 상태로 조율(調律)하는 데 초점을 맞춘 것입니다. 따라서 학습자들은 '마스터리'를 통해 일정한 원리에 따라 자연스럽게 조직된 명리학(命理學) 지식의 통일된 전체를 이해하게 될 것으로 기대합니다. 근세에 자평(子平)의 3대 고서(古書)를 모두 주해, 저술한 서락오(徐樂吾) 대사의 오류 일반은 '자평진전리뷰'에서 이미 언급한 바, 이를 참고로 대조하여 본다면 명리(命理)의 바른 계통을 한결 수월하게 파악할 수 있을 것입니다.

이 책은 전체 'Ⅰ 인트로, Ⅱ 마스터리, Ⅲ 아우트로'의 전체 3 단계로 구성되어 있습니다.

1. '인트로'에서는 팔자학(八字學) 전반의 학문적 원칙을 확고히 하는데 목적을 두고 기본 사항을 점검합니다. 강호(江湖)와 강단(講壇)을 불문하고, 팔자명리(八字命理)의 이법(理法)과 기학(氣學) 체계 조직을 정확하게 인식하는 실력자를 아직 찾아보지 못했습니다. 선학(先學)들의 유산도 부족한 점이 있으므로 최근에 발표한 '베이식'을 축으로 몇 가지 중요한 내용들을 요약하였습니다. 이 부분의 분명한 이해가 수반되어야 '마스터리' 본문의 내용에 한결 자연스럽게 다가설 수 있게 됩니다.

2. '마스터리'에서 채택한 텍스트는 '궁통보감(窮通寶鑑)'입니다. 본문은 [원시*TEXT]와 원문을 직역(直譯)한 [일람*Scanning], 그리고 최신 견해를 피력한 [숙달*Mastery] 순으로 전개됩니다. '해설' 편에서는 '조화원약평주(造化元鑰評註)'의 일부 내용을 인용하고 있습니다. 특히 '1권'의 각론(各論)에서는 생극제화(生剋制化)의 이법(理法)과 기후론(氣候論)이 조화되는 팔자(八字) 유형의 예시로 학습자들의 수월한 이해를 도모하였고, '2권'의 각론(各論)에서는 명인(名人)들의 명례(名例)를 통해 격국(格局)의 귀천고저(貴賤高低)를 종합적으로 판단하는 데 중점을 두어 종래의 해설서와 차별화했습니다.
3. '아우트로'에서는 십간용신(十干用神)을 기후(氣候)와 부억(扶抑) 관계로 포괄한 십간론(十干論) 전반을 요약하였습니다. 양상윤(梁湘潤)이 편술한 '여씨용신사연(余氏用神辭淵)', 서락오(徐樂吾)의 '궁통보감(窮通寶鑑)'에 요약된 십간희용제요(十干喜用提要) 및 진소암(陳素庵)이 수립한 '십간론(十干論)' 등에 이르기까지 십간(十干) 희기(喜忌) 조합 전반을 일관되고 균형 잡힌 관점에서 새롭게 압축 정리한 것입니다. 이로써 학습자들은 순식간에 팔자(八字), 체신(體神)의 성패(成敗)와 희기(喜忌)를 판정하는 고급실력을 갖추게 될 것입니다.

## ■ 三春壬水 (삼춘임수)

[원시*TEXT]

正月壬水, 汪洋之象, 能并百川之流, 然水性柔弱, 宜用庚金之源, 庶不致汪洋無度. 有庚丙戊三者齊透, 科甲功名. 或庚戊藏支, 丙坐寅支者, 亦有恩誥, 即一庚透, 貢監有之.

정월임수, 왕양지상, 능병백천지류, 연수성유약, 의용경금지원, 서불치왕양무도. 유경병무삼자제투, 과갑공명. 혹경무장지, 병좌인지자, 역유은고, 즉일경투, 공감유지.

[일람*Scanning]

1. 寅月 壬水는 왕양(汪洋)의 상(象)으로 능히 백천(百川)의 흐름을 어우를 수 있으나 수성(水性)은 유약(柔弱)하여 의당 庚金의 원천(源泉)을 용(用)하니 왕양(汪洋)하여 절도(節度)가 없는 상황에 이르지는 않는다.

2. 庚丙戊 삼자(三者)가 있어 다 같이 투(透)하면 과갑(科甲)하고 공명(功名)을 이룬다.

3. 혹 庚戊가 지지(地支)에 암장(暗藏)되고 丙火가 寅에 앉으면 역시

은고(恩誥)가 있고 만일 하나의 庚金이 투(透)하면 공감(貢監)은 있다.

[숙달*Mastery]

寅月 壬水는 왕양(汪洋)하여 흐름이 멈추지 않으나 영(令)을 잃어 범람(氾濫)할 우려는 없다. 그러므로 먼저 庚金을 용(用)하여 수원(水源)을 발(發)한 다음, 丙火로 한기(寒氣)를 제거하고 戊土로 흐름을 막으면 왕양(汪洋)해도 지나칠 일이 없다. **壬水는 丙戊를 떠나서 생각하기 어렵다.** 다만 춘하(春夏)에는 庚金으로 수원(水源)을 발(發)하지 않으면 혹 고갈(枯渴)될 염려가 있다. 삼춘(三春) 壬水는 庚金을 용신(用神)으로 삼는데 金水가 태왕(太旺)하지 않으면 丙戊의 효용(效用)이 떨어진다. 寅月 壬水에 庚丙戊 삼자(三者)가 투(透)하면 봉지도랑(鳳池桃浪)의 객(客)이라 하니 권위(權威)가 절정이다.

戊 壬 庚 丙
申 □ 寅 □

寅月 壬水에 庚戊가 지지(地支)에 암장(暗藏)되고 丙火가 寅에 앉으면 은영(恩榮) 있고, 하나의 庚金이 투(透)하고 파(破)되지 않으면 공감(貢監)으로 그치지는 않는다. 다음은 '조화원약평주'에 도독(都督)에 이른 명(命)으로 예시된 팔자(八字)로 육임추간격(六壬趨艮格)이다. 庚金이 투(透)하고 寅午 회국(會局)으로 재성(財星)이 암왕(暗旺)하다.

庚 壬 壬 壬
戌 寅 寅 午

[원시*TEXT]

凡壬日無比肩羊刃者, 不必用戊, 專用庚金, 以丙為佐.

범임일무비견양인자, 불필용무, 전용경금, 이병위좌.

[일람*Scanning]

무릇 壬日에 비견(比肩)과 양인(羊刃)이 없으면 戊土의 용(用)이 필요치 않고, 庚金을 전용(專用)하며 丙火로 보좌(輔佐)한다.

[숙달*Mastery]

寅月 壬水에 비견(比肩)과 양인(羊刃)이 없으면 戊土가 없어도 무방하다.

[원시*TEXT]

或見比劫, 又有庚辛, 此弱極復旺, 又宜制伏. 戊透, 可云科甲. 戊藏, 則是秀才. 然必丙透不合, 為妙.

혹견비겁, 우유경신, 차약극부왕, 우의제복. 무투、 가운과갑. 무장, 즉시수재. 연필병투불합, 위묘.

[일람*Scanning]

1. 혹 비겁(比劫)이 있고 또 庚辛金이 있으면 극도로 약(弱)함이 도로 왕(旺)해지니 의당 제복(制伏)이 마땅하다.
2. 戊土가 투(透)하면 가히 과갑(科甲)에 이른다.
3. 戊土가 암장(暗藏)되면 수재(秀才)다.

4. 그러나 필히 丙火가 투(透)하고 합(合)되지 않아야 묘(妙)하다.

[숙달*Mastery]

寅月은 壬水의 병지(病地)이나 비겁(比劫)이 있고 또 庚辛金이 있으면 약(弱)함이 도로 왕(旺)해지니 마땅히 戊土로 제복(制伏)해야 한다. 이때 戊土가 투(透)하면 가히 과갑(科甲)에 이른다. 戊土가 암장(暗藏)되어도 수재(秀才)로 이도(異途)가 있다. 壬水에 丙火는 인수(印綬)가 있거나 살(殺)이 있거나를 불문하고 무조건 있어야 길하다.

[원시*TEXT]

或支見多戊, 又有甲出干, 名一將當關, 群邪自伏, 主光明磊落, 名重百僚. 或支成火局, 惜不逢時, 主名利皆虛, 文章駭俗.

혹지견다무, 우유갑출간, 명일장당관, 군사자복, 주광명뢰락, 명중백료. 혹지성화국, 석불봉시, 주명리개허, 문장해속.

[일람*Scanning]

1. 혹 지지(地支)에 戊土가 많고 또 甲木이 출간(出干)하면 일장당관(一將當關)으로 간사(奸詐)한 무리들이 스스로 엎드리고 명주(命主)는 광명(光明)을 보고 뇌락(磊落)하니 명성(名聲)이 백료(百僚)를 누른다.

2. 혹 지지(地支)에 화국(火局)을 이루면 아깝게도 때를 만나지 못한 것이니 명리(名利)가 모두 헛되고 문장(文章)으로 세상 사람을 놀라게 한다.

[숙달*Mastery]

지지(地支)에 戊土가 많고 甲木이 출간(出干)하면 일장당관(一將當關)으로 마음이 활달하여 작은 일에는 구애받지 않는 영웅(英雄)의 상(象)이다. 寅月 壬水가 지지(地支)에 화국(火局)을 이루면 수화기제(水火旣濟)가 되어도 水火가 모두 때를 잃어 명리(名利)가 허상(虛像)이다. 종재격(從財格)을 이루어도 상격(上格)은 아니다.

[원시*TEXT]

用庚者, 土妻庚子. 用丙者, 木妻火子. 用戊者, 火妻土子.

용경자, 토처경자. 용병자, 목처화자. 용무자, 화처토자.

[일람*Scanning]

1. 庚金을 용(用)하면, 土가 아내요 庚金이 자식이 된다.
2. 丙火를 용(用)하면, 木이 아내요 火가 자식이 된다.
3. 戊土를 용(用)하면, 火가 아내요 土가 자식이 된다.

[숙달*Mastery]

토처경자(土妻庚子)는 식다용인격(食多用印格), 목처화자(木妻火子)는 식신생재격(食神生財格), 화처토자(火妻土子)는 기식취살격(棄食就殺格)을 의미한다.

[원시*TEXT]

二月壬水, 寒氣初除, 有并流之象, 不用丙暖, 專取戊土辛金. 二月壬水,先戊後辛，庚金次之.

이월임수, 한기초제, 유병류지상, 불용병난, 전취무토신금. 이월임수, 선무후신, 경금차지.

[일람*Scanning]

1. 卯月 壬水는 한기(寒氣)을 처음으로 제거(除去)되니 병류지상(并流之象)으로 丙火의 따뜻함을 용(用)하지 않고, 오직 戊土와 辛金을 취(取)한다.

2. 卯月 壬水는 먼저 戊土를 쓰고 다음에 辛金을 쓰며 庚金은 차선(次善)이다.

[숙달*Mastery]

卯月 壬水는 한기(寒氣)가 제거(除去)되어 물이 맑고 깊다. 戊土로 제방(制防)한 다음에 辛金으로 수원(水源)을 발(發)해야 한다. 중춘(仲春)에는 壬水가 사지(死地)가 되고 木이 당왕(當旺)하여 壬水를 설(洩)해 약(弱)하게 만든다. 이때 庚辛金이 없으면 흉하다. 신약(身弱)하면 재(財)를 감당하기가 버겁고 水가 따뜻하니 丙火는 취하지 않는다.

[원시*TEXT]

戊辛兩透，雁塔題名. 戊透辛藏，亦有恩誥. 或戊辛不透，有庚出干者，主富. 或支成木局，有庚透者，金榜題名. 庚在支者，異途之仕.

무신량투, 안탑제명. 무투신장, 역유은고. 혹무신불투, 유경출간자, 주부. 혹지성목국, 유경투자, 금방제명. 경재지자, 이도지사.

[일람*Scanning]

1. 戊辛이 양투(兩透)하면 안탑(雁塔)에 이름을 올린다.

2. 戊土가 투(透)하고, 辛金이 암장(暗藏)되면 역시 은고(恩誥)가 있다.

3. 혹 戊辛이 투(透)하지 않고 庚金이 있어 출간(出干)하면 주로 부(富)하다.

4. 혹 지지(地支)에 목국(木局)을 이루고, 庚金이 있어 투(透)하면 금방(金榜)에 이름을 올린다.

5. 庚金이 지지(地支)에 있으면 이도(異途)로 벼슬을 한다.

숙달*Mastery]

卯月 壬水는 戊辛이 양투(兩透)하면 과갑(科甲)에 준함이 있다. 戊土가 투(透)하고, 辛金이 유궁(酉宮)에 있으면 역시 은봉(恩封)을 기대할 수 있다. 戊辛이 투(透)하지 않고 庚金이 있어 출간(出干)해도 부격(富格)을 이룬다. 지지(地支)에 목국(木局)을 이루고, 庚金이 투(透)하면 과갑(科甲)하고 庚金이 지지(地支)에 있으면 이도(異途)가 나타난다. 다시 말해 卯月 壬水는 수목상관(水木傷官)으로 인수(印綬)로 격(格)을 이루면 부(富)가 나타나고, 칠살(七殺)로 격(格)을 이루면 귀(貴)를 겸하는 것이다. 다음은 '조화원약평주'에 과갑(科甲)한 명(命)으로 예시된 수목상관패인격(水木傷官佩印格)의 팔자(八字)다.

庚 壬 乙 戊
子 子 卯 午

[원시*TEXT]

或木出火多, 名木盛火炎, 須比肩羊刃, 尤宜水透, 富貴恩榮. 乏水者則否.

혹목출화다, 명목성화염, 수비견양인, 우의수투, 부귀은영. 핍수자즉부.

[일람*Scanning]

1. 혹 木이 출(出)하고 火가 많으면 목성화염(木盛火炎)으로 비견(比肩)과 양인(羊刃)이 필수(必須)로 水가 투(透)해야 더욱 마땅하니 부귀(富貴)와 은영(恩榮)이 있다.

2. 水가 결핍(缺乏)되면 그렇지 않다.

[숙달*Mastery]

卯月 壬水에 木火가 많으면 목성화염(木盛火炎)이 된다. 이때 비겁(比劫)으로 방신(幇身)하면 적수(滴水)가 만리를 윤택(潤澤)하게 하니 부귀격(富貴格)을 이룬다. 신약(身弱)이면 유림(儒林)의 선비가 되나 남의 도움으로 살아간다.

[원시*TEXT]

或比肩重重, 又須戊土, 書曰 : 土止流水福壽全. 若戊不見, 名水泛木浮. 一生辛苦, 再行水運, 落水身亡.

혹비견중중, 우수무토, 서왈 : 토지류수복수전. 약무불견, 명수범목부. 일생신고, 재행수운, 낙수신망.

[일람*Scanning]

1. 혹 비견(比肩)이 중중(重重)하면 마땅히 戊土가 있어야 한다.

2. 고서(古書)에 이르길, "土가 흐르는 물을 그치게 하면 복수(福壽)가 완전하다."고 했다.

3. 만약 戊土를 보지 못하면 수범목부(水泛木浮)라 한다.

4. 일생(一生)이 신고(辛苦)하고 재차 수운(水運)으로 가면 물에 떨어져 죽는다.

[숙달*Mastery]

卯月 壬水에 비견(比肩)이 많으면 반드시 戊土가 있어야 한다. 고서(古書)에 土가 흐르는 물을 막으면 복수(福壽)가 완전하다고 했다. 이때 戊土가 없으면 수범목부(水泛木浮)가 평생 고생이 많다. 만일 수운(水運)으로 흐르면 아신(我身)이 상한다.

[원시*TEXT]

或甲乙重重無比肩者, 此依人度日, 全無作為. 若見庚辛, 飢寒可免.

혹갑을중중무비견자, 차의인탁일, 전무작위. 약견경신, 기한가면.

[일람*Scanning]

1. 혹 甲乙木이 중중(重重)하고 비견(比肩)이 없는 사람은 타인(他人)에게 의지(依支)하여 일수를 헤아리니 이루는 게 하나도 없다.

2. 만약 庚辛金을 보면 기한(飢寒)은 가히 면(免)한다.

[숙달*Mastery]

卯月 壬水에 甲乙木이 많은데 비견(比肩)이 없으면 남에게 의지하여 살아간다. 이때 庚辛金을 보면 가난은 면할 수 있다.

[원시*TEXT]

三月壬水, 戊土司權, 恐有推山填海之患, 先用甲疏季土, 次取庚金. 甲庚俱透, 科甲定然. 甲透庚藏, 修齊品格. 甲藏有根, 可云俊秀. 有癸滋甲, 必主干城. 獨甲藏支, 必富. 獨庚在柱, 常人. 無甲, 剛暴之徒. 乏庚, 愚頑之輩.

삼월임수, 무토사권, 공유추산전해지환, 선용갑소계토, 차취경금. 갑경구투, 과갑정연. 갑투경장, 수제품격. 갑장유근, 가운준수. 유계자갑, 필주간성. 독갑장지, 필부. 독경재주, 상인. 무갑, 강폭지도. 핍경, 우완지배.

[일람*Scanning]

1. 辰月 壬水는 戊土가 사권(司權)하니 산을 밀어 바다를 메우는 우환(憂患)이 두려우므로 먼저 甲木으로 계토(季土)를 소토(疏土)하고 다음으로 庚金을 취(取)한다.

2. 甲庚이 함께 투(透)하면 과갑(科甲)이 정연(定然)하다.

3. 甲木이 투(透)하고 庚金이 암장(暗藏)되면 수제(修齊)된 품격(品格)이 있다.

4. 甲木이 암장(暗藏)되고 뿌리가 있으면 가히 준수(俊秀)하다.

5. 癸水가 있어 甲木을 자윤(滋潤)하면 필히 명주(命主)는 간성(干

城)이 된다.

6. 하나의 甲木만 지지(地支)에 숨으면 필히 부(富)하다.
7. 하나의 庚金만 사주(四柱)에 있으면 상인(常人)이다.
8. 甲木이 없으면 강폭(剛暴)한 무리다.
9. 庚金이 결핍(缺乏)되면 우완(愚頑)한 무리다.

[숙달*Mastery]

辰月 壬水는 戊土가 권리(權利)를 잡아 강호(江湖)가 옹색해질 우려가 있다. 따라서 甲木을 용신(用神)으로 삼아 소토(疏土)한 다음으로 庚金으로 수원(水源)을 발(發)해야 한다. 이때 庚甲은 서로 떨어져 극제(剋制)하지 않아야 유용(有用)하다. 辰月 壬水에 甲庚이 함께 투(透)하면 과갑(科甲)으로 관직(官職)에 나간다. 甲木이 투(透)하고 庚金이 암장(暗藏)되면 수재(秀才)로 명성이 작지 않다. 다음은 이탈리아의 발명가로 1909년 노벨물리학상을 수상한 마르코니(Guglielmo Marconi)의 팔자(八字)다.

乙 壬 戊 甲
巳 子 辰 戌

甲木이 寅亥에 암장(暗藏)되고 庚金이 투(透)하면 준수(俊秀)하고 의금(衣衿)이 있다. 이때 癸水가 투(透)하여 甲木을 자윤(滋潤)하면 이도(異途)로 지위(地位)가 높아 간성(干城)이 된다. 하나의 甲木이 지지(地支)에 숨으면 부(富)하고, 하나의 庚金만 사주(四柱)에 있으면 평범한 명(命)이다. 팔자(八字)에 甲木이 없으면 강폭(剛暴)한 무리고 庚金이 없으면 고집이 대단하다.

[원시*TEXT]

或時干透丁者, 此為化合, 助火而不助水. 見丁未一理. 或支成四庫, 乏甲者, 名殺重身輕, 終身有損.

혹시간투정자, 차위화합, 조화이부조수. 견정미일리. 혹지성사고, 핍갑자, 명살중신경, 종신유손.

[일람*Scanning]

1. 혹 시간(時干)에 丁火가 투(透)하면 화합(化合)하니 火를 돕지만 水는 돕지 못한다.

2. 丁未를 보아도 같은 이치로 논한다.

3. 혹 지지(地支)에 사고(四庫)를 이루고 甲木이 결핍(缺乏)되면 중살신경(殺重身輕)으로 종신(終身)토록 손상(損傷)됨이 있다.

[숙달*Mastery]

辰月 壬水는 시간(時干)에 丁火가 투(透)하면 壬水와 합(合)하여 木이 되므로 火는 돕지만 水를 돕지는 않으니 火는 있는데 水가 없어 평범하기 쉽다. 대개 화격(化格)은 화신(化神)을 생(生)하는 것을 용신(用神)으로 삼는데 木으로 화(化)하니 수기(水氣)가 부족하고 火가 목기(木氣)를 소모하면 곤란하다. 이때 庚辛金을 취하면 화격(化格)으로 논하지 않고 재다신약(財多身弱)을 구하므로 길하다. 辰月 壬水가 지지(地支)에 사고(四庫)를 이루었는데 甲木이 출간(出干)하여 제복(制伏)하지 않으면 살중신경(重重身輕)이 되어 평생 화액(禍厄)이 많다.

[원시*TEXT]

凡水旺多見庚金者，乃無用之人，須丙制之方妙.

범수왕다견경금자，내무용지인，수병제지방묘.

[일람*Scanning]

무릇 水가 왕(旺)하고 庚金을 많이 보면 무용지인(無用之人)이니 마땅히 丙火로 제(制)해야 비로소 묘(妙)해진다.

[숙달*Mastery]

辰月 壬水는 목왕(木旺)하면 庚金을 용신(用神)으로 삼고，수왕(水旺)한데 庚金이 많으면 무용지물(無用之物)이 되니 이때는 丙火로 제(制)해야 길하다. 즉 지지(地支)에 寅卯辰 목국(木局)이 있으면 庚金으로 제(制)해야 하고，申子辰 수국(水局)이 있으면 戊土로 제(制)해야 한다. 이때 庚金이 투(透)하면 丙火로 제(制)해야 한다.

## ■ 三夏壬水

[원시*TEXT]

四月壬水, 丙火司權, 水弱極矣, 專取壬水比肩為助, 次取辛金發源, 且暗合丙火, 庚金為佐. 壬辛兩透, 金榜有名, 或癸辛兩出, 加以甲透, 亦主異路之榮. 無甲者, 富貴門下之客.

사월임수, 병화사권, 수약극의, 전취임수비견위조, 차취신금발원, 차암합병화, 경금위좌. 임신량투, 금방유명, 혹계신량출, 가이갑투, 역주이로지영. 무갑자, 부귀문하지객.

[일람*Scanning]

1. 巳月 壬水는 丙火가 사권(司權)하니 水의 약(弱)함이 극(極)에 미치므로 오직 壬水 비견(比肩)을 취(取)하여 방조(幇助)하고 다음으로 辛金을 취(取)하여 발원(發源)하는 한편 丙火를 암합(暗合)하면 庚金으로 보좌(輔佐)한다.

2. 壬辛이 양투(兩透)하면 금방(金榜)에 이름이 붙고, 혹 癸辛이 양투(兩透)하고 더해서 甲木이 투(透)하면 역시 이로(異路)로 영화(榮華)

가 있다.

3. 甲木이 없는 자는 부귀(富貴)한 문하(門下)의 객(客)에 불과하다.

[숙달*Mastery]

巳月 壬水는 丙火가 사권(司權)하니 건조하다. 먼저 壬水 비견(比肩)으로 신강(身强)하게 만든 다음 辛金으로 수원(水原)을 발(發)해야 한다. 원문(原文)에는 丙火를 암합(暗合)하면 庚金으로 보좌(輔佐)한다고 했는데, 실제로는 丙火가 투(透)하여 용신(用神)을 합거(合去)함을 꺼리는 것으로 丙火가 암장(暗藏)되어 있으면 庚金으로 보좌(輔佐)하지 않아도 무방하다. 巳月 壬水에 壬辛이 양투(兩透)하면 금방(金榜)에 이름이 붙고, 壬庚이 모두 투(透)해도 과갑(科甲)에 준한다. 다음은 '궁통보감평주'에 금수운(金水運)을 맞아 총독(總督)이 된 명(命)으로 예시된 팔자(八字)로 신궁(申宮) 庚壬이 힘을 얻었다.

乙 壬 乙 壬
巳 午 巳 寅

巳月 壬水에 癸辛이 양투(兩透)하고 더해서 甲木이 투(透)하면 이로(異路)로 영화(榮華)가 있다. 이것은 甲木이 戊癸가 상하로 합(合)하는 것을 막기 때문이다. 甲木이 없는 자는 부잣집의 한가한 사람에 불과하다.

[원시*TEXT]

如無壬, 木少火多者, 又作棄命從才格, 因妻致富. 癸透者殘疾.

여무임, 목소화다자, 우작기명종재격, 인처치부. 계투자잔질.

[일람*Scanning]

1. 만일 壬水가 없고 木이 적은데 火가 많으면 기명종재격(棄命從財格)이 되어 처(妻)로 인해 치부(致富)한다.

2. 癸水가 투(透)하면 잔질(殘疾)이 있다.

[숙달*Mastery]

巳月 壬水가 화다(火多)한데 木이 적고 인비(印比)가 없으면 기명종재격(棄命從財格)이 되어 처(妻)로 인해 부자가 된다. 이때 癸水가 투(透)하면 적수(滴水)가 메말라 잔병(殘病)이나 요절(夭折)이 따를 우려가 깊다.

[원시*TEXT]

或四柱多金得地, 則極弱復強, 須用巳中戊土, 亦主名利雙全. 或異途之貴. 若見一甲藏寅, 與巳相刑, 主有暗疾, 名利皆虛, 不能創立. 或多甲乙, 有庚出干者, 貴. 無庚者, 否. 或支成水局, 大貴.

혹사주다금득지, 즉극약부강, 수용사중무토, 역주명리쌍전. 혹이도지귀. 약견일갑장인, 여사상형, 주유암질, 명리개허, 불능창립. 혹다갑을, 유경출간자, 귀. 무경자, 부. 혹지성수국, 대귀.

[일람*Scanning]

1. 혹 사주(四柱)에 金이 많고 득지(得地)하면 극약(極弱)이 다시 강(强)함을 찾으니 마땅히 巳中 戊土를 용(用)하면 역시 명리쌍전(名利雙全)한다.

2. 혹은 이도(異途)의 귀(貴)가 있다.

3. 만약 하나의 甲木이 寅에 암장(暗藏)되면 巳와 상형(相刑)이 되어 주로 암질(暗疾)이 있고 명리(名利)가 다 헛되며 창립(創立)이 불능(不能)하다.

4. 혹 甲乙木이 많고 庚金이 출간(出干)하면 귀(貴)하다.

5. 庚金이 없으면 그렇지 않다.

6. 혹 지지(地支)에 수국(水局)을 이루면 대귀(大貴)하다.

[숙달*Mastery]

巳月 壬水에 金이 많고 봉생좌실(逢生坐實)하면 壬水가 약변강(弱變强)이 된다. 이때는 巳中 丙戊를 취하는 데 변격(變格)의 일종이다. 이것은 겁인화진격(刦印化晉格)과 같아 매우 귀한 명(命)이니 명리쌍전(名利雙全)하여 과갑(科甲)과 이도(異途)가 모두 나타난다. 만약 지지(地支)에 하나의 甲木이 寅에 암장(暗藏)되면 巳와 상형(相刑)이 되어 주로 암질(暗疾)이 있고 명리(名利)가 다 헛되며 창립(創立)이 불능(不能)하다. 한 마디로 金이 많아도 형(刑)으로 증폭된 화기(火氣)가 두렵다는 얘기다. 암병(暗病)은 지지(地支)의 토목교봉(土木交鋒) 현상에 기인한다. 이때 甲乙木이 많고 庚金이 출간(出干)하면 귀(貴)하지만 庚金이 없으면 그렇지 않다. 지지(地支)에 수국(水局)을 이루어도 겁인화진격(刦印化晉格)과 같아 대귀(大貴)하다.

[원시*TEXT]

五月壬水, 丁旺壬弱, 取癸為用, 取庚為佐. 無庚不能發水, 無癸不能傷丁. 五月壬水, 辛癸亦可參用, 其理與四月皆同.

오월임수, 정왕임약, 취계위용, 취경위좌. 무경불능발수, 무계불능상정. 오월임수, 신계역가참용, 기리여사월개동.

[일람*Scanning]

1. 午月 壬水는 丁火가 왕(旺)하고 壬水는 약(弱)하니 癸水를 취(取)하여 용(用)하고 庚金을 취(取)해 보좌(輔佐)한다.

2. 庚金이 없으면 水를 발(發)할 수 없고, 癸水가 없으면 丁火를 상(傷)하게 하지 못한다.

3. 午月 壬水는 辛癸가 역시 가(可)하므로 참작(參酌)해서 용(用)하며 그 이치(理致)가 巳月과 모두 같다.

[숙달*Mastery]

午月 壬水는 丁火가 왕(旺)한 때로 약하다. 癸水를 취(取)하여 용(用)하고 庚金을 취(取)해 보좌(輔佐)한다. 巳月 壬水는 丙戊가 임관(臨官)했기 때문에 壬辛을 위주로 하나 午月 壬水는 丁己가 당왕(當旺)하여 庚癸를 위주로 한다. 즉 재성(財星)이 영(令)을 잡았으니 겁재(劫財)를 중요한 용신(用神)으로 삼고 인수(印綬)로 보좌(輔佐)하여 재격투인(財格透印)으로 성격(成格)하는 것이다. 壬水는 午中 丁火가 합(合)해 오는 것을 우려해 먼저 癸水를 취하는 것이다. 그러나 화합(化合)이 온전한 것이 아닌 이상 취할 수는 있다. 辛癸도 또한 가(可)하다.

[원시*TEXT]

庚癸兩透, 科甲必然, 庚壬兩透, 官居極品. 有庚無壬癸者, 常人.

경계량투, 과갑필연, 경임량투, 관거극품. 유경무임계자, 상인.

[일람*Scanning]

1. 庚癸가 양투(兩透)하면 과갑(科甲)이 필연(必然)이고 庚壬이 양투(兩透)하면 관(官)이 극품(極品)에 거(居)한다.

2. 庚金이 있고 壬癸水가 없는 자는 상인(常人)이다.

[숙달*Mastery]

午月 壬水에 庚癸나 庚壬이 양투(兩透)하면 귀격(貴格)을 의심할 필요가 없다. 庚金이 있고 壬癸水가 없으면 보좌(輔佐)하는 신(神)은 있으나 정작 중요한 용신(用辛)이 없으니 평범한 명(命)이 된다. 다음은 미국 제 41대 대통령, 조지 부시(George Bush)의 팔자(八字)로 子中癸水가 丁火를 상(傷)하게 하여 대귀(大貴)하다.

丙 壬 庚 甲
午 戌 午 子

[원시*TEXT]

或支成火局, 全無金水, 名才多身弱, 富屋貧人. 若又甲乙多者, 僧道之命.

혹지성화국, 전무금수, 명재다신약, 부옥빈인. 약우갑을다자, 승도지명.

[일람*Scanning]

1. 혹 지지(地支)에 화국(火局)을 이루고 金水가 전무(全無)하면 재다신약(財多身弱)으로 부옥빈인(富屋貧人)이다.

2. 만약 甲乙木이 많은 자는 승도(僧道)의 명(命)이다.

[숙달*Mastery]

午月 壬水에 지지(地支) 火局을 이루고 金水가 전무(全無)하면 종재격(從財格)이 된다. 다만 양(陽)이 음(陰)을 종(從)하면 격국(格局)의 순수(純粹)함이 떨어져 상격(上格)으로 논하지는 않는다. '조화원약'은 午月 壬水가 종재론(從財論)을 짓지 않는다고 설명하고 단지 재다신약(財多身弱)으로만 설명하는데, 팔법관건(八法關鍵)의 화상절(化象節)에서는 복상(伏象)의 귀(貴)를 논하고 있으므로 후자에 무게를 두는 게 옳다고 생각한다. 결론적으로 **午月 壬水는 종재격(從財格)을 이루어도 지지(地支)에 水가 득지(得地)해야 길하다**. 다음은 중국 외교부장(外交部長)을 지낸 사람의 팔자(八字)다.

己 壬 丙 丁
酉 寅 午 亥

[원시*TEXT]

六月壬水, 己土當權, 丁火退氣, 先用辛金癸水, 次用甲木劈土. 六月壬水, 先辛後甲, 次取癸水. 辛甲兩透, 富貴清高. 甲藏辛透, 貢監生員. 辛藏甲透, 異途武職. 甲壬兩透, 無傷, 有治國之貴. 即甲藏壬出無破, 是拾芥之才. 或支多土火, 又只清貧.

유월임수, 기토당권, 정화퇴기, 선용신금계수, 차용갑목벽토. 유월임수, 선신후갑, 차취계수. 신갑량투, 부귀청고. 갑장신투, 공감생원. 신장갑투, 이도무직. 갑임량투, 무상, 유치국지귀. 즉갑장임출무파, 시습개지재. 혹지다토화, 우지청빈.

[일람*Scanning]

1. 未月 壬水는 己土가 당권(當權)하고 丁火가 퇴기(退氣)하니 먼저 辛金과 癸水를 용(用)하고 다음으로 甲木을 용(用)하여 벽토(劈土)한다.

2. 未月 壬水는 먼저 辛金을 쓰고 다음으로 甲木을 쓰며 차선(次善)으로 癸水를 취(取)한다.

3. 辛甲이 양투(兩透)하면 부귀(富貴)하고 청고(淸高)하다.

4. 甲木이 암장(暗藏)되고 辛金이 투(透)하면 공감(貢監)이나 생원(生員)을 한다.

5. 辛金이 암장(暗藏)되고 甲木이 투(透)하면 이도(異途)로 무직(武職)이 있다.

6. 甲壬이 양투(兩透)하고 상(傷)하지 않으면 나라를 다스리는 귀(貴)가 있다.

7. 만일 甲木이 암장(暗藏)되고 壬水가 투(透)하여 파(破)되지 않으면 습개(拾芥)의 재능(才能)은 있다.

8. 혹 지지(地支)에 土火가 많으면 단지 청빈(淸貧)하다.

[숙달*Mastery]

未月 壬水는 己土가 당권(當權)하여 겁이 많고 약하다. 먼저 辛金과 수원(水源)을 발(發)하고 甲木으로 己土를 제(制)해야 한다. 未月에는 己土가 壬水를 탁하게 할 염려가 있어 甲木을 취하지만 癸水가 甲木을 윤택(潤澤)하게 하지 않으면 유용(有用)하지 않다. 다음은 페니실린을 발견하여 노벨생리의학상을 수상한 영국의 세균학자, 알렉산더 플레밍(Alexander Fleming)의 팔자(八字)로 관인상생격(官印相生格)이다. 乙木은 丑未土를 제(制)하는 힘이 있다.

辛 壬 乙 辛
丑 申 未 巳

未月 壬水는 辛甲이 양투(兩透)하면 부귀격(富貴格)을 이룬다. 甲木이 암장(暗藏)되고 辛金이 투(透)하면 의금(衣衿)이나 늠공(廩貢)은 잃지 않는다. 辛金이 암장(暗藏)되고 甲木이 투(透)하면 이도(異途)로 무직(武職)이 있다. 未月 壬水는 甲壬이 양투(兩透)하면 나라를 다스리는 귀(貴)가 있다고 했는데 己土가 미궁(未宮)에 하나만 있으면 甲木이 별달리 유용(有用)하지 않다. 오히려 庚壬이 양투(兩透)하면 지위(地位)가 높다. 甲木이 암장(暗藏)되고 壬水가 투(透)하여 파(破)되지 않으면 습개(拾芥)의 재능(才能)은 있다. 채근습개(採芹拾芥)는 생원(生員)이나 진사(進士) 정도의 신분을 의미한다고 보면 된다. 이때 지지(地支)에 土火가 많으면 청빈(淸貧)하다.

[원시*TEXT]

或一派己土, 此假從殺格, 為人奸詐, 且主孤貧, 得甲乙出制可救. 凡土居生旺之地, 須用木制方妙. 或支成木局, 洩水太過, 當用金水為貴, 以金為妻, 水為子.

혹일파기토, 차가종살격, 위인간사, 차주고빈, 득갑을출제가구. 범토거생왕지지, 수용목제방묘. 혹지성목국, 설수태과, 당용금수위귀, 이금위처, 수위자.

[일람*Scanning]

1. 혹 한 무리의 己土가 있어 가종살격(假從殺格)이면 사람됨이 간사(奸詐)하고 또한 고빈(孤貧)하니 甲乙木이 출(出)하여 제(制)하면 가히 구제(救濟)됨이 있다.

2. 무릇 土가 생왕지(生旺地)에 있으면 마땅히 木을 용(用)하여 제(制)해야 묘(妙)하다.

3. 혹 지지(地支)에 목국(木局)을 이루면 水의 설(洩)이 태과(太過)하여 의당 金水를 용(用)하면 귀(貴)하니 金을 아내를 삼고 水가 자식이 된다.

[숙달*Mastery]

未月 壬水에 일파(一派) 己土가 있으면 가살(假殺)로 사람됨이 간사(奸詐)하고 또한 고빈(孤貧)하니 甲乙木이 출간(出干)하여 제(制)하면 가난을 면하고 의식(衣食)이 있다. **己土는 壬水를 탁(濁)하게 할 수는 있으나 제(制)할 수는 없다**. 壬水가 청(淸)하면 지혜(智慧)가 있으나,

니사(泥沙)가 잡되게 하면 간교(奸巧)하여 남을 잘 속인다. 무릇 土가 생왕지(生旺地)에 있으면 마땅히 木을 용(用)하여 제(制)해야 한다. 후토(厚土)는 甲木으로 제(制)하는 게 정법(正法)이다. 乙木 또한 규양해우(刲羊解牛)로 未와 丑은 찌르고 가르는 힘이 있다. 지지(地支)에 목국(木局)을 이루면 水의 설(洩)이 태과(太過)하여 金水를 귀(貴)를 삼으니 金을 아내를 삼고 水가 자식이 된다.

## ■ 三秋壬水(삼추임수)

[원시*TEXT]

七月壬水, 庚金司令, 壬得申之長生, 源流自遠, 轉弱為強, 專用戊土, 次取丁火佐戊制庚. 但用辰戌之戊, 不用申中受病之戊. 戊丁俱透, 科甲生員. 戊透天干, 丁藏午戌, 恩封可待, 特忌戊癸化合. 即支見寅戌, 年出丁火, 可許衣衿. 或丁戊兩藏, 富中取貴.

칠월임수, 경금사령, 임득신지장생, 원류자원, 전약위강, 전용무토, 차취정화좌무제경. 단용진술지무, 불용신중수병지무. 무정구투, 과갑생원. 무투천간, 정장오술, 은봉가대, 특기무계화합. 즉지견인술, 년출정화, 가허의금. 혹정무량장, 부중취귀.

[일람*Scanning]

1. 申月 壬水는 庚金이 사령(司令)하는 때로 壬水가 申의 장생(長生)을 얻어 원류(源流)가 자연 심오하니 약(弱)이 강(强)으로 바뀌어 戊土를 전용(專用)하고 다음으로 丁火를 취(取)해 戊土를 보좌(輔佐)하며 庚金을 제(制)한다.

2. 다만 辰戌土를 용(用)하고, 병(病)을 얻은 申中 戊土는 용(用)하지 말라.

3. 戊丁이 함께 투(透)하면 과갑(科甲)하여 생원(生員)이 된다.

4. 천간(天干)에 戊土가 투(透)하고 丁火가 午戌에 암장(暗藏)되면 숨으면 은봉(恩封)은 가히 기대(期待)할 만하고 특히 戊癸 화합(化合)을 꺼린다.

5. 만일 지지(地支)에서 寅戌을 보고 年에 丁火가 출(出)하면 가히 의금(衣衿)은 허락한다.

6. 혹 丁戊가 양장(兩藏)하면 부중취귀(富中取貴)한다.

[숙달*Mastery]

申月 壬水는 庚金이 사령(司令)하는 때로 庚金은 壬水의 어머니로 의모당령(倚母當令)이라 한다. 壬水는 申金을 발원지(發源地)로 삼아 일사천리(一瀉千里)로 흐르므로 戊土로 제방(堤防)을 쌓아야 한다. 신궁(申宮)의 戊土로는 수왕(水旺)하여 土가 유탕(流蕩)되므로 제방(堤防)을 쌓을 수 없다. 辰戌은 모두 戊土가 당왕(當旺)하여 용신(用申)으로 삼을 수 있다. 그런데 월령(月令)의 庚金이 戊土를 설(洩)하여 약하게 하므로 丁火로 제(制)해야 戊土가 유용(有用)해진다. 다만 丁火가

壬水와 합(合)이 되면 병(病)이 되므로 서로 떨어져 있을수록 길하다. 申月 壬水에 戊丁이 함께 투(透)하면 과갑(科甲)하여 관직(官職)에 오른다. 戊丁은 나란히 투출(透出)해야 길하다. 즉 丁年 戊申月을 말한다. 다음은 상서(尙書)에 오른 팔자(八字)다.

庚 壬 戊 丁
戌 申 申 亥

戊土가 투(透)하고 丁火가 午戌에 암장(暗藏)되면 숨으면 은봉(恩封)은 가히 기대(期待)할 수 있다. 이때 癸水를 만나 합화(合化)하면 흉하다. 지지(地支)에서 寅戌을 보고 年에 丁火가 출(出)하면 가히 의금(衣衿)은 허락한다. 丁戊가 양장(兩藏)하면 부(富)한 가운데 귀(貴)를 취한다. '조화원약'에는 丙戊가 모두 암장(暗藏)되어 있으면 부중취귀(富中取貴)한다고 했는데 이것은 지지(地支)에 寅巳가 있다는 뜻이다. 다음은 여우(女優), 잉그리드 버그만(Ingrid Bergman)의 팔자(八字)다.

壬 壬 甲 乙
寅 辰 申 卯

[원시*TEXT]

或四柱多壬, 戊又透干, 名假殺化權, 閬苑之仙. 支中見甲, 亦不忌也. 但太多者, 常人. 有庚居申, 頗有衣祿.

혹사주다임, 무우투간, 명가살화권, 낭원지선. 지중견갑, 역불기야. 단태다자, 상인. 유경거신, 파유의록.

[일람*Scanning]

1. 혹 사주(四柱)에 壬水가 많고 戊土가 또한 투간(透干)하면 가살화권(假煞化權)으로 낭원(閬苑)의 신선(神仙)과 같다.

2. 지지(地支)에서 甲木을 보아도 크게 꺼리지 않는다.

3. 다만 태다(太多)하면 상인(常人)이다.

4. 庚金이 申에 거(去)하니 꽤 의록(衣祿)은 있다.

[숙달*Mastery]

申月 壬水에 壬水가 많고 戊土가 또한 투간(透干)하면 가살화권(假煞化權)이 되어 위권(威權)이 높다. 이것은 살(殺)이 적으면 편관(偏官)이 정관(正官)의 작용을 하므로 권위(權威)가 있다는 말이다. 이때 지지(地支)에서 甲木을 보면 크게 꺼림이 없으나 태다(太多)하면 申中 庚金으로 제(制)하기 부족하므로 평범해진다. 그러나 庚金이 신궁(申宮)에 있으므로 의록(衣祿)은 이지러짐이 없다.

[원시*TEXT]

或戊多而透, 得一甲制, 畧貴, 無甲常人. 或一派甲木, 又見火多, 無庚出者, 別祖離鄉, 隨緣度日. 蓋申中之庚, 不能救也.

혹무다이투, 득일갑제, 략귀, 무갑상인. 혹일파갑목, 우견화다, 무경출자, 별조리향, 수연탁일. 개신중지경, 불능구야.

[일람*Scanning]

1. 혹 戊土가 많아 투(透)하면 甲木을 얻어 제(制)해야 대략(大略) 귀

(貴)하고 甲木이 없으면 상인(常人)이다.

2. 혹 한 무리의 甲木이 있는데 다시 火가 많고 庚金이 출(出)하지 않으면 조상(祖上)과 고향(故鄕)을 떠나며 인연(因緣)을 따라 날짜를 헤아린다.

3. 申中에 庚金으로 덮어도 구제(救濟)가 불능(不能)이다.

[숙달*Mastery]

申月 壬水에 戊土가 많이 투(透)하면 신왕살강(身旺殺强)하나 甲木으로 제(制)하면 식신제살(食神制殺)로 보통 귀격(貴格)을 이룬다. 申月 壬水에 일파(一派) 甲木이 있는데 다시 火가 많고 庚金이 출간(出干)하지 않으면 조상(祖上)과 고향(故鄕)을 떠나 인연(因緣)대로 사는 사람이다. 이때는 庚金이 투(透)해도 구제(救濟)할 수가 없다.

[원시*TEXT]

七月壬水, 專用戊土. 丁火為佐.

칠월임수, 전용무토. 정화위좌.

[일람*Scanning]

1. 申月 壬水는 戊土를 전용(專用)한다.
2. 丁火로 보좌(輔佐)한다.

[숙달*Mastery]

申月 壬水는 戊土를 용(用)하는 인수용살격(印綬用殺格)으로 귀격

(貴格)을 이루고, 신왕(身旺)하여 재관(財官)을 감당하니 丁戊로 재자약살격(財滋弱殺格)을 이루면 부귀(富貴)하다.

[원시*TEXT]

八月壬水, 辛金司權, 正金白水清, 忌戊土為病, 專用甲木. 甲木一透制戊, 壬水澈底澄清, 名高翰苑. 若甲出時干, 功名顯達, 設見庚破, 又屬常人. 即甲藏支, 庚, 秀才可許.

팔월임수, 신금사권, 정금백수청, 기무토위병, 전용갑목. 갑목일투제무, 임수철저징청, 명고한원. 약갑출시간, 공명현달, 설견경파, 우속상인. 즉갑장지, 경, 수재가허.

[일람*Scanning]

1. 酉月 壬水는 辛金이 사권(司權)하여 정히 금백수청(金白水淸)이니 戊土가 병(病)으로 꺼려 甲木을 전용(專用)한다.

2. 甲木이 하나 투(透)하여 戊土를 제(制)하면 壬水가 철저(澈底)하게 징정(澄淸)하여 한원(翰苑)에 이름이 높다.

3. 만약 甲木이 시간(時干)에 출(出)하면 공명(功名)이 현달(顯達)하고 그렇다 하더라도 庚金이 나타나 파(破)하면 역시 상인(常人)에 속(屬)한다.

4. 만일 甲木이 지지(地支)에 암장(暗藏)되고 庚金이 없으면 가히 수재(秀才)는 허락한다.

[숙달*Mastery]

酉月 壬水는 辛金이 사권(司權)하여 금백수청(金白水淸)이 되니 戊己土가 있으면 병(病)이 된다. 따라서 甲木으로 용신(用神)으로 삼아야 한다. 申月 壬水는 庚金과 녹(祿)이 상생(相生)하여 충분(沖奔)하는 성질이 있기 때문에 戊土를 취하고 酉月 壬水는 패지(敗地)에 해당하여 왕(旺)하지도 약(弱)하지도 않다. 만일 壬水가 申亥에 통근(通根)되면 금백수청(金白水淸)을 짓지도 않는다. 酉月 壬水에 甲木이 하나 투(透)하여 戊土를 제(制)하면 壬水가 밑바닥까지 맑으니, 과갑(科甲)으로 관직(官職)에 오른다. 보이지 않게 혼탁하게 만드는 것을 막아야 하는데 甲木이 있으면 水가 스스로 청(淸)하게 되어 격국(格局)이 자연적으로 귀(貴)가 있다. 다음은 리콴유(李光耀), 전 싱가포르 총리의 팔자(八字)다.

壬 壬 辛 癸

寅 辰 酉 亥

시간(時干)에 甲木이 출간(出干)하면 문성(文星)이 되어 한림(翰林)에 들어가고 庚金이 파(破)하면 평범한 명(命)이 된다. 甲木이 지지(地支)에 암장(暗藏)되고 庚金이 없으면 가히 수재(秀才)를 허락하고 의금(衣衿)을 잃지 않는다.

[원시*TEXT]

或天干有壬, 支見申亥, 此非用甲, 戊土作用. 亥雖有甲, 又有申中之金制甲, 秀才一定, 且富足多才.

혹천간유임, 지견신해, 차비용갑, 무토작용. 해수유갑, 우유신중지금제갑, 수재일정, 차부족다재.

[일람*Scanning]

1. 혹 천간(天干)에 壬水가 있고 지지(地支)에서 申亥를 보면 甲木을 용(用)하지 않고 戊土를 용(用)한다.

2. 비록 亥에 甲木이 있으나 다시 申中 金이 甲木을 제(制)하니 수재(秀才)가 일정(一定)하고 또 부(富)가 풍족(豊足)하고 재능(才能)이 많다.

[숙달*Mastery]

酉月 壬水의 천간(天干)에 壬水가 있고 지지(地支)에서 申亥를 보면 甲木을 용(用)하지 않고 戊土를 용신(用神)으로 삼는다. 해궁(亥宮)에는 甲木이 있으나 신궁(申宮)에 있는 庚金이 甲木을 제(制)하니 수재(秀才)로 풍족(豊足)하고 재능(才能)이 많다.

[원시*TEXT]

或無戊, 多金水者, 主人清才濁, 困苦寒儒. 無甲用金, 發水之源, 名獨水三犯庚辛, 號曰體全之象. 八月壬水, 專用甲木, 庚金次之. 用甲者, 水妻, 木子.

혹무무, 다금수자, 주인청재탁, 곤고한유. 무갑용금, 발수지원, 명독수삼범경신, 호왈체전지상. 팔월임수, 전용갑목, 경금차지. 용갑자, 수처, 목자.

[일람*Scanning]

1. 혹 戊土가 없고 金水가 많으면 명주(命主)가 맑으나 재주는 없어 곤고(困苦)한 한유(寒儒)가 된다.

2. 甲木이 없고 庚金을 용(用)하면 水가 발(發)하는 근원(根源)이 되니 탁수삼범경신(濁水三犯庚辛)으로 체전지상(體全之象)이라 한다.

3. 酉月 壬水는 甲木을 전용(專用)하고 庚金을 차용(次用)한다.

4. 甲木을 용(用)하면, 水가 아내요 木이 자식이 된다.

[숙달*Mastery]

金水가 많은데 戊土로 막지 않으면 사람은 깨끗하나 재주가 없어 가난을 면키 힘들다. 곤고(困苦)한 한유(寒儒)가 된다. 酉月 壬水에 甲木이 없고 庚金을 용(用)하면 水가 발(發)하는 근원(根源)이 되니 탁수삼범경신(濁水三犯庚辛)으로 체전지상(體全之象)이 되니 부귀(富貴)하다. 酉月 壬水는 甲木을 전용(專用)하고 庚金을 차용(次用)한다. 甲木을 용(用)하면 수처목자(水妻木子)로 금백수청(金白水清)을 이루며 격국(格局)의 겉모습은 인용식신격(印用食神格)이 된다.

[원시*TEXT]

九月壬水進氣, 其性將厚, 若一派壬水, 見一甲、制戌中之戊, 戊又出干, 斯用丙火. 此格清貴極矣, 正合一將當關, 群邪自伏, 或不見丙戊, 亦不為妙.

구월임수진기, 기성장후, 약일파임수, 견일갑、제술중지무, 무우출간, 사용병화. 차격청귀극의, 정합일장당관, 군사자복, 혹불견병무, 역불위묘.

[일람*Scanning]

1. 戌月 壬水는 진기(進氣)하니 그 성질이 장차 두텁게 되어 만약 한 무리의 壬水가 甲木을 보면 戌中 戊土를 제(制)하고 戊土가 출간(出干)하면 丙火를 용(用)한다.

2. 차격(此格)은 청귀(淸貴)가 지극(至極)하여 정히 일장당관(一將當關)에 부합(符合)되니 간사(奸詐)한 무리들이 알아서 엎드리고 혹 丙戊를 보지 않으면 역시 묘(妙)함이 없다.

[숙달*Mastery]

戌月 壬水는 亥水가 진기(進氣)하여 점점 왕성(旺盛)해지므로 甲木을 용신(用神)으로 삼고 丙火로 보좌(輔佐)해야 한다. 壬水가 많은데 지지(地支)에 子水가 있으면 살인격(殺刃格)이 되고, 壬水가 많은데 戊土도 많으면 신강살왕(身强殺旺)하니 이때 甲木으로 제살(制殺)하면 살용식제격(殺用食制格)을 이루어 위권(威權)이 높다. 甲木이 水를 설(洩)하고 丙火가 土를 따뜻하게 하면 국세(局勢)가 원활해지므로 年月에 丙戊가 투(透)하고 시간(時干)에 甲木이 투(透)하면 격국(格局)이 완전해진다. 다음은 '궁통보감평주'에 진사(進士) 출신으로 태수(太守)에 오른 명(命)으로 예시된 팔자(八字)다.

甲 壬 戊 丙<br>
辰 申 戌 子

[원시*TEXT]

或一派戊土, 無一己庚雜亂, 得一甲透時干, 玉堂清貴. 即甲透月上, 亦主科甲. 若支藏己土, 一榜可圖. 或庚透乏丁, 貧賤之人. 或丁透見甲, 畧貴. 或水多乏丙者, 又用戊土, 常人.

혹일파무토, 무일기경잡란, 득일갑투시간, 옥당청귀. 즉갑투월상, 역주과갑. 약지장기토, 일방가도. 혹경투핍정, 빈천지인. 혹정투견갑, 략귀. 혹수다핍병자, 우용무토, 상인.

[일람*Scanning]

1. 혹 한 무리의 戊土가 있고 己庚의 잡란(雜亂)이 하나도 없는데 시간(時干)에 하나의 甲木이 투(透)하면 살용식제격(殺用食制格)으로 옥당(玉堂)에 청귀(清貴)함이 있다.

2. 만일 甲木이 월상(月上)에 투(透)해도 역시 과갑(科甲)한다.

3. 만약 지지(地支)에 己土가 암장(暗藏)되어도 일방(一榜)은 가히 도모(圖謀)한다.

4. 혹 庚金이 투(透)하고 丁火가 결핍(缺乏)되면 빈천(貧賤)한 사람이다.

5. 혹 丁火가 투(透)하고 甲木을 보면 대략(大略) 귀(貴)하다.

6. 혹 水가 많고 丙火가 결핍(缺乏)되었는데 戊土를 용(用)하면 상인(常人)이다.

[숙달*Mastery]

戌月 壬水에 일파(一派) 戊土가 있고 己庚의 잡란(雜亂)이 하나도 없

는데 시간(時干)에 하나의 甲木이 투(透)하면 옥당(玉堂)에 청귀(淸貴)함이 있다. 甲木이 용신(用神)이면 己庚이 잡되지 않아야 청귀(淸貴)한 명(命)이 된다. 시간(時干)에 甲木이 있으면 甲辰時 생(生)으로 식신(食神)이 뒤에 있어야 식신제살(食神制殺)의 완전한 격(格)을 이룬다. 甲木이 월상(月上)에 투(透)해도 과갑(科甲)하고 지지(地支)에 己土가 암장(暗藏)되어도 일방(一榜)은 허락한다. 이때 庚金이 투(透)하고 丁火가 제(制)하지 않으면 빈천(貧賤)해진다. 丁火가 투(透)하고 甲木을 보면 부귀(富貴)가 적당하다. 戌月 壬水에 壬水가 왕양(汪洋)하여 戊土를 용(用)해 군수(群水)를 제(制)하면 일장당관(一將當官)에 군사자복(群邪自伏)이라 한다. 그러나 丙火가 결핍(缺乏)되면 불가(不可)하다. 戌月에는 壬水가 진기(進氣)하여 동토한수(冬土寒水)가 되기 때문이다. 따라서 丙火가 없으면 상인(常人)에 지나지 않는다.

[원시*TEXT]

九月壬水, 專用甲木, 次用丙火. 用土者, 火妻土子.

구월임수, 전용갑목, 차용병화. 용토자, 화처토자.

[일람*Scanning]

1. 戌月 壬水는 甲木을 전용(專用)하고 丙火를 차용(次用)한다.
2. 土를 용(用)하면, 火가 아내요 土가 자식이 된다.

[숙달*Mastery]

戌月 壬水는 甲木을 용신(用神)으로 삼은 다음 丙火로 보좌(輔佐)하

고 戊土는 참작(參酌)해서 취한다. 壬水가 많으면 戊土를 용(用)하는데 이때는 화처수자(火妻土子)로 재왕생살(財旺生殺)로 성격(成格)되는 경우를 뜻한다.

## ■ 三冬壬水 (삼동임수)

[원시*TEXT]

十月壬水司權, 至旺之極, 取戊為用, 若生辰日干, 又見辰時, 必須戊透, 又須庚制甲, 不傷戊土, 戊庚兩全, 定主登科乃第, 位顯權高. 或甲出制戊, 不見庚救者, 斷之困窮. 戊藏無制, 可許生員. 或戊庚兩透無甲者, 亦主榮顯.

시월임수사권, 지왕지극, 취무위용, 약생진일간, 우견진시, 필수무투, 우수경제갑, 불상무토, 무경량전, 정주등과내제, 위현권고. 혹갑출제무, 불견경구자, 단지곤궁. 무장무제, 가허생원. 혹무경량투무갑자, 역주영현.

[일람*Scanning]

1. 亥月 壬水는 사권(司權)하여 왕(旺)함이 지극(至極)하니 戊土를 취(取)하여 용(用)하고 만약 일간(日干)이 辰에 생(生)하고 辰時를 본다

면 필히 戊土가 투(透)해야 하며 또한 마땅히 庚金으로 甲木을 제(制)해야 戊土가 상(傷)하지 않고 戊庚이 양전(兩全)하여 정히 명주(命主)는 등과급제(登科及第)하고 위현권고(位顯權高)하다.

2. 혹 甲木이 출(出)하여 戊土를 제(制)하고 庚金의 구제(救濟)를 보지 못하면 단연(斷然)코 곤궁(困窮)하다.

3. 戊土가 암장(暗藏)되었는데 제(制)하지 못하면 가히 생원(生員)은 허락한다.

4. 혹 戊庚이 양투(兩透)하고 甲木이 없으면 역시 명주(命主)는 영현(榮顯)하다.

[숙달*Mastery]

동월(冬月) 壬水는 영(令)을 잡았으나 기후(氣候)가 매우 추우므로 만물(萬物)이 얼어 붙는다. 丙火가 없으면 해동(解凍)이 불가하고 木을 생(生)하려는 뜻이 티끌만큼도 없다. 양화(陽和)한 화기(火氣)의 조후(調候)가 필수다. 亥月 壬水는 사권(司權)하여 충분(沖奔)한 세력이 있다. 따라서 戊土로 용신(用神)으로 삼고 丙火로 보좌(輔佐)해야 한다. 만약 壬辰日이 甲辰時에 태어나면 壬水가 넓고 커서 질펀한 세력을 갖는다. 이때 戊土가 투(透)하고 庚金이 甲木을 제(制)하면 戊土가 상(傷)하지 않는다. 따라서 戊庚이 양투(兩透)하면 과갑(科甲)으로 관직(官職)에 오른다. 戊土가 암장(暗藏)되었는데 제(制)하지 못하면 생원(生員)은 허락한다. 그러나 甲木이 투(透)하여 戊土를 제(制)하는데 庚金으로 구제(救濟)하지 못하면 곤궁(困窮)해진다. 壬辰은 해궁(亥宮)에는 甲木이 장생(長生)하니 土가 水를 제(制)하면 木이 배식(培植)되어 왕(旺)해지므로 戊土를 상(傷)하게 만드는 것이다. 결론적으로 亥月 壬水

는 식신제살(食神制殺)을 취하지 않고 재자약살(財滋弱殺)을 취하며 식신(食神)은 반드시 효인(梟印)으로 구해야 한다. 고서(古書)에 土가 水의 흐름을 막으면 복수(福壽)가 완전하다고 했다. 그러므로 재(財)로 자살(滋殺)하면 부귀복수(富貴福壽)가 있는 명(命)이 된다. 이때 庚金이 투출(透出)해야 하는 것은 해궁(亥宮)에 장생(長生)된 甲木의 기(氣)를 막아야 하기 때문이다. 亥月 壬水에 戊庚이 양투(兩透)하면 甲木이 투(透)하지 않아도 역시 명주(命主)는 영현(榮顯)하다. 다음은 '궁통보감평주'에 회원(會元)의 팔자(八字)로 예시된 명(命)이다.

庚 壬 丁 庚
戊 戊 亥 子

[원시*TEXT]

或支成木局, 有甲乙出干, 得庚透者, 富貴. 無庚者, 平常. 或支成水局, 不見戊己, 名潤下格, 運行西北, 大富貴, 行東南者, 必危. 或丙戊兩透, 行火土運, 名利雙全. 或有丙無戊, 可云衣祿. 有戊無丙, 難許推盈. 十月壬水, 專用戊丙, 次取庚金.

혹지성목국, 유갑을출간, 득경투자, 부귀. 무경자, 평상. 혹지성수국, 불견무기, 명윤하격, 운행서북, 대부귀, 행동남자, 필위. 혹병무량투, 행화토운, 명리쌍전. 혹유병무무, 가운의록. 유무무병, 난허추영. 십월임수, 전용무병, 차취경금.

[일람*Scanning]

1. 혹 지지(地支)에 목국(木局)을 이루고 甲乙木이 출간(出干)했는데 庚金을 얻어 투(透)하면 부귀(富貴)하다.

2. 庚金이 없으면 평상(平常)하다.

3. 혹 지지(地支)에 수국(水局)을 이루고 戊己土를 보지 못하면 윤하격(潤下格)으로 운(運)이 서북(西北)으로 가면 대부귀(大富貴)하나 동남(東南)으로 가면 필시 위급(危急)하다.

4. 혹 丙戊가 양투(兩透)하면 火土의 운(運)에 들어 명리(名利)가 쌍전(雙全)한다.

5. 혹 丙火가 있고 戊土가 없으면 가히 의록(衣祿)은 있다.

6. 戊土가 있고 丙火가 없으면 축재(蓄財)는 바라기 어렵다.

7. 亥月 壬水는 오로지 戊丙을 용(用)하고 庚金은 차선(次善)으로 취(取)한다.

[숙달*Mastery]

亥月 壬水에 지지(地支) 목국(木局)을 이루고 甲乙木이 출간(出干)했는데 庚金을 얻어 투(透)하면 부귀(富貴)하다. 庚金이 없으면 평범(平凡)하다. 亥卯未 목국(木局)을 이루면 원신(元神)이 설(洩)되어 흩어지므로 상관(傷官)이 왕(旺)하면 권리를 잃는다. 이때는 효인(梟印)으로 아신(我身)을 부조(扶助)하면 길하다. 亥月 壬水에 지지(地支) 수국(水局)을 이루고 戊己土를 보지 못하면 윤하격(潤下格)으로 운(運)이 서북(西北)으로 가면 대부귀(大富貴)하나 동남(東南)으로 가면 빈천(貧賤)해지기 쉽다. 무릇 전왕격(專旺格)의 팔자(八字)는 기세(氣勢)가 한곳으로 모이므로 염상(炎上)은 동남(東南)으로 흐르고, 윤하(潤下)는 서북(西北)으로 운(運)이 흘러야 아름답다. '적천수'에 이르길 독상(獨象)은 운(運)이 화지(化地)로 흘러야 길하다고 했다. 화(化)는 인화(引化)로 식신(食神)을 뜻한다. **격(格)에는 순잡(純雜)이 있으니 순하면 식상**

**지(食傷地)가 길하고, 잡되면 서북운(西北運)이 길하다. 동수(凍水)는 흐르지 않는데 서북운(西北運)이 길하다고 한 것은 팔자(八字)에 丙火의 조후(調候)가 내포되어 있기 때문이다.**

亥月 壬水에 丙戊가 양투(兩透)하면 火土의 운(運)에 들어 명리(名利)가 쌍전(雙全)한다. 丙火가 있고 戊土가 없으면 의록(衣祿)은 있으나 평범(平凡)한 명(命)이다. 戊土가 있고 丙火가 없으면 의록(衣祿)에 근심은 없으나 축재(蓄財)는 어렵다. 亥月 壬水는 오로지 戊丙을 용(用)하고 庚金은 차선(次善)으로 취(取)한다. 丙戊가 모두 투출(透出)하면 甲木에 생기(生氣)가 있으나 丙火를 생(生)하여 戊土를 파(破)하지 않으니 庚金으로 甲木을 제(制)하지 않아도 무방하다.

[원시*TEXT]

十一月壬水, 陽刃幫身, 較前更旺, 先取戊土, 次用丙火, 丙戊兩透, 富貴榮華. 有戊無丙, 略可言富. 有丙無戊, 好謀無成.

십일월임수, 양인방신, 교전갱왕, 선취무토, 차용병화, 병무량투, 부귀영화. 유무무병, 략가언부. 유병무무, 호모무성.

[일람*Scanning]

1. 子月 壬水는 양인(陽刃)이 방신(幇身)하니 전월(前月)에 견주어 재차 왕(旺)하므로 먼저 戊를 취(取)하고 丙火를 차용(次用)하니 丙戊가 양투(兩透)하면 부귀(富貴)하고 영화(榮華)롭다.

2. 戊土가 있고 丙火가 없으면 대략(大略) 부(富)를 말할 수 있다.

3. 丙火가 있고 戊土가 없으면 일을 꾀하기를 좋아해도 이루는 게 없다.

[숙달*Mastery]

子月 壬水는 양인(陽刃)이 방신(幇身)하니 亥月보다 비교적 왕성(旺盛)한 때에 있으나 비교적 이치는 같다. 먼저 戊土를 취(取)한 다음에 丙火를 차용(次用)한다. 양인(陽刃)이 권리를 잡았는데 丙戊가 양투(兩透)하지 않으면 부귀영화(富貴榮華)를 기대하기 어렵다. 丙戊가 모두 투출(透出)하면 과갑(科甲)으로 부귀(富貴)가 있고, 재능과 덕(德)이 모두 있다. 만일 戊土가 있고 丙火가 없으면 명리(名利)가 온전하기 어렵고, 丙火가 있고 戊土가 없으면 계획은 좋으나 성과가 없다. 다음은 천원일기격(天元一氣格)으로 시랑(侍郞)에 오른 팔자(八字)다. 寅에 丙戊의 재살(財殺)이 득지(得地)한 것이다.

壬 壬 壬 壬
寅 寅 子 寅

고서(古書)에 이르길, 건록월(建祿月)에 태어나면 재관(財官)이 투(透)해야 길하다고 했다. **양일간(陽日干)에 재관(財官)이 있다는 것은 정재(正財), 정관(正官)이 아니라 편재(偏財), 편관(偏官)을 말한다.** 따라서 子月 壬水는 丙戊 중 하나라도 없으면 온전하지 않다.

[원시*TEXT]

或支成水局, 丙不出干, 即有戊土, 亦是庸人. 或丙透得所, 即戊藏支, 亦可顯達, 須運得用方妙. 或支成火局, 一富而已.

혹지성수국, 병불출간, 즉유무토, 역시용인. 혹병투득소, 즉무장지, 역가현달, 수운득용방묘. 혹지성화국, 일부이이.

[일람*Scanning]

1. 혹 지지(地支)에 수국(水局)을 이루고 丙火가 출간(出干)하지 않으면 戊土가 있어도 용속(庸俗)한 사람이 된다.

2. 혹 丙火가 투(透)하여 득소(得所)하고 戊土가 지지(地支)에 암장(暗藏)되면 가히 현달(顯達)하나 마땅히 운(運)을 얻어 써야 묘(妙)하다.

3. 혹 지지(地支)에 화국(火局)을 지으면 일부(一富)가 된다.

[숙달*Mastery]

子月 壬水에 지지(地支) 수국(水局)을 이루었는데 丙火가 출간(出干)하지 않으면 戊土가 있어도 득소(得所)하지 못하여 평범(平凡)한 명(命)이 된다. 이때는 지지(地支)에 丙戊가 암장(暗藏)되어 있어도 해동(解凍)하며 흐름을 막으니 공명(功名)이 비상하게 발전한다. 그러나 대운(大運)이 돕지 않으면 불가하다. 丙火가 투(透)하여 득소(得所)하고 戊土가 지지(地支)에 암장(暗藏)되어도 마찬가지다. 이때 득소(得所)는 녹(祿)을 얻어 왕(旺)해지는 것을 말하니 즉 지지(地支)에 巳戌이 있는 것을 의미한다. 이때는 운정(運程)에서 득지(得地)해야만 지위(地位)가 높이 나타난다. 子月 壬水에 지지(地支) 화국(火局)을 지으면 신왕재왕(身旺財旺)하여 갑부(甲富)가 된다.

[원시*TEXT]

或比見月時, 年見丁火, 平常之輩. 支成四庫, 富貴中人. 或丁出時干, 名為爭合, 主名利難成. 或壬子日, 丁未時, 雖不能科甲, 亦有恩榮, 何也?

用子中癸水為官，號曰用神得地，亦主榮華.

혹비견월시, 년견정화, 평상지배. 지성사고, 부귀중인. 혹정출시간, 명위쟁합, 주명리난성. 혹임자일, 정미시, 수불능과갑, 역유은영, 하야? 용자중계수위관, 호왈용신득지, 역주영화.

[일람*Scanning]

1. 혹 月時에 비견(比肩)을 보고 年에서 丁火를 보면 평상(平常)의 무리다.

2. 지지(地支)에 사고(四庫)를 이루면 부귀(富貴)한 사람이다.

3. 혹 시간(時干)에 丁火가 출(出)하면 쟁합(爭合)으로 명주(命主)는 명리(名利)를 이루기 어렵다.

4. 혹 壬子日 丁未時면 비록 과갑(科甲)은 아니더라도 역시 은영(恩榮)이 있다.

5. 子中 癸水를 관(官)으로 삼아 용신득지(用神得地)라 일컬으며 역시 명주(命主)는 영화(榮華)가 있다.

[숙달*Mastery]

子月 壬水에 지지(地支) 화국(火局)을 지으면 신왕재왕(身旺財旺)하여 대부격(大富格)을 이루나 이때 천간(天干)에서 비견(比肩)이 쟁재(爭財)하는 구도로 나타나면 용록(庸碌)하며 평범한 명(命)이 되기 쉽다. 月時에 비견(比肩)을 보고 年에서 丁火를 보면 평상(平常)의 무리가 된다. 즉 壬月이나 壬時 생(生)이 年에 丁火를 보면 비견(比肩)이 쟁재(爭財)하게 된다. 년간(年干)에 丁火가 투(透)하고 지지(地支)에 사고(四庫)가 있으면 水의 흐름을 막아 부귀격(富貴格)을 이루는데 戌은

재고(財庫)에 해당하여 길하다. 만일 시간(時干)에 丁火가 출(出)하면 쟁합(爭合)으로 화론(化論)을 짓지 않으므로 하격(下格)이 되어 명리(名利)를 이루기 어렵다.

子月 壬水에 壬子日 丁未時면 비록 과갑(科甲)은 아니더라도 역시 은영(恩榮)이 있다. 이것은 **병립(竝立)된 자궁(子宮) 癸水가 戊土의 허신(虛神)을 합(合)해 오는 힘이 있기 때문이다. 또한 암화(暗火)의 기(氣)를 발생시켜 마치 丙戊와 같은 것이다. 용신득지(用神得地)는 이를 두고 한 말이다.** '조화원약평주'에서는 이 대목에서 壬午日 丁未時로 같은 설명을 하고 있다. 지지(地支)에서 午未가 상합(相合)하면 丁火가 출간(出干)하여 비록 丁己이나 丙戊와 같다는 것이다. 이것은 아무래도 '서락오'의 억지에 지나지 않는 것 같다. '궁통보감'은 초남(楚南) 여춘태(余春台)가 원편(原編)하고 동해(東海)가 평주(評註)한 것이다. **'난강망'은 이 부분에서 子巳 특합(特合)을 논한 것인데, 필시 '서락오'는 비천록마격(飛天祿馬格)을 떠올렸을 것이다. 즉 子水가 도충(倒沖)해 온 午中 丁己로는 丙戊와 다른 것이니 午未 상합(相合)으로 이를 대치한 것이다. 그러나 원문(原文)의 用子中癸水爲官과 用神得地는 분명 壬子日을 논한 것이고, 도충(倒沖)의 개념이 아닌 다분히 子巳 특합(特合)을 염두에 두고 이른 말이다.** 문제는 굳이 丁未時를 언급한 부분을 들 수 있는데 이것은 위에서 쟁합(爭合)과 대비되는 내용을 거론한 것에 불과하다. 다음은 午火의 전실(塡實)로 비천(飛天)이 되지 않은 걸인(乞人)의 명(命)으로 여러 고서(古書)에 언급된 팔자(八字)다.

丙 壬 壬 壬
午 子 子 子

[원시*TEXT]

十一月壬水，丙戊並用.

십일월임수, 병무병용.

[일람*Scanning]

子月 壬水는 丙戊를 병용(竝用)한다.

[숙달*Mastery]

子月 壬水는 丙戊를 병용(竝用)하니 양인용재대살(陽刃用財帶殺)로 상격(上格)을 이룬다.

[원시*TEXT]

十二月壬水，旺極復衰，何也？ 上半月癸辛主事，故旺，專用丙火. 下半月己土主事，故衰. 亦用丙火，甲木佐之.

십이월임수, 왕극부쇠, 하야? 상반월계신주사, 고왕, 전용병화. 하반월기토주사, 고쇠. 역용병화, 갑목좌지.

[일람*Scanning]

1. 丑月 壬水는 왕(旺)이 극(極)에 달하여 다시 쇠(衰)해진다.

2. 상반월(上半月)에는 癸辛이 주사(主事)하여 왕(旺)하기 때문에 丙火를 전용(專用)한다.

3. 하반월(下半月)에는 己土가 주사(主事)하므로 쇠(衰)하다.

4. 丙火를 용(用)하고 甲木으로 보좌(輔佐)한다.

[숙달*Mastery]

丑月 壬水는 왕(旺)이 극(極)에 달하여 다시 쇠(衰)해지는 때에 있다. 상반월(上半月)에는 癸辛이 권리를 잡아 壬水가 왕(旺)하므로 丙火를 전용(專用)한다. 하반월(下半月)에는 己土가 권리를 잡으므로 壬水를 왕(旺)으로 논하지 않는다. 먼저 丙火를 용(用)하고 甲木으로 보좌(輔佐)한다. 상반월(上半月)은 壬癸水가 12일 동안 왕(旺)하고, 하반월(下半月)은 土가 18일이 있으니 모두 왕(旺)으로 추측하면 안 된다. 甲木은 己土가 壬水를 탁(濁)하게 만드는 것을 막기 위해서다. 丙火는 상하월을 불문하고 중요한 용신(用神)이므로 丑月 壬水에 丙火가 있으면 명리(名利)가 모두 있다. 丙火가 없으면 귀(貴)가 작고 종내 빈고(貧苦)를 면키 어렵다.

[원시*TEXT]

有丙解凍, 名利雙全. 丙透甲出, 科甲之貴, 然四柱無壬方妙. 無丙, 單寒之士. 或四柱多壬, 戊透制之, 衣衿可望.

유병해동, 명리쌍전. 병투갑출, 과갑지귀, 연사주무임방묘. 무병, 단한지사. 혹사주다임, 무투제지, 의금가망.

[일람*Scanning]

1. 丙火가 있으면 해동(解凍)하니 명리(名利)가 쌍전(雙全)하다.

2. 丙火가 투(透)하고 甲木이 출(出)하면 과갑(科甲)의 귀(貴)가 있으나 사주(四柱)에 壬水가 없어야 묘(妙)하다.

3. 丙火가 없으면 단지 추운 선비다.

4. 혹 사주(四柱)에 壬水가 많고 戊土가 투(透)하여 제(制)하면 의금(衣衿)은 가망(可望)이 있다.

[숙달*Mastery]

丑月 壬水에 丙火가 있으면 해동(解凍)하니 명리(名利)가 쌍전(雙全)한다. 丙甲이 투출(透出)하면 과갑(科甲)의 귀(貴)가 있다. 이때 壬水가 丙火를 핍박(逼迫)하지 않아야 길하다. **한난조습(寒暖燥濕)은 간지(干支)의 경계에 구애되지 않으므로 지지(地支)에서 壬水가 득지(得地)해도 평범(平凡)한 명(命)이 되기 쉽다.** 다음은 '조화원약평주'에 수재(秀才)로만 묘사된 팔자(八字)다

壬 壬 己 庚
寅 辰 丑 午

丑月 壬水에 丙火가 없으면 단지 추운 선비에 지나지 않고, 사주(四柱)에 壬水가 많고 戊土가 투(透)하여 제(制)하면 의금(衣衿)은 가망(可望)이 있다. 즉 격국(格局)이 상승하는 것은 아니므로 평범(平凡)한 가운데 의금(衣衿)과 녹수(祿壽)가 있을 뿐이라는 얘기다.

[원시*TEXT]

或丁出時干, 化合成木, 月干又見丁火, 無癸破格, 亦主富貴. 或支成金局, 不見丙丁, 名金寒水凍, 一世孤貧, 見火略可. 即丙透遇辛, 亦不為妙, 見丁頗吉.

혹정출시간, 화합성목, 월간우견정화, 무계파격, 역주부귀. 혹지성금국, 불견병정, 명금한수동, 일세고빈, 견화략가. 즉병투우신, 역불위

묘, 견정파길.

[일람*Scanning]

1. 혹 丁火가 시간(時干)에 출(出)하고 화합(化合)하여 木을 이루는데 재차 월간(月干)에 丁火를 보고 癸水가 없으면 파격(破格)이나 부귀(富貴)하다.

2. 혹 지지(地支)에 금국(金局)을 이루고 丙丁火를 보지 않으면 금한수동(金寒水凍)으로 일세(一世) 고빈(孤貧)하며 火를 보아 대략(大略) 귀(貴)하다.

3. 만일 丙火가 투(透)하고 辛金을 만나면 역시 묘(妙)함이 없고 丁火를 보면 자못 길(吉)하다.

[숙달*Mastery]

丑月 壬水는 시상(時上)에 丁火가 투출(透出)하고 화합(化合)하여 木을 이루는데 재차 월간(月干)에 丁火를 보고 癸水가 없으면 파격(破格)이나 부귀(富貴)하다. 이것은 子月 壬水가 년간(年干)에서 丁火를 보고 지지(地支)에 사고(四庫)를 보는 것과 비슷하다. 그러나 丑月에는 壬丁합(合)으로 화(化)한 목기(木氣)가 火를 보태고, 丑土를 견제하기 때문에 더욱 길하다. 丑月 壬水에 지지(地支) 금국(金局)을 이루고 丙丁火를 보지 않으면 금수침한한도저(金水沈寒寒到底)가 되어 평생 고독하며 가난하다. 이때는 火로 한기(寒氣)를 풀어야 한다.

[원시*TEXT]

臘月壬水, 先取丙火, 丁甲為佐, 故水冷金寒愛丙丁. 用火者, 木妻火子.

납월임수, 선취병화, 정갑위좌, 고수랭금한애병정. 용화자, 목처화자.

[일람*Scanning]

1. 납월(臘月) 壬水는 먼저 丙火를 취(取)하고 丁甲으로 보좌(輔佐)하니 수랭금한애병정(水冷金寒愛丙丁)하기 때문이다.

2. 火를 용(用)하면, 木이 아내요 火가 자식이 된다.

[숙달*Mastery]

丑月 壬水는 먼저 丙火를 취(取)하고 丁甲으로 보좌(輔佐)한다. 고서(古書)에는 금한수냉(金寒水冷)하면 丙丁火를 좋아한다고 했다. **금왕(金旺)하면 丙火가 투출(透出)해야 하나, 辛金이 있으면 丁火가 있어야 길하다. 이것은 酉月 庚金이 丙丁火를 병용(竝用)하는 이치와 같다. 그러므로 丙火가 투(透)하고 辛金을 만나면 용신(用神)이 기반(羈絆)되어 묘(妙)함이 없고 이때 丁火를 보면 丙火가 온도를 유지할 수 있으니 길하다는 것이다.** 丙火가 용신(用神)이면 목처화자(木妻火子)로 정관용재(正官用財)로 성격(成格)됨을 의미한다.

[원시*TEXT]

水旺居垣須有智, 水土混雜必愚頑. 壬癸路經南域, 健, 貴堪圖. 又云 : 惟有水木傷官格, 才官相見始為歡.

수왕거원수유지, 수토혼잡필우완. 임계로경남역, 건, 귀감도. 우운 : 유유수목상관격, 재관상견시위환.

[일람*Scanning]

1. 水가 왕(旺)하여 원(垣)에 거(居)할 때 지혜(智慧)가 있고, 水土가 혼잡(混雜)하면 필시 우완(愚頑)하다.

2. 壬癸의 경로(經路)가 남쪽의 성곽(城郭)을 향하면 주로 건강(健康)하여 부귀(富貴)를 감당(堪當)하고 도모(圖謀)한다.

3. 재차 이르길, 생각건대 수목상관격(水木傷官格)이 있다면 재관(財官)을 서로 보아야 비로소 기뻐할 것이다.

[숙달*Mastery]

丑月 壬水에 水가 왕(旺)하여 담장에 머무르면 지혜(智慧)가 있고, 水土가 혼잡(混雜)하면 반드시 어리석고 완고(頑固)하다. 壬癸水가 남쪽으로 가면 건강하고 부귀(富貴)를 감당할 수 있다. 담장에 있다는 것은 水가 월령(月令)에서 당왕(當旺)한 것을 말한다. 수목상관(水木傷官)은 재관(財官)이 모두 있어야 길하다. 동월(冬月) 壬水는 丙戊가 중요한 용신(用神)이니 이 이치는 수목상관(水木傷官)에만 해당하는 것이 아니다.

# ■ 三春癸水

(삼 춘 계 수)

[원시*TEXT]

正月癸水, 值三陽之候, 雨露之精, 其性至柔, 先用辛金, 生癸水之源, 次用丙火照暖, 名陰陽和合, 萬物發生. 辛丙兩透, 金榜有名. 或支成火局, 辛金受傷, 有壬出救者, 貴. 無壬者, 窮. 或丙出天干, 辛在酉丑, 亦有衣衿. 若辛丙皆無, 貧寒下格. 或辛透丙藏, 恩榮之造. 丙辛在柱, 以富得官.

정월계수, 치삼양지후, 우로지정, 기성지유, 선용신금, 생계수지원, 차용병화조난, 명음양화합, 만물발생. 신병량투, 금방유명. 혹지성화국, 신금수상, 유임출구자, 귀. 무임자, 궁. 혹병출천간, 신재유축, 역유의금. 약신병개무, 빈한하격. 혹신투병장, 은영지조. 병신재주, 이부득관.

[일람*Scanning]

1. 寅月 癸水는 삼양(三陽)의 철에 이르니 우로(雨路)의 정(精)으로 그 성질이 지극히 유(柔)하여 먼저 辛金을 용신(用神)으로 삼아 癸水의 근원(根源)으로 생(生)하며 丙火를 차용(次用)하여 조난(照暖)하면 음양화합(陰陽和合)이 되어 만물(萬物)이 발생(發生)한다.

2. 辛丙이 양투(兩透)하면 금방(金榜)에 이름이 오른다.

3. 혹 지지(地支)에 화국(火局)을 이루어 辛金이 상(傷)하는데 壬水가 출간(出干)하여 구제(救濟)하면 부귀(富貴)하다.

4. 壬水가 없으면 빈궁(貧窮)하다.

5. 혹 丙火가 천간(天干)에 출(出)하고 辛金이 酉丑에 있으면 역시 의금(衣衿)은 있다.

6. 만약 辛丙이 모두 없으면 빈한(貧寒)한 하격(下格)이다.

7. 혹 辛金이 투(透)하고 丙火가 암장(暗藏)되면 은영(恩榮)이 있는 명조(命造)다.

8. 丙辛이 사주(事主)에 있으면 부(富)로 관(官)을 얻는다.

[숙달*Mastery]

寅月 癸水는 삼양(三陽)의 기후에 이르니 우로(雨路)의 정(精)은 있으나 매우 약하다. 따라서 辛金으로 발원(發源)한 다음 丙火로 따뜻하게 해주면 음양(陰陽)이 화합(和合)하여 용신(用神)으로 삼아 癸水의 근원(根源)으로 생(生)하며 丙火를 차용(次用)하여 조난(照暖)하면 음양(陰陽)이 화합(和合)하여 만물(萬物)이 발생(發生)한다. 寅月 癸水에 辛丙이 양투(兩透)하면 과갑(科甲)에 이르고 부귀(富貴)가 비상하다. 癸水는 우로(雨露)지만 亥子를 보면 충분히 강호(江湖)를 이룬다. 여기에 辛金이 발원(發源)하면 흐름이 끊어지지 않아 유약(柔弱)하지 않다. 丙火는 인궁(寅宮)에서 장생(長生)되는데 寅月은 삼양(三陽)이 개태(開泰)하는 때이니 중화(中和)되어 음양(陰陽)이 화해하고 진신(眞神)이 있어 부귀(富貴)가 비상한 것이다. 寅月 癸水가 지지(地支)에 화국(火局)을 이루면 辛金이 곤(困)해진다. 이때는 壬水가 출간(出干)하여 구

제(救濟)하면 부귀격(富貴格)을 이루고, 壬水가 없으면 빈궁(貧窮)해진다. 丙火가 천간(天干)에 출(出)하고 辛金이 酉丑에 있으면 공감(貢監)이나 생원(生員)은 한다. 辛丙이 모두 없으면 하격(下格)이다. 혹 辛金이 투(透)하고 丙火가 암장(暗藏)되면 은봉(恩封)으로 귀격(貴格)을 이루고, 丙辛이 모두 암장(暗藏)되어 있으면 부(富)한 가운데 귀(貴)를 얻는다.

[원시*TEXT]

或戊透月上, 辰時, 不見比劫, 丙丁出干, 此為化合, 定主腰金, 見刑沖則否. 或支成水局, 宜有丙透, 無壬者, 衣祿不少. 若見丙火重重, 又作貴推.

혹무투월상, 진시, 불견비겁, 병정출간, 차위화합, 정주요금, 견형충즉부. 혹지성수국, 의유병투, 무임자, 의록불소. 약견병화중중, 우작귀추.

[일람*Scanning]

1. 혹 戊土가 월상(月上)에 투(透)하고 辰時에 좌(坐)하는데 비겁(比劫)을 보지 않고 丙丁火가 출간(出干)하면 차격(此格)은 화합(化合)으로 명주(命主)는 정히 금띠를 차고 형충(刑沖)이 있으면 그렇지 않다.

2. 혹 지지(地支)에 수국(水局)이 이루면 의당 丙火가 투(透)하고 壬水가 없어야 의록(衣祿)이 적지 않다.

3. 만약 丙火가 중중(重重)함을 보면 또한 귀(貴)을 이룬 것으로 추리(推理)한다.

[숙달*Mastery]

寅月 癸水에 戊土가 월간(月干)에 투(透)하고 丙辰時 생(生)으로 진화격(眞化格)을 이루면 부귀(富貴)가 끝이 없으나 형충(刑沖)이 있으면 평범한 명(命)이 된다. 癸水는 매우 약해서 戊土를 만나면 반드시 합(合)이 된다. 원문(原文)의 丙丁 출간(出干)은 원국(原局)에서 성립되지 않는 설명이다.

丙 癸 戊 乙
辰 □ 寅 □

이때 지지(地支)에 申金이 있으면 寅申 형충(刑沖)으로 화격(化格)을 이루지 못한다. 파격(破格)의 직접적인 요인은 형충(刑沖) 이전에 庚金이 화신(化神)을 거스르기 때문이다.

丙 癸 戊 庚
辰 □ 寅 申

寅月 癸水에 지지(地支)에 수국(水局)이 이루면 마땅히 丙火가 투(透)하고 壬水가 없어야 부격(富格)을 이룬다. 옛사람들은 상고탁부(商賈濁富)라 해서 부자(富者)의 팔자(八字)를 평범(平凡)한 명(命)의 범주에 넣었다. 오늘날은 그렇지 않다. 壬水가 투(透)하면 비겁(比劫)이 쟁재(爭財)하여 하천(下賤)한 격국(格局)이 된다. 이때 丙火가 중(重)하면 과갑(科甲)은 아니더라도 늠공(廩貢)으로 명사(名士)가 된다.

[원시*TEXT]

正月癸水, 辛金為主, 庚金次之, 丙亦不可少. 若無庚辛, 雖有丙火, 無用之人. 或火多土多, 殘疾不免. 用辛者, 土妻, 金子.

정월계수, 신금위주, 경금차지, 병역불가소. 약무경신, 수유병화, 무용지인. 혹화다토다, 잔질불면. 용신자, 토처, 금자.

[일람*Scanning]

1. 寅月 癸水는 辛金을 주(主)로 삼고 庚金은 차선(次善)이며 丙火 역시 적으면 불가(不可)하다. 역시 적어야 한다.

2. 만약 庚辛金이 없으면 비록 丙火가 있어도 무용지인(無用之人)이다.

3. 혹 火土가 많으면 잔질(殘疾)을 면(免)치 못한다.

4. 辛金을 용(用)하면, 土가 아내요 金이 자식이 된다.

[숙달*Mastery]

寅月 癸水는 우선 辛金을 취한 다음에 庚金을 취하는데 丙火 역시 적으면 불리하다. 만일 庚辛金이 없으면 丙丁火가 있어도 무용지인(無用之人)이다. 다음은 목왕화다(木旺火多)하여 癸水가 설(洩)되어 메마른 상(象)의 고빈(孤貧)한 명(命)으로 '조화원약평주'에 예시된 팔자(八字)다.

丁 癸 壬 壬
巳 卯 寅 寅

寅月 癸水 火土가 많으면 癸水가 메말라 잔병(殘病)이 많다. 寅月 癸水 辛金을 용(用)하면, 상관패인격(傷官佩印格)으로 토처금자(土妻金子)가 되는데 관인상생(官印相生)의 작용을 의미한다.

[원시*TEXT]

二月癸水，不剛不柔，乙木司令，洩弱元神，專以庚金為用，辛金次之. 庚辛俱透，無丁出干者，貴由科甲. 無庚辛者常人. 或庚透辛藏，榮封有准. 庚藏辛透，亦有衣衿. 庚辛兩藏，富中取貴，或刀筆揚名. 或庚辛重見，有己丁出干者亦貴.

이월계수, 불강불유, 을목사령, 설약원신, 전이경금위용, 신금차지. 경신구투, 무정출간자, 귀유과갑. 무경신자상인. 혹경투신장, 영봉유준. 경장신투, 역유의금. 경신량장, 부중취귀, 혹도필양명. 혹경신중견, 유기정출간자역귀.

[일람*Scanning]

1. 卯月 癸水는 불강불유(不剛不柔)한데 乙木이 사령(司令)하여 원신(元神)을 설(洩)하고 약(弱)하게 하니 오직 庚金으로 용신(用神)을 삼고 辛金을 차용(次用)한다.

2. 庚辛金이 함께 투(透)하고 丁火가 출간(出干)하지 않으면 과갑(科甲)하여 귀(貴)해진다.

3. 庚辛金이 없으면 상인(常人)이다.

4. 혹 庚金이 투(透)하고 辛金이 암장(暗藏)되면 영봉(榮封)이 있는 것에 준(准)한다.

5. 庚金이 암장(暗藏)되고 辛金이 투(透)하면 역시 의금(衣衿)이 있다.

6. 庚辛金이 양장(兩藏)되면 부중취귀(富中取貴)하고 혹은 도필(刀筆)로 양명(揚名)한다.

7. 혹 庚辛金이 중(重)함을 보고 己丁이 출간(出干)해도 역시 귀(貴)

하다.

[숙달*Mastery]

卯月 癸水는 강하지도 약하지도 않으나, 乙木이 설(洩)하고 약(弱)하게 하니 庚金으로 용신(用神)을 삼고 辛金으로 보좌(輔佐)한다. 卯月 癸水는 수목상관(水木傷官)을 체(體)로 하는데, 목신(木神)이 당왕(當旺)하기 때문에 인수(印綬)가 없으면 흉하다. 庚辛金을 함께 쓰는 것은 乙庚이 상합(相合)하기 때문이다. 또한 卯月에는 양기(陽氣)가 펼쳐지는 때이니 무형(無形) 중에 스스로 丙丁火가 있어 火가 없어도 金만 있으면 스스로 귀격(貴格)을 이룬다. 卯月 癸水에 庚辛金이 함께 투간(透干)하고 丁火가 출간(出干)하지 않으면 과갑(科甲)으로 부귀(富貴)가 있다. 庚辛金이 없다면 평범(平凡)하다. 庚金이 투(透)하고 辛金이 암장(暗藏)되면 이도(異途)로 지위(地位)가 높고, 庚金이 암장(暗藏)되고 辛金이 투(透)하면 역시 의금(衣衿)이 있다. 庚辛金이 양장(兩藏)되면 부(富)한 가운데 귀(貴)를 도필(刀筆)로 양명(揚名)한다. 卯月 癸水에 庚辛金이 태다(太多)한데 己丁이 출간(出干)하면 대귀격(大貴格)을 이룬다. 庚辛金이 태다(太多)하면 癸水는 약변강(弱變强)이 되고 월령(月令) 乙木은 극(剋)이 되어 무력(無力)해지니 한 마디로 체용(體用)이 변한 것으로 재관(財官)이 상생(相生)하여 격(格)을 이룬다. 庚辛金이 많으니 丁火로 제(制)해야 하고, 팔자(八字)에 壬水 겁재(劫財)가 투(透)하지 않은 이상 戊土를 취할 수는 없으므로 己土를 취한 것이다.

[원시*TEXT]

或支成木局, 月時又見木者, 為洩水太過, 定主貧困多災. 即運入西方,亦屬無用.

혹지성목국, 월시우견목자, 위설수태과, 정주빈곤다재. 즉운입서방, 역속무용.

[일람*Scanning]

1. 혹 지지(地支)에 목국(木局)을 이루고 月時에 또 木을 보면 설수태과(洩水太過)로 명주(命主)는 빈곤(貧困)하고 재난(災難)이 많다.

2. 만일 운(運)이 서방(西方)으로 들면 역시 무용(無用)에 속(屬)한다.

[숙달*Mastery]

卯月 癸水는 지지(地支)에 목국(木局)을 이루었는데 月時에 木이 출간(出干)하면 水를 심하게 설(洩)하여 곤궁(困窮)하고 재앙(災殃)이 많다. 이때는 서방운(西方運)으로 흘러도 무용지물(無用之物)이 된다. 지지(地支)에 목국(木局)을 이루고, 庚辛金이 없으면 순국(順局)으로 종아격(從兒格)을 이룬다. 庚金이 투(透)하여 木을 제(制)하면 상관패인(傷官佩印)을 성격(成格)되어 부귀(富貴)하다. 다음은 영국 팝 가수, 엘튼 존(Elton John)의 팔자(八字)다.

庚 癸 癸 丁
申 卯 卯 亥

[원시*TEXT]

三月癸水, 要分清明穀雨. 清明後, 火氣未熾, 專用丙火, 為陰陽合諧.

穀雨後，雖用丙火，尚宜辛甲佐之. 如辛卯，壬辰，癸未，丙辰，生上半月，用丙火，顯達. 生下半月，必無傷辛金癸水，方妙. 然丙亦不可少. 用丙，木妻，火子.

삼월계수, 요분청명곡우. 청명후, 화기미치, 전용병화, 위음양합해. 곡우후, 수용병화, 상의신갑좌지. 여신묘, 임진, 계미, 병진, 생상반월, 용병화、현달. 생하반월, 필무상신금계수, 방묘. 연병역불가소. 용병, 목처, 화자.

[일람*Scanning]

1. 辰月 癸水는 청명(淸明)과 곡우(穀雨)의 구분(區分)을 요(要)한다.

2. 청명(淸明) 후에는 화기(火氣)가 치열(熾熱)하지 않으므로, 丙火를 전용(專用)하면 음양(陰陽)이 화합(和合)하여 어울린다.

3. 곡우(穀雨) 후에는 비록 丙火를 용(用)해도, 마땅히 辛金과 甲木으로 보좌(輔佐)하기를 바란다.

4. 가령 辛卯年 壬辰日 癸未日 丙辰時 생(生)은 상반월(上半月)에 태어나 丙火를 용(用)해 현달(顯達)했다.

5. 하반월(下半月)에 태어나면 반드시 辛金과 癸水의 상(傷)함이 없어야 비로소 묘(妙)하다.

6. 당연(當然)히 丙火 역시 적어서는 불가(不可)하다.

7. 丙火를 용(用)하면, 木이 아내요 火가 자식이 된다.

[숙달*Mastery]

辰月 癸水는 청명(淸明)과 곡우(穀雨)로 나누어 살핀다. 청명(淸明) 후에는 화기(火氣)가 치열(熾熱)하지 않으므로 丙火를 전용(專用)하면

음양(陰陽)이 적절히 배합된 것이다. 곡우(穀雨) 후에는 비록 丙火를 용(用)해도, 마땅히 辛金과 甲木으로 보좌(輔佐)해야 부귀격(富貴格)을 이룬다. 가령 辛卯年 壬辰日 癸未日 丙辰時 생(生)은 상반월(上半月)에 태어나면 丙火를 용(用)하므로 조정(朝廷)의 경사(卿士)다.

丙 癸 壬 辛
辰 未 辰 卯

그러나 하반월(下半月)에 태어나면 丙火가 적어도 불가하고, 또 반드시 辛金과 癸水의 상(傷)함이 없어야 비로소 묘(妙)하다. 따라서 위 辛卯年 생(生)이 하반월(下半月) 출생자라면 辛金이 용신(用神)이 된다. 이때는 壬水가 투간(透干)하여 丙火가 辛金을 상(傷)하게 하는 것을 막아야 한다. 다음은 미국 제 3대 대통령, 토마스 제퍼슨(Thomas Jefferson)의 팔자(八字)다. 丙火는 무근(無根)하지만 丙火가 진기(進氣)하는 때에 있어 유용(有用)하고, 지지(地支)에 酉丑 회국(會局)을 이루어 관인상생격(官印相生格)을 이루었다.

癸 癸 丙 癸
丑 酉 辰 亥

보통 辰戌丑未月에 태어나면 상반월(上半月)과 하반월(下半月)로 나누어 기(氣)의 진퇴(進退)를 살펴야 휴구(休咎)를 논할 수 있다. 辰月 癸水가 丙火를 용(用)하면, 木이 아내요 火가 자식이 되니 상관생재격(傷官生財格)을 이룬다.

[원시*TEXT]

三月癸水, 從化者多, 得化者榮祿. 不化者平常. 或支成水局, 又見己土, 無木, 乃假殺格, 有甲出者, 常人. 或支坐四庫, 又得甲透, 可謂顯達名揚. 無甲者僧道孤苦. 或支成木局, 無金, 名傷官生財格, 主聰明博學, 衣祿充饒.

삼월계수, 종화자다, 득화자영록. 불화자평상. 혹지성수국, 우견기토, 무목, 내가살격, 유갑출자, 상인. 혹지좌사고, 우득갑투, 가위현달명양. 무갑자승도고고. 혹지성목국, 무금, 명상관생재격, 주총명박학, 의록충요.

[일람*Scanning]

1. 辰月 癸水는 종화(從化)하는 경우가 많아 화(化)를 얻은 자는 영록(榮祿)이 있다.

2. 화(化)를 얻지 못한 자는 평상(平常)하다.

3. 혹 지지(地支)에 수국(水局)을 이루고 己土를 보았는데 木이 없으면 이에 가살격(假殺格)이고 甲木이 있어 출(出)하면 상인(常人)이다.

4. 혹 지지(地支) 사고(四庫)에 좌(坐)하고 甲木을 얻어 투(透)하면 그야말로 현달명양(顯達名揚)이라 이른다.

5. 甲木이 없으면 승도(僧道)로 고고(孤苦)하다.

6. 혹 지지(地支)에 목국(木局)을 이루고 金이 없으면 상관생재격(傷官生財格)으로 명주(命主)는 총명박학(聰明博學)하며 의록(衣祿)이 가득하고 넉넉하다.

[숙달*Mastery]

辰月 癸水는 종화(從化)하는 경우가 많아 진화격(眞化格)을 이루면 높은 지위(地位)와 많은 녹봉(祿俸)이 있다. 화격(化格)이 성립되지 않으면 대개 평범(平凡)하다.

丙 癸 戊 己
辰 □ 辰 □

辰月 癸水에 지지(地支) 수국(水局)을 이루고 己土가 하나 출간(出干)했는데, 丙火는 있으나 甲木이 없으면 가살위권(假殺爲權)으로 귀격(貴格)을 이룬다. 이때 甲木이 출간(出干)하면 己土를 파(破)하여 보통의 팔자(八字)가 되고 만다. 따라서 반드시 丙火가 있어야 하고 甲木이 없어야 가살위권(假殺爲權)을 이룬다. **癸水는 戊土를 취할 수 없기 때문에 수왕(水旺)해도 己土를 취해야 재관격(財官格)을 이룬다**. 辰月 癸水가 지지(地支)에 사고(四庫)가 있는데 甲木을 얻어 투(透)하면 살용식제(殺用食制)로 성격(成格)되어 부귀격(富貴格)을 이룬다. 그러나 甲木이 없으면 승도(僧道)의 명(命)이 되어 고빈(孤貧)하다. 辰月 癸水가 지지(地支)에 목국(木局)을 이루고 金이 없으면 상관생재격(傷官生財格)으로 명주(命主)는 총명박학(聰明博學)하며 의록(衣祿)이 가득하고 넉넉하다. 다만 초년에는 정체(停滯)를 경험하기 쉽다. 하반월(下半月)은 丙火가 진기(進氣)하는 때니, 지지(地支)에 목국(木局)을 이루면 상관(傷官)이 왕(旺)하여 암(暗)으로 생재(生財)한다. 그러나 癸水 원신(元神)이 설(洩)되어 약하기 때문에 부하(負荷)를 감당할 힘이 없다. 따라서 金이 있으면 귀격(貴格)을 이루고, 金이 없으면 총명(聰明)하나 재물이 없다.

辛 癸 □ □
酉 卯 辰 寅

결론적으로 지지(地支)에 목국(木局)을 이루면 金이 있어야, 가살위권(假殺爲權)을 이루거나, 상관대살(傷官帶殺)을 이루거나, 상관생재(傷官生財)할 수 있는 것이다.

[원시*TEXT]

三月癸水, 辛甲皆酌用. 下半月, 土妻, 金子.

삼월계수, 신갑개작용. 하반월, 토처, 금자.

[일람*Scanning]

1. 辰月 癸水는 辛金과 甲木을 모두 참작(參酌)해서 용(用)한다.
2. 하반월(下半月)에는 土가 아내요, 金이 자식이 된다.

[숙달*Mastery]

辰月 癸水는 반드시 丙火와 辛金이 있어야 길하고 甲己는 참작해서 취한다. 己土가 있으면 가살위권(假殺爲權)이고, 甲木이 있으면 상관대살(傷官帶殺)로 성격(成格)된다. 하반월(下半月)에는 辛金을 용(用)하니 토처금자(土妻金子)로 관인상생격(官印相生格)을 이룬다.

## 삼하계수
## ■ 三夏癸水

[원시*TEXT]

四月癸水, 喜辛金為用, 無辛用庚. 若辛高透, 不見丁火, 加以壬透, 主科名榮貴, 聲播四夷. 若有丁破格, 貧無立錐, 有壬可免. 辛藏無丁, 貢監衣衿.

사월계수, 희신금위용, 무신용경. 약신고투, 불견정화, 가이임투, 주과명영귀, 성파사이. 약유정파격, 빈무립추, 유임가면. 신장무정, 공감의금.

[일람*Scanning]

1. 巳月 癸水는 辛金을 기뻐하여 용(用)하니 辛金이 없으면 庚金을 용(用)한다.

2. 만약 辛金이 고투(高透)했는데 丁火를 보지 않고 더해서 壬水가 투(透)하면 명주(命主)는 과명(科名)으로 영귀(榮貴)하고 명성(名聲)이 사해(四海)에 뻗친다.

3. 만약 丁火가 있으면 파격(破格)으로 가난하여 입추(立錐)의 여지도 없다.

4. 辛金이 암장(暗藏)되고 丁火가 없으면 공감(貢監)과 의금(衣衿)은 잃지 않는다.

[숙달*Mastery]

巳月 癸水는 어머니인 辛金을 만나면 길하다. 辛金이 없으면 庚金을 취할 수는 있으나 자연적인 면에서 효용(效用)이 덜하다. '조화원약평주'에 庚辛金은 쓰임이 같으나 음(陰)은 음(陰)을 생(生)하고, 양(陽)은 양(陽)을 생(生)해야 자연적인 것이 된다고 했다. 巳月에는 火土가 왕(旺)하여 癸水가 절지(絶地)에 임하니 인수(印綬)니 비겁(比劫)으로 생조(生助)하지 않으면 살아남기 어렵다. 巳月 癸水에 辛金이 고투(高透)했는데 丁火를 보지 않고 더해서 壬水가 투(透)하면 재격투인격(財格透印格)으로 과거(科擧)에 급제(及第)하는 인물이 되며 부귀(富貴)가 극품(極品)에 이른다. 만약 丁火가 있으면 파격(破格)이 되어 극심한 빈곤(貧困)에 시달리게 된다. 巳月은 화왕(火旺)한 때이니 辛金이 출간(出干)하고 오궁(午宮)에 丁火가 암장(暗藏)되어 있어도 녹아버린다. 이때는 반드시 壬癸水로 구해야 한다. 다만 水로 火를 제(制)하면 비록 병(病)은 제거하지만 아내와 재물은 빼앗기는 형국으로 형극(刑剋)을 면하기 어렵다. 辛金이 암장(暗藏)되고 丁火가 없으면 공감(貢監)이나 의금(衣衿)은 잃지 않는다.

[원시*TEXT]

或一派火土乏辛, 即有己庚, 亦不能生水. 又無比肩羊刃, 必至熬乾癸水, 損目無疑. 若庚壬兩透, 洩制火土, 名劫印化晉, 極貴之造. 有丁見干者則否. 如有庚無壬, 亦無丁破庚者, 堪入儒林. 有庚無辛者, 異路功名. 總之四月癸水, 專用辛金方妙.

혹일파화토핍신, 즉유기경, 역불능생수. 우무비견양인, 필지오건계수, 손목무의. 약경임량투, 설제화토, 명겁인화진, 극귀지조. 유정견간자즉부. 여유경무임, 역무정파경자, 감입유림. 유경무신자, 이로공명. 총지사월계수, 전용신금방묘.

[일람*Scanning]

1. 혹 한 무리의 火土가 있고 辛金이 핍절(乏絶)되었는데 己土와 庚金이 있어도 水를 생(生)하는 것이 불능(不能)이다.

2. 또 비견(比肩)과 양인(羊刃)이 없으면 癸水를 볶아 건조(乾燥)하게 하므로 반드시 癸水가 타고 메말라지니 눈이 손상(損傷)됨은 의심할 여지가 없다.

3. 만약 庚壬이 양투(兩透)하면 火土를 설(洩)하고 제(制)하니 겁인화진(劫印化晉)으로 극귀(極貴)한 명조(命造)다.

4. 丁火가 있어 천간(天干)에서 보면 그렇지 않다.

5. 만일 庚金은 있고 壬水가 없는데 丁火가 庚金을 파(破)하지 않으면 유림(儒林)에 들어가는 감능(堪能)이 있다.

6. 庚金이 있고 辛金이 없으면 이로(理路)로 공명(功名)을 이룬다.

7. 아무튼 巳月 癸水는 辛金을 전용(專用)하면 비로소 묘(妙)하다.

[숙달*Mastery]

· 巳月 癸水에 일파(一派) 火土가 있고 辛金이 없으면 己土와 庚金이 있어도 水를 생(生)하지 못한다. 水가 없으면 庚金이 무용(無用)하다는 얘기다. 또 비견(比肩)과 양인(羊刃)이 없으면 火土가 癸水를 볶는 형

상(形象)이 되어 눈이나 정기(精氣)가 손상(損傷)된다. 그러나 화액(禍厄)은 있어도 악질(惡疾)은 없다. 한 마디로 巳月 癸水는 겁재(劫財)나 인수(印綬) 중에 하나라도 없으면 흉하다. 巳月 癸水에 庚壬이 양투(兩透)하면 火土를 설(洩)하고 제(制)하니 겁인화진(劫印化晉)으로 대부대귀격(大富大貴格)을 이룬다. 이때 丁火가 있으면 庚金을 극(剋)하여 상모(喪母)하고 壬水를 합(合)하므로 폐인(廢人)이 된다. 다시 말해 巳月은 火土가 당왕(當旺)한 때로 癸水가 매우 약하니 庚壬이 모두 투출(透出)하면 철처봉생(絶處逢生)하여 약변강(弱變强)이 되기 때문에 사궁(巳宮) 丙戊를 취하는 것이다. 따라서 꺼리는 것이 길하게 되니 기격(奇格)이다. 겁이화진(劫印化晉)의 진(晉)은 괘명(卦名)으로 이상곤하(離上坤下)를 화지진(火地晉)이라 해서 火土를 뜻한다. 그러므로 겁인화진(劫印化晉)은 "겁인(劫印)으로 火土를 교화(敎化)한다"는 의미를 담고 있다. 다음은 명(命)나라 성조(成祖), 영락제(永樂宰)의 팔자(八字)로 겁인화진격(劫印化晉格)이다.

辛 癸 辛 庚
酉 酉 巳 子

이때 庚金은 있고 壬水가 없는데 丁火가 庚金을 파(破)하지 않으면 유림(儒林)의 수사(秀士)이나 귀(貴)는 없다. 巳月 癸水가 辛金이 없어 庚金을 취하면 부(富)는 있어도 귀(貴)는 없다. 아무튼 巳月 癸水는 辛金을 용신(用神)으로 삼고 용신(用神)의 극상(剋傷)이 없으면 귀격(貴格)을 이룬다.

[원시*TEXT]

五月癸水, 至弱無根, 必須庚辛為生身之本, 但丁火司權, 金難敵火, 安能滋養癸水. 宜見比劫, 方得辛金之用. 五月癸水, 庚辛壬參酌並用可也.

오월계수, 지약무근, 필수경신위생신지본, 단정화사권, 금난적화, 안능자양계수. 의견비겁, 방득신금지용. 오월계수, 경신임참작병용가야.

[일람*Scanning]

1. 午月 癸水는 지극히 약하고 근원(根源)이 없으니 필히 庚辛金으로 생신(生身)의 근본(根本)을 삼는데 다만 丁火가 사권(司權)하여 金이 火를 대적(對敵)하기 어려우니 어찌 癸水를 편안자양(滋養)할 수 있으리오.

2. 마땅히 비겁(比劫)을 보아야 비로소 辛金을 얻어 용(用)할 수 있다.

3. 午月 癸水는 庚辛壬을 참작(參酌)해서 병용(竝用)할 수 있다.

[숙달*Mastery]

午月 癸水는 몹시 약하고 근원(根源)이 없다. 마땅히 庚辛金으로 생신(生身)의 근본(根本)을 삼아야 한다. 그러나 丁火가 사권(司權)하여 金이 火를 대적(對敵)하기 어려우니 癸水를 자양(滋養)하기 힘들다. 그러므로 비겁(比劫)을 보아야만 비로소 辛金을 얻어 용(用)할 수 있다. 午月 癸水는 庚辛壬을 참작(參酌)해서 병용(竝用)할 수 있는데 상황이 절박하여 선후(先後)를 나누지도 않는다.

[원시*TEXT]

如庚辛透干, 又見壬癸者, 定主鍾鼎名家. 或有金透, 支見申子辰者, 亦主金榜掛名. 或無水出干, 支只一水, 雖有庚辛, 一富之造. 故曰： 水源會夏, 富重貴輕. 又曰： 金水會夏天, 富貴永無邊, 運行火土地, 快樂似神仙.

여경신투간, 우견임계자, 정주종정명가. 혹유금투, 지견신자진자, 역주금방괘명. 혹무수출간, 지지일수, 수유경신, 일부지조. 고왈： 수원회하, 부중귀경. 우왈： 금수회하천, 부귀영무변, 운행화토지, 쾌락사신선.

[일람*Scanning]

1. 만일 庚辛金이 투간(透干)하고 또 壬癸水를 보면 정히 종정명가(鍾鼎名家)를 이룬다.

2. 혹 金이 있어 투(透)하고 지지(地支)에서 申子辰을 보면 역시 금방(金榜)에 이름을 건다.

3. 혹 水가 출간(出干)하지 않고 지지(地支)에 다만 하나의 水가 있으면 비록 庚辛金이 있어도 일부(一富)의 명조(命造)다.

4. 고로 이르길, 수원(水源)이 하월(夏月)에 모이면 부중귀경(富重貴輕)이라 했다.

5. 또한 이르길, "金水가 하천(夏天)에 모이면 부귀(富貴)가 길고 무변(無邊)하며 운(運)이 火土의 지지(地支)로 가면 쾌락(快樂)이 신선(神仙)과 같다는 것이다.

[숙달*Mastery]

午月 癸水에 庚辛金이 모두 투간(透干)하고 또 壬癸水를 보면, 종정(鍾鼎)의 명가(名家)를 이루며 군왕(君王)의 짝이 된다. 만일 金이 투(透)하고 지지(地支)에서 申子辰을 보면 역시 금방(金榜)에 이름을 건다. 水가 출간(出干)하지 않고 지지(地支)에 다만 하나의 水가 있는데 庚辛金이 투(透)하면 갑부(甲富)의 팔자(八字)다. 일개(一介) 부자(富子)의 명조(命造)다. 하월(夏月) 생(生)으로 수원(水源)이 모이면 귀(貴)는 가벼우나 부(富)는 자연적으로 따르고 金水가 천간(天干)에 모이면 부귀(富貴)가 길고 끝이 없다. 이때 운(運)이 火土의 지지(地支)로 가면 쾌락(快樂)이 신선(神仙)과 같다고 했다.

[원시*TEXT]

或支成火局, 無壬出干, 定主僧道. 或二壬一庚同透, 衣錦腰金. 或一派己土, 無甲出制, 此作從殺而論, 又主大貴. 凡從殺者, 切不可破格方吉.

혹지성화국, 무임출간, 정주승도. 혹이임일경동투, 의금요금. 혹일파기토, 무갑출제, 차작종살이론, 우주대귀. 범종살자, 절불가파격방길.

[일람*Scanning]

1. 혹 지지(地支)에 화국(火局)을 이루고 壬水가 출간(出干)하지 않으면 정히 승도(僧道)가 된다.

2. 혹 두 개의 壬水와 하나의 庚金이 동시에 투(透)하면 비단옷을 입고 금띠를 두른다.

3. 혹 한 무리의 己土가 있고 甲木의 출(出)해 제(制)하지 않으면 차격(此格)은 종살(從殺)로 논하니 대부귀(大富貴)하다.

4. 무릇 종살격(從殺格)은 파격(破格)되지 않는 것이 절실(切實)하고 그래야 비로소 길(吉)하다.

[숙달*Mastery]

午月 癸水에 지지(地支) 화국(火局)을 이루면 종재격(從財格)을 짓지 않는 한 壬水로 구해야만 한다. 그러므로 壬水가 출간(出干)하지 않으면 승도(僧道)의 명(命)이 된다. 만일 두 개의 壬水와 하나의 庚金이 동시에 투(透)하면 의금(衣錦)을 몸에 두른다. 午月 癸水에 일파(一派) 己土가 있고 金水와 甲木이 없으면 차격(此格)은 종살(從殺)로 논하니 대부귀(大富貴)하다. 종살격(從殺格)은 지지(地支)의 형충(刑沖)으로 파격(破格)되지 않아야 길하다. 다음은 여우(女優), 메릴 스트립(Meryl Streep)의 팔자(八字)로 己土와 庚金이 같이 투(透)하여 인수(印綬)로 화살(化殺)하니 부종(不從)이다. 재격투인격(財格格透印)이다.

丙 癸 庚 己
辰 未 午 丑

[원시*TEXT]

六月癸水, 有上下月之分. 下半月庚辛有氣, 上半月庚辛休囚. 凡六癸日, 多不驗者, 何也? 俗士不知此理. 因未中有乙己同宮, 破而不破, 故癸水不能從殺, 所以專用庚辛. 如上半月金神衰弱, 火氣炎烈, 宜比劫助身, 可云富貴. 與五月一理. 下半月庚辛有氣, 即無比劫亦可, 又忌丁透, 即丁在支亦不吉. 其生剋制化, 與五月略同.

유월계수, 유상하월지분. 하반월경신유기, 상반월경신휴수. 범륙계일, 다불험자, 하야? 속사불지차리. 인미중유을기동궁, 파이불파, 고계수불능종살, 소이전용경신. 여상반월금신쇠약, 화기염렬, 의비겁조신, 가운부귀. 여오월일리. 하반월경신유기, 즉무비겁역가, 우기정투, 즉정재지역불길. 기생극제화, 여오월략동.

[일람*Scanning]

1. 未月 癸水는 상하(上下)로 월(月)을 구분(區分)한다.

2. 하반월(下半月)은 庚辛金이 유기(有氣)하고 상반월(上半月)은 庚辛金이 휴수(休囚)된다.

3. 무릇 六癸日은 응험(應驗)하지 않을 때가 많다.

4. 속사(俗士)들이 이러한 이치(理致)를 모르기 때문이다.

5. 未中 乙己가 동궁(同宮)에 있기 때문에 파(破)하려고 하나 파(破)하지 못하므로 癸水는 종살(從殺)이 불능(不能)한 까닭에 庚辛金을 전용(專用)한다.

6. 상반월(上半月)에는 금신(金神)이 쇠약(衰弱)한 것과 같아 화기(火氣)가 염열(炎烈)하면 의당 비겁(比劫)으로 조신(助身)해야 가히 부귀(富貴)를 말한다.

7. 午月과 더불어 동일(同一)한 이치(理致)다.

8. 하반월(下半月)에는 庚辛金이 유기(有氣)하니 비겁(比劫)이 없어도 가(可)하나 또한 丁火가 투(透)하는 것을 꺼리니 곧 丁火가 지지(地支)에 있어도 역시 불길(不吉)하다.

9. 그 생극제화(生剋制化)가 午月과 대략(大略) 같다.

[숙달*Mastery]

未月 癸水는 두 절기(節氣)로 나누어 구분하는데 상반월(上半月)은 庚辛金이 무기(無氣)하고, 하반월(下半月)은 유기(有氣)하다. 보통 未月 癸日은 추측이 잘 맞지 않는 경우가 있다. 이것은 미궁(未宮)에 乙木과 己土가 동궁(同宮)에 있는 것을 알지 못하기 때문이다. 파(破)하려고 하나 파(破)하지 못하므로 癸水는 종살(從殺)이 불능(不能)한 까닭에 庚辛金을 전용(專用)한다. 상반월(上半月)은 庚金이 출간(出干)해도 화염(火炎)하면 金이 두려워하므로 비겁(比劫)이 도와야 가히 부귀(富貴)를 말할 수 있다. 즉 대서(大暑) 전이면 午月과 이치가 같다. 하반월(下半月)에는 庚辛金이 유기(有氣)하니 비겁(比劫)이 없어도 가(可)하나 또한 丁火가 투(透)하는 것을 꺼린다. 그런데 丁火가 지지(地支)에 있어도 역시 길하지는 않다. 결국 金水를 쓴다는 점에서 그 생극제화(生剋制化)가 午月과 비슷한 것이다. 다음은 하반월(下半月) 생(生)으로 庚金이 득지(得地)한 명(命)으로 '궁통보감평주'에 예시된 승상(丞相)의 팔자(八字)다.

庚 癸 癸 乙
申 未 未 酉

# 三秋癸水 (삼추계수)

[원시*TEXT]

七月癸水, 正母旺子相之時, 癸雖死申, 殊不知申中有庚生之, 名死處逢生, 弱中復強, 即運行西北, 亦不死也. 但庚司令剛銳極矣, 必取丁火為用. 或丁透有甲, 名有燄之火, 必主科甲. 或丁透無甲, 又無壬癸, 即有一二庚金, 亦有生監. 有二丁更妙. 或金多乏丁制者, 貧困之人.

칠월계수, 정모왕자상지시, 계수사신, 수불지신중유경생지, 명사처봉생, 약중부강, 즉운행서북, 역불사야. 단경사령강예극의, 필취정화위용. 혹정투유갑, 명유염지화, 필주과갑. 혹정투무갑, 우무임계, 즉유일이경금, 역유생감. 유이정갱묘. 혹금다핍정제자, 빈곤지인.

[일람*Scanning]

1. 申月 癸水는 모왕자상(母旺子相)의 바른 때이니 비록 癸水가 申에서 사(死)하나 생각지도 않게 申中 庚金이 생(生)하니 사처봉생(死處逢生)으로 약(弱)한 가운데 다시 강(強)해지므로 운(運)이 서북(西北)으로 가면 역시 죽지 않는 것이다.

2. 단 庚金이 사령(司令)하면 강예(剛銳)함이 극(極)에 이르니 필시

丁火를 취(取)하여 용신(用神)으로 삼는다.

3. 혹 丁火가 투(透)하고 甲木이 있으면 유염지화(有談之火)로 명주(命主)는 필히 과갑(科甲)한다.

4. 혹 丁火가 투(透)하고 甲木이 없는데 또 壬癸水가 없으면 한두 개의 庚金만 있어도 역시 생감(生監)은 한다.

5. 두 개의 丁火가 있으면 재차 묘(妙)하다.

6. 혹 金이 많고 丁火의 제(制)함이 결핍(缺乏)되면 빈곤(貧困)한 사람이다.

[숙달*Mastery]

申月 癸水는 모왕자상(母旺子相)한 때에 있으니 癸水가 申에 이르러 사지(死地)에 들어가나, 申中 庚金이 있으니 사처봉생(死處逢生)으로 약변강(弱變强)이 된다. 이때는 庚金이 권리(權利)를 잡으니 반드시 丁火로 金을 제(制)해야 한다. 丁火가 용신(用神)이면 甲木으로 보좌(輔佐)해야 길하다. 申月 癸水에 丁火가 투(透)했는데 甲木이 있으면 유염지화(有談之火)로 과갑(科甲)에 이르고 부귀(富貴)가 가볍지 않다. 丁火가 투(透)하고 甲木이 없는데 또 壬癸水가 없으면 한두 개의 庚金만 있어도 인수용재격(印綬用財格)을 이루어 생감(生監)은 한다. 두 개의 丁火가 있으면 더욱 묘(妙)하나 金이 많고 丁火의 제(制)함이 없으면 빈천(貧賤)한 명(命)이 된다.

[원시*TEXT]

或一丁坐午, 名獨才格, 主金玉滿堂, 富中取貴. 若在未戌, 則是常人. 或柱見二戌二未, 又得丙丁藏支, 干見甲出, 無水, 亦作富貴而推.

혹일정좌오, 명독재격, 주금옥만당, 부중취귀. 약재미술, 즉시상인. 혹주견이술이미, 우득병정장지, 간견갑출, 무수, 역작부귀이추.

[일람*Scanning]

1. 혹 하나의 丁火가 午에 좌(坐)하면 독재격(獨財格)으로 금옥만당(金玉滿堂)하며 부중취귀(富中取貴)한다.

2. 만약 未戌에 있으면 다만 상인(常人)일 뿐이다.

3. 혹 사주(四柱)에 두 개의 戌未를 보고 丙丁火가 지지(地支)에 암장(暗藏)되었는데 천간(天干)에 甲木이 출(出)하고 水가 없으면 역시 부귀격(富貴格)으로 추리(推理)한다.

[숙달*Mastery]

申月 癸水에 丁火 하나가 오록(午祿)에 있으면 독재득위(獨財得位)하여 부(富)한 가운데 귀(貴)를 취한다. 독재(獨財)는 甲木이 상생(相生)하지 않는 것을 말하고, 득위(得位)는 午에 丁火의 녹(祿)이 있는 것을 말한다. 즉 丁火가 투(透)하지 않고 오궁(午宮)에 있는 것을 뜻한다. 다음은 '조화원약평주'에 복수(福壽)가 두터웠으나 귀(貴)는 없었던 명(命)으로 설명된 팔자(八字)다. 丁火가 득위(得位)하여 만금(萬金)을 모았다.

乙 癸 庚 戊
卯 亥 申 午

만약 丁火가 未戌에 있으면 무력(無力)하여 평범(平凡)하다. 만일 사주(四柱)에 두 개의 戌未를 보고 丙丁火가 지지(地支)에 암장(暗藏)되었는데 천간(天干)에 甲木이 출(出)하고 水가 없으면 역시 부귀격(富貴格)으로 추리(推理)한다. 甲木이 土를 파(破)하여 丁火를 살리기 때문이다.

[원시*TEXT]

八月癸水, 辛金虛靈, 非頑金可比, 正金白水清, 故取辛金為用, 丙火佐之, 名水暖金溫. 如丙與辛隔位同透, 主科甲功名. 或丙透辛藏, 一榜之士. 或土多剋水, 生意中人. 八月癸水, 丙辛皆用.

팔월계수, 신금허령, 비완금가비, 정금백수청, 고취신금위용, 병화좌지, 명수난금온. 여병여신격위동투, 주과갑공명. 혹병투신장, 일방지사. 혹토다극수, 생의중인. 팔월계수, 병신개용.

[일람*Scanning]

1. 酉月 癸水는 辛金이 허령(虛靈)하므로 완금(頑金)과는 비교(比較)할 바가 아니고, 금백수청(金白水清)을 갖추었으므로 辛金을 취(取)하여 용신(用神)으로 삼고 丙火로 보좌(輔佐)하면 수난금온(水暖金溫)이 된다.

2. 만일 辛金과 더불어 丙火가 떨어져 같이 투(透)하면 명주(命主)는 과갑(科甲)으로 공명(功名)을 이룬다.

3. 혹 丙火가 투(透)하고 辛金이 암장(暗藏)되면 일방(一榜)은 하는 선비다.

4. 혹 土가 많아 水를 극(剋)하면 상업(商業)하는 중인(中人)이다.

5. 酉月 癸水는 丙辛을 모두 용(用)한다.

[숙달*Mastery]

酉月 癸水는 금백수청(金白水淸)한 때이니 辛金을 용신(用神)으로 삼고 丙火로 보좌(輔佐)하면 수난금온(水暖金溫)을 이룬다. 癸水는 청윤(淸潤)하고 辛金은 허령(虛靈)하여 잡(雜)된 기운이 없고 신령(神靈)하니 금백수청(金白水淸)으로 丙火로 조후(調候)하면 서로 이익이 있는 것이다. 酉月 癸水에 辛丙이 양투(兩透)하고 합(合)되지 않으면 과갑(科甲)에 이른다. 丙火가 투(透)하고 辛金이 암장(暗藏)되면 일방(一榜)은 하는 선비고, 혹 土가 많아 水를 극(剋)하면 중인(中人)의 계층이다. 酉月 癸水는 丙辛을 모두 용(用)한다. 酉月 癸水에 壬水가 투(透)하면 관살(官殺)을 용(用)한다. 그렇지 않으면 戊己土를 취할 수 없다. 청령(淸靈)한 기(氣)는 극제(剋制)하면 좋지 않기 때문이다. 다음은 홍콩 배우(俳優), 리어우떠화(劉德華)의 팔자(八字)로 수난금온(水暖金溫)을 이뤘다.

丙 癸 丁 辛
辰 亥 酉 丑

[원시*TEXT]

九月癸水, 失令無根, 戊土司權, 剋制太過, 專用辛金發水之源, 要比肩滋甲制戊方妙. 或辛甲兩透, 支見子癸, 定主平步靑雲. 或癸甲兩透, 富貴成名. 或有甲辛無癸者, 亦有恩封. 或有甲癸無辛者, 富大貴小. 有甲無癸辛者, 常人. 二者俱無, 貧賤之格. 或有甲見壬者, 頗許衣衿. 九月癸水, 辛甲並用.

구월계수, 실령무근, 무토사권, 극제태과, 전용신금발수지원, 요비견자갑제무방묘. 혹신갑량투, 지견자계, 정주평보청운. 혹계갑량투, 부귀성명. 혹유갑신무계자, 역유은봉. 혹유갑계무신자, 부대귀소. 유갑무계신자, 상인. 이자구무, 빈천지격. 혹유갑견임자, 파허의금. 구월계수, 신갑병용.

[일람*Scanning]

1. 戌月 癸水는 실령(失令)하고 무근(無根)하며 戊土가 사권(司權)하여 극제(剋制)가 태과(太過)하니 辛金을 발수지원(發水之源)으로 전용(專用)하고 비견(比肩)이 甲木을 자양(滋養)하여 戊土를 제(制)함을 요(要)하니 비로소 묘(妙)해진다.

2. 혹 辛甲이 양투(兩透)하고 지지(地支)에 子中 癸水를 보면 정히 평보(平步)로 청운(靑雲)에 오른다.

3. 혹 癸甲이 양투(兩透)하면 부귀(富貴)하고 명성(名聲)을 이룬다.

4. 혹 甲辛이 있으면 癸水가 없어도 역시 은봉(恩封)은 있다.

5. 혹 甲癸가 있고 辛金이 없으면 부(富)는 크나 귀(貴)는 작다.

6. 甲木이 있고 癸辛이 없으면 상인(常人)이다.

7. 이자(二者)가 함께 없으면 빈천(貧賤)한 격(格)이다.

8. 혹 甲木이 있고 壬水를 보면 자못 의금(衣衿)은 허락한다.

9. 戌月 癸水는 辛甲을 병용(竝用)한다.

[숙달*Mastery]

戌月 癸水는 실령(失令)하고 무근(無根)하다. 戊土가 사권(司權)하여 극제(剋制)가 태과(太過)하니 辛金을 발수지원(發水之源)으로 전용(專

用)하고, 비견(比肩)이 甲木을 자양(滋養)하여 戊土를 제(制)해야 묘(妙)하다. 癸水는 체(體)가 청윤(淸潤)하기 때문에 戊土의 극제(剋制)가 흉하다. 戊土가 있으면 甲木으로 구제(救濟)해야 하나 癸水가 실령(失令)하여 甲木도 메말라 있다. 그러므로 辛金으로 癸水를 생(生)하고, 癸水로 甲木을 자윤(滋潤)하면 戊土를 제(制)할 수 있다. 辛金이 있으면 水가 어머니를 얻는 것이고, 癸水가 있으면 木의 근원(根源)이 된다. 戌月 癸水에 辛甲이 양투(兩透)하고 지지(地支)에 子中 癸水를 보면 평보(平步)로 청운(靑雲)에 오른다. 癸甲이 양투(兩透)하면 부귀(富貴)하고 명성(名聲)을 이룬다. 戌月 癸水에 甲辛이 있으면 癸水가 없어도 수재(秀才)로만 그치지 않고 은봉(恩封)은 있다. 甲癸가 있고 辛金이 없으면 부(富)는 크나 귀(貴)는 작다. 戌月 癸水는 戊土가 매우 왕(旺)하여 甲木이 병(病)을 제거하는 약(藥)이 되므로 없으면 흉하다. 그러나 癸辛 중에 하나가 없으면 오히려 귀격(貴格)을 이룬다. 다음은 '조화원약평주'에 甲木이 戊土를 제복(制伏)하여 시랑(侍郞)이 된 명(命)으로 예시한 팔자(八字)다.

甲 癸 甲 甲
寅 卯 戌 戌

지지(地支)에 亥子丑 북방(北方)을 끼고 있어 허신(虛神)이 유용(有用)해져 癸水가 무근(無根)에 이르지는 않았기에 제살태과(制殺太過)를 면했다는 것인데 쉽게 납득이 가지 않는 설명이다. 甲寅의 납음(納音), 대계수(大溪水)로 기(氣)를 보(補)하여 삼림(森林)을 이룬 상(象)이다. 乙木이 혼잡(混雜)되었다면 귀(貴)를 논할 수 없는 것이다.

戌月 癸水에 甲木이 있고 癸辛이 없으면 평범(平凡)하다. 辛甲癸가

모두 없으면 빈천(貧賤)한 명(命)이 된다. 혹 甲木이 있고 壬水를 보면 자못 의금(衣衿)은 허락한다. 戌月 癸水는 辛甲癸로 용신(用神)을 삼는 것이 정법(正法)인데 만일 辛癸가 없다면 대신 庚壬을 취해도 의금(衣衿)을 잃지 않는다.

## ■ 三冬癸水(삼동계수)

[원시*TEXT]

十月癸水, 旺中有弱, 何也? 因亥搖木, 洩散元神, 宜用庚辛為妙. 得庚辛兩透, 不見丁傷者, 功名有准.

시월계수, 왕중유약, 하야? 인해요목, 설산원신, 의용경신위묘. 득경신량투, 불견정상자, 공명유준.

[일람*Scanning]

1. 亥月 癸水는 왕(旺)한 가운데 약(弱)함이 있다.

2. 亥가 木을 동요(動搖)시켜 원신(元神)이 설산(洩散)되기 때문인데 의당 庚辛金을 용(用)해야 묘(妙)하다.

3. 庚辛金을 얻어 양투(兩透)하고 丁火의 상(傷)함이 없으면 공명(功名)에 견줄만하다.

[숙달*Mastery]

亥月 癸水는 왕(旺)한 가운데 약(弱)함이 있다. 亥가 木을 동요(動搖)시켜 원신(元神)이 설산(洩散)되기 때문인데 庚辛金으로 용신(用神)을 삼아 발원(發源)해야 한다. 庚辛金을 얻어 양투(兩透)하고 丁火의 상(傷)함이 없으면 공명(功名)이 있다고 했는데 이 대목은 다분히 윤하격(潤下格)이나 비천록마격(飛天祿馬格)을 염두에 두고 묘사한 설명이라는 판단이 든다. 다음은 진사(進士) 출신으로 낭중(郎中)에 이른 명(命)으로 '궁통보감평주'에 예시된 팔자(八字)다. 비천록마격(飛天祿馬格)이다.

壬 癸 辛 壬
子 亥 亥 申

[원시*TEXT]

或支成木局, 有丁出干, 為木旺火相, 制住庚辛不生水, 必主清寒. 或成木局, 干見丙丁, 異路之榮. 或一派壬水, 不見戊制, 名冬水汪洋, 奔波到老. 若得戊透, 清貴堪誇.

혹지성목국, 유정출간, 위목왕화상, 제주경신불생수, 필주청한. 혹성목국, 간견병정, 이로지영. 혹일파임수, 불견무제, 명동수왕양, 분파도로. 약득무투, 청귀감과.

[일람*Scanning]

1. 혹 지지(地支)에 목국(木局)을 이루고 丁火가 있어 출간(出干)하면 목왕화상(木旺火相)으로 제복(制伏)당하는 庚辛金이 水를 생(生)하

지 못해 필시 청한(淸寒)하다.

2. 혹 지지(地支)에 목국(木局)을 이루고 천간(天干)에서 丙丁火를 보면 이로(異路)로 영화(榮華)가 있다.

3. 혹 한 무리의 壬水가 있고 戊土의 제(制)함이 없으면 늙도록 분파(奔波)한다.

4. 만약 戊土를 얻어 투(透)하면 청귀(淸貴)함을 칭찬할 만하다.

[숙달*Mastery]

亥月 癸水에 지지(地支) 목국(木局)을 이루고 丁火가 있어 출간(出干)하면 목왕화상(木旺火相)으로 제복(制伏)당하는 庚辛金이 水를 생(生)하지 못해 고한(孤寒)한 명(命)이 된다. 亥月 癸水는 지지(地支)에 목국(木局)을 이룰 때 원신(元神)이 흩어지므로 매우 흉하기 쉽다. 이때 庚辛金이 있으면 귀격(貴格)을 이루나 丁火가 용신(用神)을 상(傷)하게 하면 안 된다. 다음은 대학사(大學士)의 명(命)으로 '조화원약평주'에 예시된 팔자(八字)다. 癸水가 丁火를 제(制)하여 庚金 용신(用神)이 손상(損傷)되지 않았다.

癸 癸 丁 庚
亥 卯 亥 子

亥月 癸水에 지지(地支) 목국(木局)을 이루고 천간(天干)에서 丙丁火를 보면 이로(異路)로 영화(榮華)가 있다. 亥月은 왕수(旺水)가 권리(權利)를 잡았을 때로 기후(氣候)가 한기(寒氣)로 바뀌니 丙火로 조후(調候)하면 자연 부(富)가 있다. 庚辛金이 투(透)하지 않고 丙丁火가 투(透)하면 록겁용재격(祿劫用財格)을 이룬다. 亥月 癸水에 일파(一派)

壬水가 있고 戊土의 제(制)함이 없으면 동수왕양(冬水汪洋)이 되어 늙도록 분파(奔波)한다. 戊土가 투(透)하면 청귀(淸貴)하고 부(富)가 있다. 이것은 癸水가 壬水를 보면 음변양(陰變陽)이 되어 壬水와 작용이 같아지므로 재관(財官)을 취한다는 뜻이다. 戊土가 용신(用神)이면 丙火로 보좌(輔佐)해야 한다. 己土는 壬水와 혼합(混合)하여 木을 생(生)하므로 水를 막기 어렵다.

[원시*TEXT]

或一派庚辛, 得丁出制, 主名利雙全. 若不見丁, 又主貧薄. 或四柱火多, 名才多身弱, 富屋貧人.

혹일파경신, 득정출제, 주명리쌍전. 약불견정, 우주빈박. 혹사주화다, 명재다신약, 부옥빈인.

[일람*Scanning]

1. 혹 한 무리의 庚辛金이 있는데 丁火를 얻어 출제(出制)하면 명주(命主)는 명리쌍전(名利雙全)한다.

2. 만약 丁火를 보지 못하면 거듭 빈박(貧薄)하다.

3. 혹 사주(四柱)에 火가 많으면 재다신약(財多身弱)으로 부옥빈인(富屋貧人)이 된다.

[숙달*Mastery]

亥月 癸水에 일파(一派) 庚辛金이 있는데 丁火로 제(制)하면 명리쌍전(名利雙全)하나, 丁火를 보지 못하면 고빈(孤貧)하다. 인수(印綬)가

많으면 병(病)이 되나 재(財)로 인수(印綬)를 파(破)하여 귀(貴)로 삼는다. 이때 火가 없으면 신왕무의(身旺無依)가 되어 가난하고 복(福)이 없다. 亥月 癸水는 火가 많으면 재다신약(財多身弱)으로 부옥빈인(富屋貧人)이 된다. 그러나 火가 많아도 원국(原局)에 인수(印綬)나 비겁(比劫)이 있어 癸水를 생조(生助)하면 능히 부격(富格)을 이룬다.

[원시*TEXT]

十一月癸水, 値冰凍之時, 金水無交歡之象, 專用丙火解凍, 庶不致成冰, 又要辛金滋扶, 無丙有辛, 不妙. 凡冬季癸水, 有丙透解凍, 則金溫水暖, 兩兩相生, 要不見壬癸, 自然登科及第, 紫誥金章.

십일월계수, 치빙동지시, 금수무교환지상, 전용병화해동, 서불치성빙, 우요신금자부, 무병유신, 불묘. 범동계계수, 유병투해동, 즉금온수난, 량량상생, 요불견임계, 자연등과급제, 자고금장.

[일람*Scanning]

1. 子月 癸水는 빙동(氷凍)의 때에 이르니 金水의 교환지상(交歡之象)은 없으므로 丙火를 전용(專用)하여 해동(解凍)하면 얼음이 얼지는 않고 또 辛金의 자부(滋扶)를 요(要)하니 丙火가 없고 辛金만 있으면 묘(妙)하지 않다.

2. 무릇 동계(冬季) 癸水는 丙火가 투(透)하여 해동(解凍)해야 금온수난(金溫水暖)으로 양양상생(兩兩相生)하니 壬癸水를 보지 않아야 자연(自然) 등과급제(登科及第)하고 금장(金章)의 교지(敎旨)를 받는다.

[숙달*Mastery]

子月 癸水는 빙동(氷凍)의 때로 癸水는 녹(祿)을 얻으나 庚金은 사(死)하여 金水가 서로 기뻐하지는 않으니 金水의 교환지상(交歡之象)이 없다. 따라서 丙火를 전용(專用)하여 해동(解凍)하면 얼음이 얼지는 않는다. 이때는 辛金으로 자부(滋扶)해도 丙火가 없으면 유용(有用)하지 않다. 子月 癸水는 丙辛이 양투(兩透)하면 해동(解凍)하여 금온수난(金溫水暖)으로 양양상생(兩兩相生)하니 壬癸水를 보지 않아야 자연(自然) 등과급제(登科及第)하고 금장(金章)의 교지(敎旨)를 받는다. 한마디로 子月 癸水는 엄한(嚴寒)하니 조후(調候)가 시급한 것이다. 다음은 해군총장(海軍總長)에 오른 명(命)으로 '조화원약평주'에 예시된 팔자(八字)다.

壬 癸 丙 甲
戌 卯 子 戌

[원시*TEXT]

或一派壬水, 無丙出干, 寒困之士. 一派癸水, 孤賤之流. 或支成水局, 得丙火重出干者, 又主蟒袍玉帶之榮.

혹일파임수, 무병출간, 한곤지사. 일파계수, 고천지류. 혹지성수국, 득병화중출간자, 우주망포옥대지영.

[일람*Scanning]

1. 혹 한 무리의 壬水가 있고 丙火가 출간(出干)하지 않으면 한곤(寒困)한 선비다.

2. 한 무리의 癸水가 있으면 고천(孤賤)한 무리다.

3. 혹 지지(地支)에 수국(水局)을 이루고 중(重)한 丙火를 얻어 출간(出干)하면 곤룡포(袞龍袍)에 옥대(玉帶)를 두르는 영화(榮華)가 있다.

[숙달*Mastery]

子月 癸水에 일파(一派) 壬水가 있고 丙火가 출간(出干)하지 않으면 한곤(寒困)한 선비의 명(命)으로 화운(火運)으로 흐르면 구제(救濟)된다. 그러나 원국(原局)의 지지(地支)에 壬水가 많으면 동남운(東南運)으로 흘러도 구하기 어렵다. 丙火가 투(透)하면 부귀격(富貴格)으로 추측하나 귀(貴)가 부(富)에 미치지 못한다. 지지(地支)에 수국(水局)을 이루고 중(重)한 丙火가 출간(出干)하면 巳中 丙戊를 함께 취하므로 대부대귀격(大富大貴格)을 이룬다.

[원시*TEXT]

或支成金局, 丙火無蹤者, 芒鞋革履之流. 如辛年丙月癸日, 有火者, 主恩榮寵錫, 繞膝芝蘭. 無火者, 捐資得貴, 位重當朝.

혹지성금국, 병화무극자, 망혜혁리지류. 여신년병월계일, 유화자, 주은영총석, 요슬지란. 무화자, 연자득귀, 위중당조.

[일람*Scanning]

1. 혹 지지(地支)에 금국(金局)을 짓고 丙火의 자취가 없으면 망혜혁리(芒鞋革履)의 계층이다.

2. 辛年 丙月 癸日에 火가 있으면 명주(命主)는 총석(寵錫)의 은영

(恩榮)이 있고 지란(芝蘭)과 같은 자식을 둔다.

3. 火가 없으면 재물을 들여 귀(貴)를 얻고 당대(當代)의 지위(地位)가 중(重)하다.

[숙달*Mastery]

子月 癸水에 지지(地支) 금국(金局)을 짓고 丙火의 자취가 없으면 금한수동(金寒水冬)하여 청한(淸寒)한 형상(形象)이다. 미투리(삼이나 노따위로 짚신처럼 삼은 신)를 신을 고칠 정도로 가난해지기 쉽다. 즉 망혜혁리(芒鞋革履)의 계층이다. 子月 癸水가 辛年 丙月에 해당하는데 火가 있으면 은총(恩寵)으로 영화(榮華)가 있고, 지란(芝蘭)과 같은 자식을 둔다. 火가 없으면 재물을 들여 귀(貴)를 얻고 조정(朝廷)에 오른다. 전항(前項)의 지성수국(支成水局)과 이 대목은 아마도 실제의 명례(命例)를 두고 현상을 설명한 것으로 보이는데 아쉽게도 명례(命例)를 명기하지 않았고 논리적인 면이 다소 부족하다. '궁통보감'에는 子月 癸水의 관련 명례(名例)가 하나도 없다. '조화원약평주'에도 해당 유형의 명례(命例)가 없기는 마찬가지다. 유추하건대 여기에서 火가 있다는 것은 巳午火가 있다는 것이고, 火가 없으면 외격(外格)으로 이도(異途)로 발달(發達)하는 것을 의미하는 것 같다.

[원시*TEXT]

或一派戊己, 名殺重身輕, 非貧即夭. 用火者, 木妻, 火子. 用辛者, 土妻, 金子.

혹일파무기, 명살중신경, 비빈즉요. 용화자, 목처, 화자. 용신자, 토처, 금자.

[일람*Scanning]

1. 한 무리의 戊己土가 있으면 살중신경(殺重身輕)으로 가난하지 않으면 요절(夭折)한다.

2. 火를 용(用)하면, 木이 아내요 火가 자식이 된다.

3. 辛金을 용(用)하면, 土가 아내요 金이 자식이 된다.

[숙달*Mastery]

子月 癸水에 일파(一派) 戊己土가 있으면 살중신경(殺重身輕)으로 가난하거나 요절(夭折)이 따른다. 癸水는 충분(沖奔)하는 성질이 없으므로 팔자(八字)에 壬水가 없으면 戊土를 취할 수도 없고 월령(月令)이 건록(建祿)에 해당하므로 종살(從殺)할 수도 없기 때문에 살중신경(殺重身輕)이 된다. 丙火를 용(用)하면 甲木으로 보좌(輔佐)해야 하고, 火土가 왕(旺)하면 辛金으로 자부(滋扶)해야 하니 토처금자(土妻金子)로 살인상생(殺印相生)을 이룬다.

[원시*TEXT]

十二月癸水, 寒極成冰, 萬物不能舒泰, 宜丙火解凍. 或丙透年時, 加以壬透, 支中多戊, 名水輔陽光, 主顯達名臣, 無戊者, 異途之職. 若有丙無壬, 黌門之客. 有壬無丙, 戊又出干者, 皂隸之流.

십이월계수, 한극성빙, 만물불능서태, 의병화해동. 혹병투년시, 가이임투, 지중다무, 명수보양광, 주현달명신, 무무자, 이도지직. 약유병무임, 횡문지객. 유임무병, 무우출간자, 조례지류.

[일람*Scanning]

1. 丑月 癸水는 한기(寒氣)가 극(極)에 달하여 얼음이 얼고 만물(萬物)이 펼쳐져 크지 못하므로 의당 丙火로 해빙(解氷)해야 한다.

2. 혹 丙火가 年時에 투(透)하고 더해서 壬水가 투(透)했는데 지지(地支) 중에 戊土가 많으면 수보양광(水輔陽光)으로 명주(命主)는 이름난 신하(臣下)로 현달(顯達)하며 戊土가 없으면 이도(異途)로 직위(職位)가 있다.

3. 만약 丙火가 있고 壬水가 없으면 글방의 객(客)이다.

4. 壬水가 있고 丙火가 없는데 戊土가 출간(出干)하면 조례(皁隷)하는 계층이다.

[숙달*Mastery]

丑月 癸水는 한기(寒氣)가 극(極)에 달하고 융동(隆冬)을 만나 빙동(氷凍)이 되니 만물(萬物)이 수장(收藏)되며 막힌다. 따라서 丙火로 용신(用神)을 삼아 해동(解凍)해야 한다. 만일 丙火를 조후(調候)하지 못하면 만사가 불능(不能)이다. 丑月 癸水에 丙火와 壬水가 투(透)하고 지지(地支) 중에 戊土가 많으면 수보양광(水輔陽光)이 되어 과갑(科甲)으로 부귀현달(富貴顯達)한다. 丑月에는 丙火가 힘이 있어야 유용(有用)하므로 득지(得地)해야 길하다. 壬水는 丙戊를 떠나 생각하기 어려운데 戊土가 없으면 이도(異途)로 직위(職位)가 있다. 만약 丙火가 있고 壬水가 없으면 丙火는 해동(解凍)하는 작용에 그치므로 글방의 객(客)에 불과하고, 壬水가 있는데 丙火는 없고, 戊土가 출간(出干)하면 절벽이 높아 물이 급하게 흐르니 비록 범람(氾濫)하지 않아도 생의(生

意)가 없다. 丙火가 존신(尊神)이니 丙火가 없으면 조례(皁隸)하는 무리니 분류(奔流)하는 명(命)이다.

[원시*TEXT]

或支見子丑, 比肩出干, 即有丙透, 不能解凍, 此屬平常. 或無癸水, 有辛與合, 亦不為美. 有丁出、頗吉.

혹지견자축, 비견출간, 즉유병투, 불능해동, 차속평상. 혹무계수, 유신여합, 역불위미. 유정출、파길.

[일람*Scanning]

1. 혹 지지(地支)에 子丑을 보고 비견(比肩)이 출간(出干)하면 丙火가 투(透)해도 해동(解凍)이 불능(不能)하여 차명(此命)은 평상(平常)에 속(屬)한다.

2. 혹 癸水가 없고 辛金이 있어 합(合)하면 역시 아름답지 못하다.

3. 丁火가 있어 출(出)하면 자못 길(吉)하다.

[숙달*Mastery]

丑月 癸水에 지지(地支) 子丑을 보고 癸水가 출간(出干)하면 丙火가 투(透)해도 해동(解凍)이 불능(不能)하여 평범한 명(命)이 된다. 운무(雲霧)가 근원(根源)이 있으므로 양광(陽光)을 가리기 때문에 흑운차일(黑雲遮日)의 상(象)을 지어 해동(解凍)하지 못하는 것이다. 癸水가 없고 辛金이 있어 합(合)을 해도 역시 해동(解凍)하지 못한다. 이때 丁火로 辛金을 제(制)하면 丙火가 기반(羈絆)되지 않는다.

[원시*TEXT]

或一片癸己會黨, 年透丁火, 名雪後燈光, 夜生者貴, 日生者否. 若無丁火, 又主孤貧. 或支成水局, 無丙者, 四海為家, 一生勞苦.

혹일편계기회당, 년투정화, 명설후등광, 야생자귀, 일생자부. 약무정화, 우주고빈. 혹지성수국, 무병자, 사해위가, 일생로고.

[일람*Scanning]

1. 혹 한 조각의 癸己가 회당(會黨)하고 年에 丁火가 투(透)하면 설후등광(雪後燈光)으로 야생자(夜生者)는 귀(貴)하나 일생자(日生者)는 그렇지 않다.

2. 만약 丁火가 없으면 명주(命主)는 고빈(孤貧)하다.

3. 혹 지지(地支)에 수국(水局)을 이루고 丙火가 없으면 사해(四海)를 집으로 삼고 일생(一生) 노고(勞苦)가 따른다.

[숙달*Mastery]

丑月 癸水에 癸己가 회당(會黨)하고 丁火가 투(透)하면 설후등광(雪後燈光)으로 야생자(夜生者)는 귀(貴)하나 일생자(日生者)는 그렇지 않다. 丁火가 없으면 고빈(孤貧)한 명(命)이 된다. 설후등광(雪後燈光)은 배상(配像)에 의한 특수한 격국(格局)으로 일반 오행론(五行論)으로는 설명되지 않는다. 다시 말해 丑月 癸水는 丙丁火가 없으면 흉한데 丑月 동궁(同宮)에서 己土가 투(透)하면 丁火를 용(用)하여 설야등광격(雪夜燈光格)을 이루는 것이다. 이 사람은 반드시 과갑(科甲)에 오른다. 야생자(夜生者)는 귀(貴)하나 일생자(日生者)는 그렇지 않다고 했는데 밤

의 태생은 酉時부터 卯時에 이르는 시간대까지를 말하고 辰時부터 申時까지는 낮 태생이 되는 것이다. 다음은 설야등광격(雪夜燈光格)으로 남경시장(南京市長)을 지낸 팔자(八字)다.

辛 癸 丁 己
酉 丑 丑 丑

다음은 행정원장(行政院長)에 오른 명(命)으로 위 己丑 생(生)과 함께 '조화원약평주'에 예시된 팔자(八字)다. 설후등광(雪後燈光)이다.

乙 癸 丁 己
卯 丑 丑 卯

丑月 癸水에 지지(地支) 수국(水局)을 이루면 水가 차갑고 흐르지 않을 염려가 있다. 이때 丙火가 없으면 비록 戊土를 취해도 떠돌이 생활을 면치 못하며 고생(苦生)이 많다.

[원시*TEXT]

或支成火局, 有庚辛透者, 衣食充足. 無金出, 孤苦零仃. 或支成金局, 丙透得地, 名金溫水暖, 彼此相生, 定許光大門閭, 聲馳翰苑. 乏丙者, 即文章駭世, 總為孫山.

혹지성화국, 유경신투자, 의식충족. 무금출, 고고령정. 혹지성금국, 병투득지, 명금온수난, 피차상생, 정허광대문려, 성치한원. 핍병자, 즉문장해세, 총위손산.

[일람*Scanning]

1. 혹 지지(地支)에 화국(火局)을 이루고 庚辛金이 투(透)하면 의식

(衣食)이 충족(充足)된다.

2. 金이 출(出)하지 않으면 고고(孤苦)하고 영락(零落)하여 외로운 처지가 된다.

3. 혹 지지(地支)에 금국(金局)을 이루었는데 丙火가 투(透)하고 득지(得地)하면 금온수난(金溫水暖)으로 피차(彼此) 상생(相生)하니 영화(榮華)가 크고 문려(門閭)를 허락하는데 명성(名聲)이 한원(翰苑)에 뻗친다.

[숙달*Mastery]

丑月 癸水에 지지(地支) 화국(火局)을 이루면 재왕(財旺)하여 癸水가 약해진다. 이때 庚辛金이 투(透)하면 재(財)를 감당할 수 있으므로 庚壬이 생조(生助)하지 않으면 아내가 없을 정도로 고고(孤苦)한 처지가 된다. 丑月 癸水가 지지(地支)에 금국(金局)을 이루었는데 丙火가 투(透)하고 득지(得地)하면 금온수난(金溫水暖)으로 피차(彼此)간에 상생(相生)하니 영화(榮華)가 크고 문려(門閭)를 허락하는데 명성(名聲)이 한원(翰苑)에 뻗친다. 그러나 丙火가 결핍(缺乏)되면 인수(印綬)가 많아 문장(文章)으로 세상(世上)을 놀라게 하지만 병(病)을 재(財)로 파(破)하지 못하니 승수(承受)함이 없어 조상(祖上)의 음비(陰庇)는 없고 결국 후손(後孫)을 위(爲)할 뿐이다.

[원시*TEXT]

或支成木局, 洩水太過, 主殘病呻吟, 得金出干輔救, 技藝之流.

혹지성목국, 설수태과, 주잔병신음, 득금출간보구, 기예지류.

[일람*Scanning]

혹 지지(地支)에 목국(木局)을 이루면 水의 설(洩)함이 태과(太過)하여 명주(命主)는 잔병(殘病)으로 신음(呻吟)하며 金이 출간(出干)해서 보(輔)하고 구제(救濟)하면 기예(技藝)의 계층이다.

[숙달*Mastery]

丑月 癸水에 지지(地支) 목국(木局)을 이루면 水의 설(洩)함이 태과(太過)하여 잔병(殘病)으로 신음(呻吟)한다. 이때 金이 출간(出干)해서 보(輔)하고 구제(救濟)하면 기예(技藝)의 계층으로 영변(靈變)함은 있어 학업은 어려우나 자수성가(自手成家)한다. 金이 없으면 수목상관(水木傷官)이 실령(失令)하기 때문에 총명(聰明)해도 성공하기 어렵다. 이때도 丙火는 조후용신(調候用神)을 삼아야 하는데 만일 丙火가 없다면 한수빙목(寒水氷木)이 되어 金으로 제(制)해도 무용지물(無用之物)이다.

[원시*TEXT]

凡冬月用丙, 須丙火得地方妙, 不然, 即重重丙火出干, 安能輕許富貴哉.

범동월용병, 수병화득지방묘, 불연, 즉중중병화출간, 안능경허부귀재.

[일람*Scanning]

무릇 동월(冬月)에는 丙火를 용(用)하니 마땅히 丙火가 득지(得地)해야 묘(妙)하고 그렇지 않으면 중중(重重)한 丙火가 출간(出干)한들 어찌 부귀(富貴)를 가벼이 허락(許諾)할 수 있으리오.

[숙달*Mastery]

冬月은 丙火가 용신(用神)이니 丙火가 득지(得地)해야 길하다. 그렇지 않으면 丙火가 많이 출간(出干)해도 부귀격(富貴格)을 이루지 못한다. 丙火의 득지(得地)란 寅巳午에 통근(通根)되는 것을 말한다.

# Ⅲ 아우트로[*Outro]

■ 십간론(十干論) 스펙트럼

□ 十干(십간) 扶抑(부억) 喜忌(희기)

□ 十干(십간) 相互(상호) 喜忌(희기)

□ 十干(십간) 成敗(성패)

□ '造化元鑰(조화원약)' 月別(월별) 十干(십간) 喜忌(희기)

□ 窮通寶鑑(궁통보감) 原文(원문)

# ■ 십간론(十干論) 스펙트럼

### ❐ 氣候論과 十干論

欄江網의 調候用神과 輔佐用神 체계는 일부 氣候의 調和를 위주로 할 때가 있고, 나머지는 五行 生剋制化의 理法에 충실하므로 欄江網이 거론하는 모든 一線의 十干用神을 調候用神으로 구분하는 것은 한편으로 바람직해 보지 않는 것이다. 그러나 기본적으로 用神을 정하는 방법이 月別, 즉 季節의 상황이 主가 되므로 調候라는 말로 통합시킨 것이다. 한 마디로 調候用神은 곧 氣候論이라 할 수 있고, 이것은 勢力을 위주로 논하는 十干論과는 개념 및 처리하는 방법에 있어 다소간의 차이가 있다. 다시 말해 氣候論에서 언급하는 調候用神은 八字의 富貴를 결정짓는 十干으로 日元의 衰旺, 즉 月別로 喜

忌가 구분되며 藏干에서도 取用한다는 특징이 있다. 반면 十干論은 주로 陰陽의 屬性과 配像에 따른 十干別 喜忌로 구분하며 日元의 扶抑을 위주로 喜忌로 정하는 것으로, 藏干에서 取하는 用法에 대한 내용은 자연 부실할 수밖에 없다. 干支의 구분 경계가 없는 寒暖燥濕의 처리법에 대해서는 단연 氣候論이 정밀하다. 滴天髓의 天干論은 氣勢 양면을 모두 고려하여 十干 전체를 훌륭하게 설명해 내고 있으나 내용이 몹시 含蓄되어 있어 온전하게 이해하기가 쉽지 않다. 결론적으로 十干論은 종래의 動靜說에 입각한 喜忌 구분의 논리 체계에서 벗어나 氣學的 측면이 더욱 보강되어야 하고 衰旺에 따른 干支 상호간의 작용력 및 虛字論에 이르기까지 보다 進化될 필요가 있는 것이다.

❐ 用神槪論

## 1. 扶抑用神

日元의 强弱을 기준으로 身强하면 日元을 剋洩하는 六神의 글자를 취하고, 身弱하면 日元을 生扶하는 六神의 글자를 취하여 扶抑用

神으로 정한다. 이것은 徐樂吾에 의해 體用 전체를 포괄하는 用神으로 정리되었다. 張耀文은 月令에서 透한 글자를 扶抑用神으로 정의하고 그것을 制剋하는 五行의 글자를 喜神, 나머지는 忌神群으로 구분했다. 즉 徐樂吾의 扶抑用神과 張耀文의 扶抑用神은 개념 자체가 다른 것으로 徐樂吾의 扶抑用神은 張耀文의 喜神과 유사하다. 張耀文은 佐藤六龍이 발행하는 五術 지를 통해 “최근의 子平家들 가운데 用神을 喜神이라고 생각하는 답답한 자들이 있는데, 만일 用神과 體神이 같다면 구태여 두 종류의 용어를 사용할 필요가 있는가”라고 一喝했는데 그 같은 주장의 배경으로는 먼저 위와 같이 用神의 정의가 다른 이유를 들 수 있다. 전통적으로 月令을 用神으로 삼는 張耀文의 견해가 응당 정통한 견해로 비춰지지만, 徐樂吾의 이론체계가 그리 허술한 게 아니므로 엄밀히 따지면 張耀文이 비난의 대상으로 삼을만한 인물이 아니다. 徐樂吾는 滴天髓補註에서 月支를 ‘體의 用’으로 구분한 다음에 扶抑用神을 ‘用의 體’로 근세에 가장 선진적인 體用 도해를 확립했으므로 이 부분에서는 이미 透派를 앞선 것이다. 아무튼 누구나 존재를 인정하는 扶抑之神은 최근까지만 해도 五行이나 六神

으로 구분되어 왔는데, 이것을 透派는 十干으로 확정시키는 功을 세웠다. 張耀文이 표방하는 十干用神은 扶抑之神과 상당한 융합을 시도했지만, 근본적으로 그것이 일치될 수는 없는 것이므로 현재의 十干論은 體用 분간의 새로운 구도가 필요한 시점에 이르렀고, 새롭게 進化될 단계에 이른 것이다. 애초에 扶抑之神을 喜神 五行으로만 구분한 것은 두 가지 문제점을 노출시키고 있다. 첫째 月令의 扶抑用神을 生扶하는 喜神群은 존재하기 어렵다는 점이고, 둘째 十干用神을 扶抑에 준하여 처리하는 한계 상황을 상세하게 명시하지 못한 점이다. 한 마디로 徐樂吾의 扶抑用神은 그것이 곧 八字의 喜神이지만, 張耀文의 扶抑用神은 喜神과 별개로 體用의 관계로 성립되는 것이다. 이러한 차이는 子平眞詮의 相神 개념이 유실된 데서 비롯된다고 볼 수도 있다. 다만 相神은 六神 체계에 의해서 작동되므로 十干用神의 틀에 符合되지 않을 때가 많고, 八字의 格局을 成格시키는 相神을 喜神으로 간주하게 되면 扶抑用神을 剋制하는 五行을 喜神으로 구분하는 透派의 이론과도 배치되므로 張耀文 또한 相神의 존재를 수용하지 않았다. 사실 이것은 體用의 분할에 따른 학습 단계별로 구분해

놓으면 크게 문제가 되지 않는 요소인데, 이를 극복하지 못한 선학들의 體用法은 꽤 아쉬운 면이 아닐 수 없다. 근자에 내가 수립한 體用의 새로운 분할은 體의 영역에서 相神을 부활시키는 것을 필두로 用의 영역에서 扶抑用神을 특화하는 것으로 정리된 것이다. 결론적으로 張耀文이 언급한 喜忌神의 五行 구분은 歲月의 用 영역에서 成敗喜忌의 절대적인 기준 요소가 된다. 그러나 八字 原局의 體 영역에서는 格局의 成敗를 좌우하는 十干用神이 勢力 위주의 扶抑의 법칙에 위배되는 경우가 非一非再하므로 體神과 用神의 영역을 가려 喜忌神을 구분하는 보다 세분화된 十干用神 체계가 필요한 것이다. 이를테면 현재의 十干論에서 말하는 "좋은 十干의 관계는 그것이 扶抑의 틀에서 忌神 五行에 속해도 그다지 해로운 작용을 하지 않는다"는 식의 다소 애매한 견해로는 推命 현장에서 그다지 有用한 지침을 제공하지 못한다. 근자에 국내에 전파되기 시작한 透派의 이론은 기존의 관법에만 국한되어 학습해 온 이들에게는 몹시 참신하게 여겨질 법하지만, 현재까지 선보인 十干論의 전반적인 지식체계는 淸代 陳素庵 이후 별반 진전된 내용이 없고, 오히려 欄江網의 이론 체계에도 미치지 못하는 게 있다. 가령 透派 계통의 子平家가 해설한 欄江網은 전혀 새롭지도 않을 뿐더러 오히려 眞意를 왜곡시키는 부분마저 노출되므로 十干用神 체계 전반의 보수와 진전이 필요한 때에 이르렀다고 생각한다. 八字와 歲月 사이에는 大運의 영역이 존재하는데 이것은 運路의 喜忌 측면에서 보면 다분히 用神의 범주에 속하는 속성을 지니지만, 格局의 成敗와 調候가 개입되는 측면에서는 體神의 성격이 더욱 짙다. 따라서 體用 전체의 영역을 扶抑用神으로 수렴하여 八字의 吉兇을 추리하려 의도했던 徐樂吾의 발상은 꽤 무리가 따르는 것이고, 張耀文 또한 徐樂吾의 體用 분간에도 미치지 못했으므로 八字와 大運의 體神 영역을 고찰하는 '베이식'부터 재차 확고히 다져 둘 필요가 있는 것이다. 十干用神 또한 體神의 범주에 국한되어 운용되는 것으로 막연히 歲月의 用法에 이르기까지 적용을 시도하는 愚를 범해서는 곤란하다. 歲月의 成敗喜忌는 扶抑의 이치로만 논하는 것이니 더 이상의 用神은 필요치 않다. 여기에 더하여 刑沖會合의 첨단 實技法을 익혀야만 成敗吉凶, 그리고 成敗의 반전과 得失에 이르기까지 보다 정확하고 '디테일'한 推命이 가능해지는 것이다.

▪ 大運의 體用 구분

| 구분 | 扶抑 | 調候 | 格局 成敗（相神） | 格局 喜忌 |
|---|---|---|---|---|
| 體 | | 大運 | 大運 | |
| 用 | 大運 | | | 大運 |

결론적으로 大運은 體와 用의 경계 영역에 존재하는데, 먼저 格局의 成敗와 貴賤高底를 판별하는 것이 중요하고, 또한 歲月과 같은 動的 상황이 발생하는 것이 아니므로 體神의  범주와 측면에서 吉凶을 고찰하는 것이 적합하다.

## 2. 專旺用神

專旺用神은 한 마디로 旺神의 氣勢를 따라 정해지는 用神을 의미한다. 대개 四主가 어느 한 가지 五行으로 수렴되면 極旺한 대세를 감히 건드릴 수 없어 旺神의 세력을 따라 그대로 用神을 정하는 경우를 말한다. 이때는 五行이나 六神으로 用神이 결정되므로 十干用神의 범주를 벗어나기도 한다. 다만 調候用神이나 一線의 十干用神이 확고하게 구분되는 경우를 벗어날 때는 그 다지 많지 않으므로 앞의 경우는 예외적인 상황에 불과하다. 滴天髓, 順逆論에서는 從格이나 一

行得氣(행득기)와 같은 獨象(독상)의 喜忌(희기)를 논하고 있다. 從格(종격)의 喜神(희신)은 從神(종신)과 化神(화신)으로 정해진다. 化(화)란 外格(외격)의 用神(용신)과 相生(상생)하는 五行(오행)으로 兩神成象(양신성상)의 通關(통관), 一行得氣(일행득기)의 吐秀(토수) 등을 들 수 있다.

▪ 獨象(독상)의 六神(육신) 喜忌(희기)

| 區分(구분) | 喜神(희신) | 化地(화지) | 忌神(기신) |
|---|---|---|---|
| 一行得氣(일행득기) | 印比(인비) | 食傷(식상) | 財官(재관) |
| 從旺(종왕) | 比劫(비겁) | 印綬(인수) | 食財官(식재관) |
| 從强(종강) | 印綬(인수) | 比劫(비겁) | 食財官(식재관) |
| 從兒(종아) | 食傷(식상) | 財星(재성) | 官印比(관인비) |
| 從財(종재) | 財星(재성) | 官殺(관살) | 印比(인비) |
| 從殺(종살) | 官殺(관살) | 財星(재성) | 印比食(인비식) |

무릇 外格(외격)은 氣勢(기세)의 純粹(순수)함으로 貴(귀)를 논하므로 四支(사지)의 方局(방국)이 완전하고 이를 거스르는 氣運(기운)이 없어야 眞格(진격)을 이룬다. 이때 眞從(진종)과 假從(가종), 眞化(진화)와 假化(가화)의 喜忌(희기)를 구분함에 있어 大運(대운)의 體(체) 영역과 歲月(세월) 用(용)의 '필드'에서 각각 다른 점이 나타난다.

▪ 從格 行運 喜忌

| 眞假 | 八字 유형 | 大運 | 歲月 |
|---|---|---|---|
| 眞從 | 甲癸乙□<br>□卯亥□ | 木火 東南運을 기뻐하고, 金水 西北向을 꺼린다 | 木火 - 喜<br>土金水 - 忌 |
| 假從 | 甲癸乙□<br>□□亥□ | 일반 內格과 마찬가지로 用法을 취한다 | 木火 - 喜<br>土金水 - 忌 |

▪ 從化 貴賤, 運法

| 眞假 | 貴賤 | 行運法 |
|---|---|---|
| 眞從 | 貴格 | 大運과 歲月 모두 從神에 順하는 運을 기뻐함 |
| 假從 | 大運이 주관 | 歲月에서만 從神에 順하는 運을 기뻐하고, 大運에서는 局運으로 眞從이 되거나, 內格으로 成格되는 運을 기뻐함 |
| 眞化 | 貴格 | 大運과 歲月 모두 化神에 順하는 運을 기뻐함 |
| 假化 | 大運이 주관 | 歲月에서만 化神에 順하는 運을 기뻐하고, 大運에서는 局運으로 眞化가 되거나, 內格으로 成格되는 運을 기뻐함 |

一行得氣格에도 純雜이 있으니 純하면 食傷地가 길하고, 雜되면 印比運이 길하다. 外格은 方局과 氣勢의 純粹로 논하는데 方과 局에 따라 大運을 보는 방법의 차이가 있다. 方은 方合을 뜻하고, 局은 三合을 말한다. 보통 八字에 方과 局이 섞이지 않아야 더욱 淸氣가 빛나는데 方과 局이 섞여도 한쪽으로 會局이 이루어지면 純한 것이다. 欄江網에 이르길, 金備申酉戌之地하면 富貴無疑라고 했는데 이것은 酉月 庚金의 從革格이 方合으로 성립된 경우와 三合으로 성립된 경우와의 차이를 시사한다. 金聲玉振賦에 從革格이 三奇를 만나면 千秋에 名聲을 날린다고 했는데 여기에서 말하는 三奇란 乙丙丁을 말한다. 酉月 庚金의 從革格이 乙丙丁을 보면 반드시 出將入相하는 命이 된다고 했는데, 어째서 旺한 金神을 거스르는 三奇의 글자가 있는데 從赫格으로 貴格을 이룬다는 것인가. 이것이 바로 方局으로 이루어진 外格과 合局으로 이루어진 外格의 극명한 차이라 할 수 있다. 滴天髓摘要에 方合은 三合과 달리 각 글자의 根氣로서의 작용력이 크다고 했다. 즉 氣勢의 純粹함은 양자가 같으나 酉月 庚金이 方合을 이룬 從革格이면 八字 原局에 丙火가 있음을 몹시 기뻐하고,

巳酉丑의 三合 金局으로 從赫格을 이루면 八字 原局에 丙丁이 없어야 성립되는 것이다. 이것은 體神의 범주에 속하는 大運도 마찬가지다. 申酉戌 方局을 이룬 從赫格에 丙火가 透하면 殺刃格과 마찬가지로 南方運에 金神이 火鄕에 들어 富貴를 이루고, 西北運에는 氣勢가 純粹하여 發顯한다. 그러나 巳酉丑 會局을 이룬 從赫格이면 응당 西北運을 기뻐하여 富貴해지고, 南方 火運에 들면 旺神을 침범하니 禍根이 되는 것이다. 이때 丙火는 협의로는 調候用神이 되고, 광의로는 十干用神이 된다. 이것은 扶抑用神과는 별개의 차원으로 오직 體神의 범주에서 效用이 나타나는 十干用神이 되는 것이다. 즉 申酉戌 方局을 이룬 從赫格이라 해도 勢月에서 火運을 기뻐하는 법은 좀체 없다.

### 3. 通關用神

八字에 두 가지 神이 균등한 勢力을 유지하며 서로 대치할 경우에는 和解를 시켜야 하니 이것은 別格에 속하는 兩神成象相剋에 通關之神을 쓰는 것이다. 相剋의 兩神成象은 比劫과 官殺, 比劫과 財의 짝을 들 수 있다. 이때 通關用神이 되는 印綬와 食傷을 用神으로 삼으려면 상반되는 五行의 勢力이 균형을 이루어야만 하는 것이다. 그런데 通關用神은 보통 六神이나 五行으로 결정되므로 十干用神과는 무관하다. 또한 八字에 보이지 않는 글자인 虛神으로 用神을 삼을 수 있다는 특징이 있다. 따라서 通關之神은 十干論 일반에서 가장 벗어나는 운용 체계라 할 수 있는데 엄밀히는 현재의 十干論이 虛字論을 수렴하지 못한 것으로 보는 게 옳다. 虛神은 주로 暗沖暗合格과 같은 外格 체계에서 用神의 역할을 수반하는데 이때의 虛神은 十干의 喜忌 관계와 전혀 무관치 않다. 가령 壬水가 강하면 丙戊의 財官을 떠날 수 없는데 八字에 財官이 전혀 없으면 子宮 癸水가 戊土의 虛神을 合해오고 또 戊癸의 合으로 暗火의 氣를 발생시켜 마치 丙戊의 實體가 있는 것과 같은 역할을 한다. 이를테면 壬子月, 壬子日에 丙戊의 財官이 없어도 恩榮이 나타나는 현상을 예로 들 수 있다. 欄江網은 이 같은 경우를 두고 用神得地라 일컫고 用子中癸水爲官으로 설명했다. 古人들은 子中 癸水가 丙戊를 合해 오는 상황을 두고 倒沖과는 다른 子巳 特合으로 따로 분류하기도 했다. 丑搖巳 또한 마찬가지의 이치다.

## 4. 調候用神

調候란 계절의 관계를 고려해서 정해지는 用神 체계로 水와 火의 글자로 구분된다. 즉 壬癸水와 丙丁火가 관건이 되고, 衰旺에 따라 調候用神을 輔佐하는 用神群을 포괄하게 되면 十干用神의 기본 틀이 나타난다. 調候는 급할 때가 있고, 필요하지 않을 때가 있다. 調候가 시급할 때는 일반 生剋制化의 이치를 벗어나는 경우가 종종 나타나고, 이 외에는 일반 十干의 喜忌 관계로 格局의 高底를 분별할 수 있다.

- 陰陽 調候危急

| 陰陽 | 區分 | 調候 | | 備考 |
|---|---|---|---|---|
| 陰氣盛 | 冬金 | 安頓 | 金水傷官喜見官 | 傷官用財不貴燥土不甚靈秀 |
| 陽氣昌 | 夏木 | 光亨 | 木火傷官喜見水 | 傷官用財小富不貴凍水不能生木 |

欄江網의 이론체계는 일차적으로 月別 日元에 따른 각 十干의 喜用을 적시하여 구분하는 구조로 이루어져 있다. 이때 調候用神은 氣

候의 調節이 특히 時急한 경우에 한해 先用되는 것으로 總論이 아닌 各論의 상황으로 볼 수 있다. 나머지는 모두 生剋制化의 理法에 충실한 十干別 喜忌 관계를 다루고 있다. 그럼에도 불구하고 내용 전체가 調候用神과 輔佐用神으로 대표되는 까닭은 기본적으로 氣候, 즉 季節의 관계를 고려해서 格局을 정하는 일관된 관법을 견지했기 때문이다. 季節의 관계를 모른다면 格局도 일반 內格이나 從格 외에 化格이나 一行得氣, 奇格 등은 전혀 취할 수 없고 調候와 病藥은 전혀 알 수 없게 된다. 欄江網의 이론체계는 十干別 喜忌 관계를 조율하는 측면에서 十干論과 맥락을 같이 하고, 寒暖燥濕의 처리법과 病藥用神을 정하는 實技 면에서 매우 정교하다. 근자에 透派가 표방하는 十干用神의 운용체계는 기존의 欄江網 이론을 별반 능가하지 못하고, 調候의 '메커니즘'과 扶抑, 그리고 十干 配像의 적절한 버무림에 지나지 않은 인상을 주므로 후한 점수를 주기 어렵다. 子平學은 크게 生剋制化의 理法과 衰旺의 氣論으로 양대 축을 이루며 전파되어 왔다. 이를 간략하게 구분해 보면 다음과 같다. 먼저 五行 生剋制化의 理法 체계는 動靜說의 일반 원칙을 벗어나지 않는다. 즉 '干대 干, 支대 支'의 작용 경계를 넘지 못한다는 얘기다.

| 透干 → | 透干 |
|---|---|
| 藏干 → | 藏干 |

반면 季節에 따른 寒暖燥濕의 처리법은 干支의 경계에 구애되지 않고 調節이 가능하다는 특징이 있다.

| 干 | 寒氣 | 干暖과 支操를 調한다 |
|---|---|---|
|  | 暖氣 | 干寒과 支濕을 調한다 |
| 支 | 操氣 | 干寒과 支濕를 調한다 |
|  | 濕氣 | 干暖과 支操를 調한다 |

즉 '干대 干, 支대 支'의 작용 경계를 자유자재로 넘나들며 상호 작용한다. 한 마디로 調候用神은 透干하지 않아도 效用이 있다는 얘기다. 또한 이를 輔佐하는 十干用神이나 病藥用神도 支地에 生祿을 얻어 得所하면 作用力이 나타난다. 이러한 현상을 가장 잘 설명하고 있는 '텍스트'가 바로 欄江網이고, 十干論은 이러한 면에서 정교함이 덜하다. 이때 壬水와 癸水, 丙火와 丁火는 調候 면에서 力量과 效用의 차이가 있다. 이를테면 仲夏의 炎燥함을 解渴하기에 癸水는 부족

하고 壬水가 합당하다든지, 또는 冬月에 丁火는 解凍하는 힘을 갖지 못하여 오직 丙火를 尊神으로 삼는 경우다. 그러나 癸水가 申亥를 얻고 丁火가 寅巳를 얻는다면 능히 解渴하고 解凍하는 力量을 갖춘다. 이는 단지 通根되어서가 아니라 壬水와 丙火가 得所했기 때문으로 干支의 경계를 넘어 寒暖燥濕의 작용력을 행사한 것이다. 이를테면 子水와 午火는 壬水나 丙火로 간주하지 않고 癸丁으로 논하는 미세한 차이에 대해서도 밝아야 推命 實戰에서 실수를 범하지 않는다. 반면 自然적인 救濟나 煆煉의 功에서는 癸水나 丁火가 우월하므로 이 또한 잘 살펴 取해야 한다.

| 透干 → | 透干 |
|---|---|
| 透干 → | 藏干 |
| 藏干 → | 透干 |
| 藏干 → | 藏干 |

調候用神과 輔佐用神은 透干의 상황뿐만 아니라 得地, 得所하여 力量을 갖추어야 하는 점이 매우 중요하다. 季節에 따라 八字의 富貴를 결정짓는 十干用神이 出干하지 않고 地支에만 暗藏되어도 效用

이 나타나는데 이 경우를 得所(득소)로 설명한다. 十干(십간)별 온전한 得所(득소)의 요건은 대체로 다음과 같다.

| 甲 | 寅, 亥 |
|---|---|
| 乙 | 卯 |
| 丙 | 寅, 巳 |
| 丁 | 午 |
| 戊 | 寅, 巳, 戌, 辰 |
| 己 | 午, 丑, 未 |
| 庚 | 申 |
| 辛 | 酉 |
| 壬 | 申, 亥 |
| 癸 | 子 |

또한 得地(득지), 得所(득소)되지 않고 단순히 地支(지지)에 暗藏(암장)되어 根氣(근기)만으로도 八字(팔자)의 貴賤(귀천)에 作用(작용)하거나 有用(유용)할 때가 있다. 이때는 주로 燥濕(조습)의 配合(배합)과 관련이 깊다. 이를테면 丑土(축토)는 潤濕(윤습)하여 生金(생금)하는 效用(효용)이 있으므로 丑宮(축궁) 癸水(계수)는 得所(득소)로 논할 수 없지만 有用(유용)하기는 마찬가지다. 한편 地支(지지)의 子午卯酉(자오묘유) 네 글자는 각각 癸丁乙辛(계정을신)과 견주는 力量(역량)과 作用力(작용력)을 미친다. 이를테면 月令(월령)의 丑(축)에 癸水(계수)가 出干(출간)하면 얼어붙은 연못의 象(상)을 짓는데, 子丑(자축)이 相合(상합)해도 마찬가지다. 더욱 중요한 점은 子(자)

午卯酉는 마치 干과 같은 속성을 함유하여 干支가 上下로 合을 이루려는 作用을 한다는 데 있다. 암암리에 化氣를 발생시켜 八子의 吉凶에 직접 관여하기도 하고, 이러한 성질로 인해 季節별로 十干用神을 달리 運用해야 될 때가 있다. 예를 들어 戊土가 子水를 보면 戊癸 化合하여 火氣를 내포한다. 특히 戊癸, 丁壬, 乙庚의 合에 주목하는데 이것은 각 十干의 특성에 따라 合하려는 속성의 차이가 나타나기 때문이다. 이것은 寅申巳亥의 丙壬庚甲과 같이 地支에서 生을 얻은 干이 八字에 透한 天干과 合하려는 속성과도 흡사하다. 가령 巳月 壬水는 庚辛金을 用하여 貴格을 이루는데 巳中 丙火는 辛金과 合하려는 속성이 있어 암암리에 水氣를 내포한다. 까닭에 이 경우는 庚壬의 조합보다 辛壬의 조합이 더욱 潤濕하므로 높은 格局으로 간주하는 식이다. 이와 달리 暗神이 忌神으로 작용하는 경우라면 마땅히 合을 이루지 않는 十干用神으로 한결 안전한 格局을 이루는 게 좋다.

## 5. 病藥用神

病藥은 八字의 中和와 관계가 깊다. 보통 日元을 扶助하는 것이 좋은데 이를 傷하게 하는 것이나, 日元을 抑制하는 것이 좋은데 이를

傷하게 하는 것을 病이라 하고 이를 除去하는 것이 藥이다. 그러나 이것은 陳素庵이 日干의 扶抑의 측면에서 간추려 정의한 病藥用神이고, 病藥用神을 강조한 張楠의 神峰通考에는 거의 원칙이 없을 정도로 病藥法이 강조되고 있다. 이것은 후대 徐樂吾의 비판을 산 대목이기도 하나 원래 藥을 구하는 법에는 正法이 따로 없다. 病藥은 氣의 衰旺, 즉 調候와도 몹시 밀접한 관계를 이루므로 欄江網의 各論은 거의 예외 없이 病藥을 다루고 있다. 이때 病은 한 마디로 八字의 균형을 깨뜨려 格局에 損傷을 주는 것이니 이를 治癒하는 十干의 글자가 藥神이 된다. 欄江網에서 보통 病이 되는 요인은 一派 내지 一片, 혹은 太多 및 重重한 글자로 八字의 균형을 깨는 상황이고, 이는 또한 五行의 陽性을 내포하므로 이를 효율적으로 制伏하는 十干은 보통 陽干으로 정해지는 것이다. 다만 金旺, 金多가 病이 될 때는 丁火 陰干을 用神으로 삼는다. 따라서 病藥用神은 十干用神의 범주에 속하고 十干論에 부합되는 특징이 있다.

▪ 十干別 病藥用神

| 病 | 藥 | 備考 |
|---|---|---|
| 一派 木 | 庚 | |
| 一派 火 | 壬 | 丙火가 透하면 辛金과 癸水를 用하는 것도 효과적 |
| 一派 土 | 甲 | |
| 一派 金 | 丁 | 秋冬에는 丙丁火를 竝用 |
| 一派 水 | 戊 | 冬月에는 丙火의 調候가 時急 |

# □ 十干 扶抑 喜忌

## 1. 五陽干이 强하면 七殺의 剋을 기뻐한다.

| 日干 | 喜 | 忌 | 備考 |
|---|---|---|---|
| 甲 | 庚 | 辛 | |
| 丙 | 壬 | 癸 | |
| 戊 | 甲 | | 乙木은 戊土를 疏土하는 역량이 없으나 나쁜 관계는 아님 |
| 庚 | 丁 | | 丙火도 능히 庚金을 煆煉하지만 丁火의 效用에 미치지 못함 |
| 壬 | 戊 | 己 | |

十干論에서는 正偏으로 官殺을 구분하지 않고 좋은 관계는 官, 나

쁜 관계는 殺로 구분한다. 이를테면 甲木에 庚金이 官이요, 辛金은 殺이 되는 식이다. 보통 五陽干은 五陽干의 剋을 기뻐하여 貴格을 이룬다. 甲木은 庚金을 기뻐하고, 丙火는 壬水를, 戊土는 甲木을, 壬水는 戊土를 기뻐한다. 그러나 庚金만은 丙火로 制하지 못하고, 丁火로 鍛鍊됨을 기뻐한다.

| 陽干의 制伏 | | 內容 |
|---|---|---|
| 甲◀庚 | 欣木爲材 | 직업에 충실하고 매우 굳건한 능력의 소유자로 회자된다. |
| 丙◀壬 | 江暉相映 | 충성심과 복종심이 두터워 상당한 지위에까지 오른다. |
| 戊◀甲 | 有薪有爐 | ※ 戊土를 壬水로 분할하는 것만은 못하나 영특함이 있다. |
| 庚◀丁 | 火煉眞金 | 기물을 이루어 관청이나 직장 근무에서 좋은 운을 만난다. |
| 壬◀戊 | 山明水秀 | 조직 생활에 잘 적응하고, 리더십을 갖추어 출세한다. |

2. 陽日干에 財官이 있다는 것은 正財, 正官이 아니라 偏財, 偏官을 말한다.

| 日干 | 財 | 官 | 備考 |
|---|---|---|---|
| 甲 | 戊 | 庚 | |
| 丙 | 庚 | 壬 | |
| 戊 | 壬 | 甲 | |
| 庚 | 甲 | 丁 | 庚金이 甲丙을 用하는 것도 可하나 甲丁에 미치지는 않음 |
| 壬 | 丙 | 戊 | |

3. 五陰干이 强하면 傷官과의 관계는 모두 좋다.

| 日干 | 喜 |
|---|---|
| 乙 | 丙 |
| 丁 | 戊 |
| 己 | 庚 |
| 辛 | 壬 |
| 癸 | 甲 |

### 4. 陰日干이 傷官生財로 格을 이루는 경우는 제한적이다.

| 日干 | 傷官 | 財 | 備考 |
|---|---|---|---|
| 乙 | 丙 | 己 | 乙木이 戊土 正財를 직접 取하려면 甲木이 貼해야 함 |
| 丁 | 戊 | 庚 | 丁火는 陰干으로 財를 取하는 역량이 가장 뛰어남 |
| 己 | 庚 | 癸 | 己土는 庚金 傷官보다 癸水 財를 더욱 기뻐함 |
| 辛 | 壬 | 甲 | 辛金은 壬水로 貴를 이루며 甲木은 壬水를 조절함 |
| 癸 | 甲 | 丙 | 癸水는 甲木으로 丙火가 강해지면 有用해 짐 |

### 6. 五陽干이 弱하면 印綬의 生助를 기뻐한다.

| 日干 | 喜 | |
|---|---|---|
| 甲 | 壬 | 癸 |
| 丙 | 甲 | 乙 |
| 戊 | 丙 | 丁 |
| 庚 | 戊 | 己 |
| 壬 | 庚 | 辛 |

대개 陽干은 陽干 印綬로 生해야 자연스러운 功을 이루지만 甲과 癸는 예외로 볼 수 있다.

## 7. 陽日干이 比劫을 기뻐하는 경우는 제한적이다.

| 日干 | 喜 | 忌 | 備考 |
|---|---|---|---|
| 甲 | 甲 | 乙 | 乙木은 甲木에 도움이 되는 경우가 없음 |
| 丙 | | 丙 | 丙火는 他干과의 관계보다 寅巳의 得地를 要함 |
| 戊 | | 戊 | 丙火로 生意가 나타나며 比劫의 幇身을 특별히 구하지 않음 |
| 庚 | | 庚 | 夏月에는 壬癸水의 洩로 反生함 |
| 壬 | 壬 癸 | | 夏月에는 壬癸水의 幇身을 要함 |

## 8. 五陰干이 弱하면 먼저 劫財의 幇助를 기뻐한다.

| 日干 | 喜 | 備考 |
|---|---|---|
| 乙 | 甲 | 乙木은 繫甲을 특히 기뻐함 |
| 丁 | 丙 | 丁火는 丙奪을 꺼리지만 秋冬에는 丙火를 取함 |
| 己 | 戊 | |
| 辛 | 庚 | 地支 木局이 病이 되는 경우에 한해 庚金을 用함 |
| 癸 | 壬 | |

陰干은 財官을 取하는 법이 없으나 陽干 劫財를 보면 財官을 감당할 수 있으므로 財官을 用하여 貴格을 이룬다. 陰干은 보통 劫財의 幇身을 기뻐하나 丙奪丁光과 같이 劫財가 해로운 작용을 하는 경우가 있으므로 이때는 오히려 比肩이 나을 때가 있다.

| 陰干의 幇身 | | 內容 |
|---|---|---|
| 乙◀甲 | 藤蘿絆甲 | 윗사람이나 귀인, 관청 등의 천거로 원조를 입어 발전한다. |
| 丁◀丁 | 兩火爲炎 | 매사 속전속결로 속도에서 기선을 제압하여 성공하게 된다. |
| 己◀戊 | 硬軟相配 | 성품이나 대인 관계가 원만하여 사회적으로 성공을 거둔다. |
| 辛◀庚 | 一淸澈底 | ※ 庚壬으로 인보상관(刃輔傷官)을 이루면 한판에 도약한다. |
| 癸◀壬 | 天津地洋 | 모든 경쟁에 강하며 일이 순조롭게 이루어져 성공하게 된다. |

## 9. 陰日干은 본성이 衰渴하여 印綬와의 관계가 특별하다.

| 日干 | 喜 | 備考 |
|---|---|---|
| 乙 | 癸 | 乙木은 退氣하니 癸水의 生扶를 要함 |
| 丁 | 甲 | 丁火는 겉은 밝아도 속은 衰竭하여 甲木이 반드시 있어야 함 |
| 己 | 丙 | 丙火로 溫土하면 萬物을 生함 |
| 辛 | 己 | 辛金이 衰弱하면 濕泥로 보호해야 하므로 己土로 生扶함 |
| 癸 | 辛 | 癸水는 柔弱하여 辛金의 生을 기뻐함 |

陰干은 扶抑의 차원을 넘어 본성상 근본적으로 印綬의 生扶를 要한다. 따라서 體神의 原局에서는 比劫의 幇身보다 더욱 유용하고 貴格을 이루는 필수 요건이 된다. 보통 陰干은 陰干이 生해야 더욱 자연스러운 功이 나타나지만 陽干의 生도 불가하지 않다. 陰干이 특히 弱할 때는 病을 제거하는 陽干이 더욱 유용할 때가 있다. 다만 丁火는 濕乙이 引火하지 못하므로 陰干의 짝이 무용하다.

## 10. 十干은 특별히 꺼리는 관계가 있다.

| 十干 | 最忌 | 成語 |
|---|---|---|
| 甲 | | |
| 乙 | 辛 | 利剪摧花 |
| 丙 | | |
| 丁 | | |
| 戊 | | |
| 己 | 壬 | 陀泥帶水 |
| 庚 | | |
| 辛 | 丁 | 火燒珠玉 |
| 壬 | 己 | 己土濁壬 |
| 癸 | | |

十干 最忌한 관계는 忌神을 제거할 때 유용하다. 이를테면 乙木 忌神을 辛金으로 制하거나, 辛金을 丁火로 制伏하는 경우다. 한편 己土와 壬水가 혼합하면 肥沃한 땅이 되어 木의 뿌리를 培養하기도 하므로 잘 가려 취할 필요가 있다.

# □ 十干 相互 喜忌

■ 甲木

1. 甲 – 甲

甲木이 둘이면 雙木爲林, 셋이면 三木爲森으로 경쟁에 강한 命이 되어 貴를 이룬다.

2. 甲 – 乙

乙木은 助身하지 않고 奪印의 작용을 하여 도움이 되지 않는다. 乙木의 病은 庚金으로 처리하는 것이 가장 양호하다.

3. 甲 – 丙

春木은 陽火의 氣가 필요하고 生木이 火를 만나면 木火通明으로

秀麗해진다. 丙火의 調候를 要하는 시기는 寅酉亥子丑月이고, 春月에는 不晴不雨로 培花하니 丙癸는 水火旣濟를 이루어 調和된다. 冬月에는 寒木向陽하니 자연 丙火를 기뻐하고 富格을 이룬다. 또한 丙火는 浮木을 救濟한다. 丙火가 透하고 火局을 이루면 甲木이 焚滅되므로 몹시 위태해진다.

### 4. 甲 – 丁

甲木의 뿌리가 潤澤하면 丁火로 秀氣를 洩하므로 夏月에는 壬癸水의 滋扶가 중요하다. 庚金을 丁火로 制하면 吉한 것은 中和되기 때문이다. 劈甲引丁이 되면 有薪有火로 이 또한 木火通明의 象이 된다. 甲木은 庚丁癸의 三者로 富貴格을 이룬다. 특히 酉月은 丁火의 生宮으로 用神이 有力有情하여 大吉하다. 未月에 丁火를 보면, 火運에 木化成灰로 죽음에 이른다.

### 5. 甲 – 戊

喜神 丁火가 있을 때 戊土가 있으면 有薪有火有爐로 傷官生財하여 매우 우수한 命이 된다. 冬月에 壬癸水가 많아 浮木이나 腐木의 우려가 있으면 戊土로 制하여 富格을 이룬다. 卯月 樹木이 戊土를 보

고 庚金을 보면 뿌리가 건전해지며, 財旺生官으로 富貴格을 짓는다.

### 6. 甲 – 己

卯月에 己土로 庚金을 滋殺하면 殺刃兩停의 貴格을 이루고, 子月 壬癸水가 많아 己土로 制하면 壤土育木의 富格을 이룬다.

### 7. 甲 – 庚

甲木은 庚金으로 器物을 이루니 欣木爲財라 한다. 甲木은 庚丁癸의 三者로 富貴格을 짓는데 庚金이 위주다. 劈甲引丁格은 春木의 木火通明과 달리 死木이 庚金을 필수 요건으로 삼는 경우를 말한다. 寅月 萌芽의 계절에는 庚金을 不容하고, 이때 庚金이 透하면 丁을 藥으로 取한다. 卯月에 庚金 하나로 假殺僞權이 되면 丁火의 制伏이 不利하고 身旺運으로 흘러야 權威가 나타난다. 특히 申月에는 殺印同宮하여 丁火가 있고 金水運을 向하면 用神이 得地하여 필시 大貴한다.

### 8. 甲 – 辛

辛金은 木棍碎片으로 대개 부정적인 작용을 하나 실상 甲木에 크게 해로운 작용은 하지 못한다.

## 9. 甲 - 壬

暮春에는 壬水의 滋扶로 꽃잎이 무성해지니 辰月에는 庚金을 用하고 壬水로 洩氣하여 甲木을 潤澤하게 하여 貴格을 이룬다. 壬水가 많으면 浮木되어 몹시 凶하다. 戌月에 甲木이 假傷官으로 得地逢生하면 甲乙秋生貴元武로 壬水를 기뻐한다. 이것은 火局을 이룬 傷官佩印格을 말한다.

## 10. 甲 - 癸

甲木이 燥하면 癸水를 매우 기뻐하므로 寅巳午未戌月에 癸水의 滋扶를 要한다. 庚丁癸의 三者로 八字가 中和되면 자연 富貴格을 이룬다. 日元이 當旺하면 印綬의 生이 오히려 病이 되므로 癸水가 太多하면 腐木되어 좋지 않다. 夏月 甲木의 眞神은 癸水로 雨露는 자연적인 富貴를 암시하지만, 壬水 江湖는 調和의 쓰임에 불과하니 貴는 없다. 戌月에 甲木이 假傷官으로 得地逢生하면 甲乙秋生貴元武로 癸水를 기뻐한다. 이것은 火局을 이룬 傷官佩印格을 말한다.

■ 乙木

## 1. 乙 - 甲

藤蘿 乙木이 繫甲하면 甲木은 側支의 작용을 하여 可春可秋라, 계절에 구애됨이 없이 뿌리가 뽑히는 일이 없으니 일생을 통해 두려운 바가 별로 없다. 土旺하면 甲木이 藥이 되므로 戌月에 태어나거나 戊土를 보면 貴人이나 관청 등의 천거로 원조를 입어 大富格을 이룰 가능성이 높다.

## 2. 乙 - 乙

乙木은 弱해도 比肩 乙木은 전혀 도움이 되지 않고, 甲木에 의지한다.

## 3. 乙 - 丙

乙木은 芝蘭이나 花草의 象으로 卉木向陽하니 四時를 막론하고 丙火를 기뻐한다. 乙木은 대개 丙癸로 자연 茂盛해지니 富貴格을 이룬다. 金神이 司令해도 丙火로 制殺하면 문제가 없다. 冬月에는 寒木向陽으로 丙火만 있으면 富貴가 비상해진다. 또한 丙火는 腐木을 救濟한다. 그러나 火가 지나쳐 木焚火熱이 되면 몹시 凶하므로 필시

水氣를 함유해야 마땅하다.

## 4. 乙 - 丁

乙木은 늘 金에 의해 傷할 염려가 있는데 丙丁火로 制殺하면 길하다. 丁火는 金局의 病을 除去하는 藥으로 效用이 있다. 이 외는 丁火는 火燒草原의 象을 이루어 표현 능력이 떨어지고, 재능이 있어도 인정받지 못하는 懷才不遇가 되기 쉽다.

## 5. 乙 - 戊

冬木에 水가 많으면 戊土로 制하여 富格을 이루고 이때 丙火가 配合되면 富貴格이다. 이 외는 甲木이 있어야 戊財를 감당한다. 이때는 鮮花名甁의 象을 이루어 理財의 수완이 있고 물질적으로 성공한다.

## 6. 乙 - 己

乙木은 己土를 制하는 힘이 있어 壤土培花로 理財的 수완이 뛰어나다. 申月 乙木은 己土가 가장 妙하다. 己土와 壬水가 혼합하면 肥沃한 땅이 되어 乙木의 뿌리를 培養하니 壤土培花의 象을 짓는다. 또한 己土는 汚金하여 庚金의 예리함을 꺾으므로 이때는 丙癸가 없어도 己土(기토)가 있으면 富貴(부귀)를 잃지 않고, 丙癸(병계)가 兩透(양투)하면 大富大貴格(대부대귀격)을 이룬다. 이 외는 甲木(갑목)이 있어야 己土(기토)를 用(용)하며 이로써 理財營商(이재영상)의 재능이 나타난다.

## 7. 乙(을) - 庚(경)

乙木(을목)은 柔(유)하여 庚金(경금)을 用(용)하지 않는다. 특히 秋月(추월) 乙木(을목)이 庚金(경금)을 만나면 가난하거나 夭折(요절)을 면키 어렵다. 이때는 丙丁火(병정화)로 制殺(제살)하거나 癸水(계수)로 化殺(화살)하면 吉(길)하다.

## 8. 乙(을) - 辛(신)

乙木(을목)이 辛金(신금)을 보면 利剪摧花(이전최화)로 가위가 꽃을 꺾는 격이니 出世(출세)를 기대하기 어렵고, 火(화)로 制殺(제살)하거나 水(수)로 化殺(화살)하지 않으면 夭折(요절)하거나 貧賤(빈천)해진다.

## 9. 乙(을) - 壬(임)

夏木(하목)의 木火傷官(목화상관)은 壬水(임수)를 기뻐하여 出水芙蓉(출수부용)으로 名利(명리)를 얻게 되지만, 壬水(임수)가 太多(태다)하여 陰濕(음습)해지면 桃花(도화)에 水氣(수기)를 더해 逐水桃花(축수도화)의 폐해가 나타난다. 남자는 輕薄(경박)하고 여자는 淫蕩(음탕)해져 사람으로 인한 고통이 끊이지 않는다.

## 10. 乙 - 癸

甲木은 進氣하지만, 乙木은 退氣하니 癸水의 生扶를 要한다. 乙木에 癸水가 나란히 있으면 淸草朝露라 하여 貴人의 조력으로 성공한다. 乙木은 대개 丙癸로 名利通達하는 것이다. 그러나 乙木은 濕을 두려워하므로 丙火가 없으면 陰濃濕重하여 뿌리가 손상되고 잎이 시들어 버리므로 매우 凶하다. 戌月에는 癸水가 尊神으로 財格透印을 이루면 최상이다.

■ 丙火

## 1. 丙 - 甲

丙火가 매우 弱하면 甲木의 生을 반긴다. 亥月에는 丙火가 失令하여 가장 弱한 때로 壬水를 用하지 않고 甲木을 取한다. 子月 丙火가 一派 壬水를 보면 戊土로 制해도 實速이 없는데 이는 戊土가 晦光하기 때문이다. 이때는 甲이 藥이다. 丙火가 透하고 地支에서 火局을 보면 甲木은 焚滅되므로 위태롭다.

## 2. 丙 - 乙

丙火가 弱하면 己土의 晦光을 꺼리는데 이때는 乙木으로 그 害를 막을 수 있다. 乙木이 丙火와 나란히 하면 艶陽麗花가 되어 사물이나 지식에 대한 흡수력이 뛰어나 學業이 우수하고, 윗사람의 뜻에 잘 부합한다.

## 3. 丙 - 丙

丙火가 두 개 겹치면 陽光이 지나쳐 오히려 混濁해지므로 다소 부정적인 의미를 띠게 되지만, 一派 庚辛金이 있어 身財가 모두 강하고 水가 없으면 長火天金疊疊이라 하여 鉅富가 된다. 酉月에 丙火가 많고 하나의 壬水가 高透하면 財旺生殺로 富貴가 無窮하다. 子丑月의 嚴凍에는 調候가 時急하여 丙火가 두 개 出해야 진정한 富貴를 논할 수 있을 때가 있다. 가령 子丑月의 戊土나 仲冬 丙火에 比肩이 필요한 경우다.

## 4. 丙 - 丁

丁火는 丙火와 같은 火性의 五行이지만, 丙火를 강하게 하는 작용이 전혀 없으므로 無用하다.

## 5. 丙 - 戊

丙火가 弱하면 戊土의 晦光을 꺼린다. 水氣가 없는 火土傷官은 平凡한 命에 불과하다. 壬水가 太多하여 戊土로 食神制殺하면 貴格을 이룬다. 壬水가 없어 戊土를 用하는 食神生財는 금전은 모이지만 인기나 榮譽는 약한 사람이다.

## 6. 丙 - 己

丙火는 빛이 己土에 흡수되어 晦火無光됨을 꺼린다. 傷官 己土가 있으면 印綬 甲乙木이 있어야 吉하다. 그렇지 않으면 孤刑이 있어 이룸이 작다. 傷官佩印을 이루면 大地普照로 표현능력이 우수하고, 技藝 방면에서 두각을 드러낸다.

## 7. 丙 - 庚

三夏에는 壬水를 用神으로 삼지만, 이때는 반드시 庚金이 있어야 根源이 있는 水가 된다. 夏月 丙火에 庚壬이 같이 透하면 富貴가 가볍지 않고 특히 巳月에는 文明之象을 이루어 科甲은 물론 地位가 높다. 水가 없고 身財가 강하면 長火天金疊疊이라 하여 鉅富가 된다.

## 8. 丙 - 辛

丙火는 능히 庚金을 鍜煉하지면 辛金은 반대로 怯을 낸다. 가령 夏月에 庚金은 壬水를 도와 有用하지만, 辛金은 丙火를 相合하여 病으로 작용하기 쉽다. 한편 亥月에 辰을 보아 化格을 이루면 大貴하다.

## 9. 丙 - 壬

丙火는 壬水의 剋을 두려워하지 않으며, 太陽이 江湖 壬水를 비추면 水晶같이 빛나니 壬水가 없으면 貴를 취할 수 없다. 壬水로 用神을 삼으면 水輔陽光, 天和地潤이 되어 旣濟의 功을 이룬다. 다만 亥月에 한해 壬水가 司權하고 丙火가 가장 弱하므로 壬水를 取하지 않고 甲木을 用한다.

## 10. 丙 - 癸

丙火가 癸水를 보면 不晴不雨가 되어 대개 貴格을 이루지 못한다. 그러나 夏月이나 寅月에 丙火가 강하면 不晴不雨가 나쁘지 않고 富中取貴한다. 丙火가 弱하면 黑雲遮日의 象으로 매우 불리한 命이 된다.

■ 丁火(정화)

## 1. 丁(정) - 甲(갑)

丁火(정화)는 燈燭(등촉)으로 겉은 밝아도 속은 衰竭(쇠갈)하여 母星(모성) 甲木(갑목)이 반드시 있어야 한다. 甲木(갑목)은 丁火(정화)의 땔감으로 어머니인 甲木(갑목)이 있으면 두뇌가 명석하고 경쟁력이 강하며 秋冬月(추동월)에도 衰絶(쇠절)할 근심이 없다. 다만 午月(오월)에는 火旺(화왕)하여 丁火(정화)가 令(령)을 잡았으므로 함부로 甲木(갑목)을 取(취)하면 안 된다. 午月(오월) 丁火(정화)는 壬庚(임경)이 透(투)하지 않은 이상, 甲木(갑목)을 用(용)하여 貴格(귀격)을 이루지 못한다. 未月(미월)에 甲木(갑목)이 透(투)하고 亥卯(해묘)가 있으면 암암리에 水(수)의 뿌리가 있어 文明氣象(문명기상)이 된다. 그러나 水氣(수기)가 없으면 焚木(분목)의 우려가 있어 이때는 抱薪救火(포신구화)로 매우 위태한 命(명)이 된다.

## 2. 丁(정) - 乙(을)

乙木(을목)은 卉木(훼목)과 같아 불에 잘 타지 않으므로 濕乙傷丁(습을상정)이라 한다. 乙木(을목)은 引丁(인정)도 못하고, 戊土(무토)를 破(파)하지도 못하므로 많이 있어도 이롭지 않다. 申月(신월)과 酉月(유월)에 甲木(갑목)이 없으면 乙木(을목)을 取(취)하는데, 이때는 丙火(병화)로 말려야 枯草引燈格(고초인등격)을 이룬다. 즉 甲(갑)은 반드시 庚(경)이 있어야 하고, 乙(을)은 丙(병)이 있어야 한다. 夏月(하월)에 水氣(수기)가 없으면 乾柴烈火(건시열화)로 불리한

命이 된다.

## 3. 丁 - 丙

乙木은 繫甲을 기뻐하나, 丁火는 丙奪을 꺼린다. 乙이 甲을 보면 甲木으로 논하고, 丁이 丙을 보면 丙火로 논한다. 이것은 氣가 生旺을 따르는 이치다. 巳月에 丙火을 만나면 炎上이 되나 炎上格은 甲木이 있어야 長明한 형상을 이루어 吉하다. 冬月에 丙火는 調候와 무관하고, 丙火가 불꽃을 도우면 金水 財官을 기뻐하는 것이다. 秋月 丁火는 丙奪丁光을 두려워하지 않는데 丙火로 乙木을 말려 枯草引燈하기 때문이다.

## 4. 丁 - 丁

丁火가 나란히 있으면 兩火爲炎으로 두 불길이 타오르는 격이니 속전속결 형으로 속도로 기선을 제압하여 성공할 가능성이 높다. 이때는 甲木과 조합되거나 혹은 戊土가 있어야 온전한 貴格을 이룬다.

## 5. 丁 - 戊

丁火와 戊土는 火土傷官으로 재능은 나타나지만 甲木이나 庚金을 보지 않으면 秀才로 그치기 쉽다. 甲木을 보면 有薪有火有爐로 지식의 흡수가 뛰어나고 재능을 충분히 발휘하며 庚金을 보면 傷官生財로 火煉眞金의 貴格을 이룬다. 戌月 丁火에 一破 戊土가 있고 壬水와 甲木이 없으면 傷官傷盡으로 富貴가 비범하다. 戌宮에 戊丁辛이 暗藏되어 火土傷官이 生財하니 體用이 同宮에 있어 奇格을 이루기 때문이다.

## 6. 丁 - 己

戊土는 丁火의 熱을 보호하고 강하게 해 주나, 己土는 熱을 흡수하므로 甲木이 없으면 불가하다. 심하게 害를 미치는 일은 없으나 富貴와는 무관한 조합이다.

## 7. 丁 - 庚

甲木은 庚金의 劈甲으로 引火하므로 대개 丁火의 富貴는 甲庚의 짝으로 완성된다. 午月 丁火는 壬庚이 透하지 않은 이상, 甲木을 用하여 貴格을 이루지 못한다. 丁火는 昭融하여 夏月에 身强財旺하면 長火天金疊疊格으로 높은 格局으로 본다.

## 8. 丁 - 辛

丁火는 旺해도 강렬하지 않고 衰해도 窮하지는 않다. 身强하면 辛

金財를 用하여 富格을 이루기도 한다. 다만 貴와는 전연 무관하다.

### 9. 丁 - 壬

夏月에 丙奪丁光이 심하면 壬水로 制해야 顯達한다. 午月은 水의 絶地로 火局을 이루면 滴水가 핍박받아 반드시 庚金이 壬水를 發原해야 한다. 辰月 水局에 壬水가 透하여 殺重身輕이 되면 夭折이 따른다.

### 10. 丁 - 癸

夏月의 丙奪丁光은 癸水로 制하면 富貴가 極品에 이른다. 午月은 水의 絶地이나 壬水대신 癸水가 있으면 枯渴될 염려가 없으므로 獨當一面하니 恩封을 잃지 않는다. 冬月에 丙火가 太多하면 癸水로 破해야 吉하고 異途로 발달한다. 巳月 丁火는 癸水를 꺼린다. 庚金을 洩하고 甲木을 濕하게 만들어 불꽃을 피우지 못하기 때문이다.

## ■ 戊土

### 1. 戊 - 甲

戊土는 甲木이 疏土하지 않으면 不靈하므로 酉月을 제외한 전 계절에 用한다. 戊土는 대개 丙甲癸 세 글자의 조화로 富貴를 확정한다. 丙火의 暖이 없으면 不生하고, 癸水로 滋潤하지 않으면 萬物이 不長한다. 특히 三春 戊土는 丙甲癸 三者가 모두 透하면 富貴가 極品에 이른다. 이때 丙癸는 不晴不雨의 象으로 대개 좋지 않은 十干調合이 되지만, 봄철에는 丙火가 得令하여 旺하므로 不晴不雨로 오히려 佳命을 이룬다. 酉月에는 秋土生金하여 土가 매우 弱하므로 甲木을 用하지 않는다. 戊土의 用法에서 不必木疏는 酉月이 유일하다.

## 2. 戊 - 乙

戊土는 乙木이 腐木되는 것을 救濟하여 生하지만, 乙木은 戊土에 대한 작용력이 없다.

## 3. 戊 - 丙

戊土의 富貴는 無丙不生, 無甲不靈, 無癸不長으로 丙甲癸 三者의 調和가 關鍵이다. 土는 專旺地로 들어가도 火로 生해야 한다. 火가 죽으면 土旺해도 뜻을 이룰 수 없다. 戊土는 冬月을 제외하고는 丙癸의 짝인 不晴不雨로 佳命을 이룰 때가 많다. 巳月 戊土 또한 外實內虛로 寒氣가 내재되어 火炎을 꺼리지 않는다. 子丑月의 嚴凍에는 調候가 時急하여 火盛해야 財官을 감당할 수 있다. 까닭에 火重

이 凶하지 않다. 이때는 丙이 두 개 出해야 진정한 富貴를 논할 수 있고, 丙이 없으면 食財官 모두 쓸모가 없다. 午月 火局을 이루면 火炎土燥로 孤貧함을 면키 어렵다.

### 4. 戊 - 丁

戊土에 丁火가 나란히 있으면 有火有爐로 좋은 관계를 나타내지만, 酉月의 傷官佩印과 亥月에 庚金을 丁火로 制하는 效用에 한정된다. 이때는 刀筆로 權威가 나타난다.

### 5. 戊 - 戊

水旺으로 戊土가 매우 약해져 허물어질 염려가 있으면 比肩 戊土를 쓰는데, 亥月에 壬水가 透하면 戊土로 制하여 富格을 이룬다.

### 6. 戊 - 己

己土는 田園으로 대개 他干에 利로운 역할을 하지만, 壬水와는 害로운 관계고 戊土에 대해서는 그다지 利益을 주지 않는다.

### 7. 戊 - 庚

春土에 甲木이 旺하고 庚金이 이를 制하면 殺用食制의 貴格을 이룬다. 巳月(사월)에 金局(금국)을 이루고 癸水(계수)가 出(출)하면 土潤生金(토윤생금)의 奇格(기격)으로 貴(귀)가 나타난다. 水(수)가 없으면 忌神(기신)으로 작용하기 수운데 助紂爲虐(조주위학)으로 사나운 성질을 띠며 언행으로 인해 敵(적)을 만든다.

## 8. 戊(무) - 辛(신)

未月(미월)에 辛金(신금)이 癸水(계수)를 生(생)하면 傷官生財(상관생재)의 富格(부격)을 이룬다. 水(수)가 없으면 反吟洩氣(반음설기)로 참견이나 간섭이 심해 손해를 보기 쉽다.

## 9. 戊(무) - 壬(임)

戊土(무토)는 水(수)의 財(재)를 만나면 吉(길)하나 水勢(수세)가 太旺(태왕)하면 侵蝕(침식)될 염려가 있다. 三冬(삼동)에 壬水(임수)가 旺(왕)하면 가난하거나 夭折(요절)할 우려가 있다. 壬癸(임계)가 兩透(양투)하면 氾濫(범람)하여 制(제)할 수 없으므로 매우 인색하다. 三夏(삼하) 戊土(무토)는 火炎土燥(화염토조)를 두려워하므로 반드시 金水(금수), 食財(식재)가 있어야 한다. 午月(오월)에는 癸水(계수)로 解炎(해염)하기 微弱(미약)하여 壬水(임수)를 先用(선용)한다. 午月(오월) 戊土(무토)는 壬水(임수)가 適水(적수)로 癸水(계수)는 用神(용신)으로 微弱(미약)하다.

## 10. 戊(무) - 癸(계)

雨露(우로) 癸水(계수)의 滋潤(자윤)으로 生意(생의)가 充滿(충만)해진다. 그러나 壬水(임수)가 같이

透하면 制할 수 없으므로 財를 감당하기 어렵다. 戊土의 富貴는 無丙不生, 無甲不靈, 無癸不長으로 丙甲癸 三者의 調和가 關鍵이다. 午月에는 癸水가 微弱하여 壬水를 先用한다. 亥子丑月에는 水旺하니 癸水를 取하지 않는다.

■ 己土

## 1. 己 - 甲

己土는 甲木에 이롭지만, 己土가 甲木을 감당하기는 쉽지 않다. 丙癸가 配合되면 富貴格을 이루나, 丙戊가 없으면 木强土山으로 一生 困苦하고 胃를 傷하기 쉽다. 三春에는 甲丙癸가 모두 透하면 富貴格을 짓지만, 어느 것 하나라도 없으면 佳命이 되지 못한다.

## 2. 己 - 乙

己土 陰干이 殺을 用하는 법은 거의 없다. 野草亂生으로 평생 幸運을 기대하기 어렵다.

## 3. 己 - 丙

己土 田園은 丙火로 따뜻하게 하면 萬物을 生하는 大地普照의 象

을 이룬다. 丙火로 溫土하고, 癸水로 潤土하면 己土의 精神을 補하여 富貴를 이룬다. 夏月의 뜨거운 계절에도 丙火를 用하는 것은 禾稼가 뜨거울수록 더 성장하기 때문이다. 그러나 一點 水氣도 없으면 洪光千里로 나쁜 생각을 품기 쉽고 貧寒하다.

## 4. 己 - 丁

秋冬의 土金傷官은 印綬가 있으면 富貴格을 이룬다. 三冬에 一派庚金이 있고 丁火가 透했는데 丙火가 暗藏되면 富貴가 雙全한다. 이 외는 특별한 效用이 없다.

## 5. 己 - 戊

己土를 旺盛하게 하여 生意를 發하려면 돕고 막아야 한다. 돕는 것은 丙火고 막는 것은 戊土다. 戊土는 매우 有用하니 硬軟相配로 힘을 얻어 성공하고 대인 관계가 원만하다.

## 6. 己 - 己

己土는 弱해도 比肩으로 특별히 힘을 얻지는 못하나 生意는 증가한다. 己土 比肩을 보고 癸水와 조합되면 飛天祿馬로 시험에 강하고 월등한 성적으로 合格한다.

## 7. 己 - 庚

己土는 金多金明으로 庚金이 많으면 빛을 낸다. 즉 己土는 火와 金이 많을수록 좋으며 傷官佩印 혹은 印用食傷으로 貴格을 이룰 때가 많다.

## 8. 己 - 辛

夏月에 辛金이 癸水를 發하면 富貴가 極品에 이른다. 다만 壬水로 混入되면 辛金에 害를 미친다.

## 9. 己 - 壬

壬水가 泛濫하면 播種이 不可하므로 己土와 壬水의 관계는 陀泥帶水의 象으로 불리하여 財運이 나쁘고 色情 문제를 일으키기 쉽다. 그러나 夏月에는 癸水가 없으면 壬水를 用한다. 이때 大發은 아니나 작은 富貴는 있다.

## 10. 己 - 癸

己土는 癸水를 기뻐하여 玉土爲生의 象을 이룬다. 다만 亥子丑月에는 濕泥가 寒冬하므로 癸水를 用하지 않는다. 己土는 本性이 寒濕하여 寅月에는 癸水가 없어도 格을 이룬다.

■ 庚金

## 1. 庚 - 甲

剛金은 丁火로 鍛鍊하면 銳利해지고, 丁火는 甲木에 依支하므로 三者의 조합은 대개 富貴格을 이룬다. 戌月에는 戊土가 司令하여 丁甲이 아닌 甲壬을 取한다. 亥月에 丙甲이 透하면 金溫水暖으로 富貴格을 이룬다.

## 2. 庚 - 乙

庚金은 甲木을 剋하지만, 乙木은 剋하지 않고 合하므로 貪合忘剋이라 한다.

## 3. 庚 - 丙

三冬 庚金은 金寒水冷하여 丁火로 煅煉하고 丙火로 調候한다. 酉月은 陽刃으로 丁丙의 官殺混雜으로 格局을 이룬다. 秋金의 水火는 局을 이루면 福壽가 두텁다.

## 4. 庚 - 丁

得火而銳로 剛金은 丁火로 鍛鍊하면 銳利해진다. 秋金은 銳利해

야 가장 妙하다. 丁火로 煅煉하면 鍾鼎의 器物을 이룬다. 이때 剛金을 水가 洩하면 銳鋒이 꺾여 吉할 것 같지만, 이는 庚金의 성질을 모르기 때문이다. 따라서 寅月 甲木은 洩이 吉하고, 剋이 凶하나, 申月 庚金은 剋이 吉하고 洩이 凶하다. 火가 지나쳐 金을 녹이면 火烈金熔이 되어 凶하다.

### 5. 庚 - 戊

己土는 金光을 돕지만, 乾土 戊土는 金埋할 우려가 있다. 土乾則脆로 戊土가 많아 金이 埋沒되어 下賤해진다. 水가 培合되면 吉한 작용을 한다. 仲冬 庚金이 水局을 보면 格局이 潤下로 변한다. 이는 午月 甲木이 火局을 보아 炎上이 되는 것과 마찬가지다. 따라서 戊土는 官이 되고, 丙丁火는 財가 되어 財旺生官하여 貴를 이룬다.

### 6. 庚 - 己

庚金은 土潤則生으로 土가 潤澤하면 生을 얻는다. 寅月은 煉金하면 좋지 않으므로 이때는 印綬로 火해야 하는데, 戊土 偏印을 取하기는 어렵다. 死金은 흙에 덮이는 것을 싫어하기 때문이다. 그러나 己土, 辰丑의 濕土는 이롭다.

## 7. 庚 - 庚

庚金은 殺氣를 띠는데 庚金이 하나 더 있으면 兩金相殺이 되어 크게 한 번 다칠 우려가 있다.

## 8. 庚 - 辛

庚金과 마찬가지로 辛金이 庚金과 貼하면 鐵鎚碎玉으로 무서운 성격을 드러내고 큰 사고를 당할 염려가 있다. 酉月 庚金이 申酉戌方局으로 從革格을 이루면 富貴를 의심할 필요가 없다.

## 9. 庚 - 壬

庚金은 壬水를 얻으면 淸해지므로 金水雙淸이라 한다. 夏月 群金은 元武가 있어야 妙하므로 壬癸水가 있어야 하고, 秋金은 銳利하면 가장 妙하니 丁火를 用한다. 水가 많으면 沈金을 두려워하니 丙戊로 救制되지 않으면 金寒水冷으로 貧孤하다.

## 10. 庚 - 癸

夏月 群金은 元武가 있어야 妙하므로 壬癸水가 있어야 한다. 秋冬에 癸水가 忌神의 작용을 하면 寶刀巳老로 하여 일을 많이 꾸미나 실패가 잦고, 鐵銹의 象으로 나쁜 일을 당할 염려가 있다.

■ 辛金

## 1. 辛 - 甲

甲木은 病을 제거하는 藥으로 쓴다. 辰月과 巳月은 戊土가 當旺한 때라 土重하여 埋金될 염려가 있으므로 甲木을 用한다. 이 외의 甲木은 대개 財運이 좋지 않고 齒痛을 앓기 쉽다.

## 2. 辛 - 乙

辛金은 乙木을 剋害하나, 乙木은 辛金에 대해 별다른 영향을 미치지 못한다.

## 3. 辛 - 丙

冬令의 金水傷官은 丙火가 있어야 金白水淸이 된다. 三冬 辛金은 丙火로 調候해야 壬水로 淘洗하는 效用이 제고되는 것이다. 辛金이 一派 壬水를 보면 氣勢가 盡洩되어 壬水로 논하므로 이때 丙火가 透하면 壬丙, 光輝의 貴를 이루는 것이다. 이것은 三冬 辛金의 金水傷官 變格과 마찬가지다.

## 4. 辛 - 丁

辛金은 寒則喜丁이라 했다. 金水傷官은 火를 기뻐하므로 丁火의 傷官帶殺은 貴格이다. 이 외 辛金이 太强하면 丁火를 기피하므로 火燒珠玉과 같은 것이다.

## 5. 辛 - 戊

辛壬의 金水는 聰明한데 戊土가 있으면 어리석고 나약해진다. 그러나 一派 壬水가 重하면 戊土로 막아야 한다. 申月 辛金이 水局을 보면 壬水를 體로 삼아 戊土가 있어야 貴格을 이룬다. 즉 壬水가 汪洋하면 財官을 用하는 것이다. 子月 辛金이 水局으로 水旺金沈하면 辛金으로 논하지 않고, 壬水로 보아 丙戊를 취하니 이 또한 變格이다.

## 6. 辛 - 己

辛金이 弱하면 濕泥로 보호해야 하므로 己土로 生扶한다. 熱則喜母라, 夏月 辛金에 火가 많으면 己土를 얻어 火氣를 흡수하고, 生金하는 게 좋다. 그러나 水가 많아 辛金이 弱하면 己土는 泥沙로 좋지 않다. 이를 두고 滋扶不愛濕泥生이라 한다.

## 7. 辛 - 庚

夏月에 庚金은 壬水의 根源이 되어 중요한 역할을 한다. 未月에는 庚壬을 用하여 刃輔傷官의 유형을 이룬다. 이 외에는 보통 凶한 관계로 자기 중심적이고 驕慢해지기 쉽다.

## 8. 辛 - 辛

일반적으로 傲氣를 부리거나, 무서운 속성을 내포하는 나쁜 관계다.

## 9. 辛 - 壬

辛金 珠玉은 四時를 막론하고 壬水를 用하여 淸高함을 나타내며 淘洗珠玉으로 聰明하고 才能을 충분히 발휘한다. 水淺金多하면 體全之象을 이루어 富中取貴한다.

## 10. 辛 - 癸

巳月에 壬癸水가 모두 透하면 傷官扶主格을 이루어 吉하다. 午月에 庚金이 癸水를 輔하면 食祿이 매우 두텁다. 申月에는 壬水가 적게 있어야 貴를 이루는데, 壬癸가 짝을 이루면 洩氣가 太過해져 癸水를 보면 절대 불리하다.

■ 壬水

## 1. 壬 - 甲

壬水는 대개 甲木, 丙火, 戊土, 庚金의 陽干과 좋은 짝을 이루어 富貴를 나타낸다. 甲丙으로 食神生財나 甲戊의 殺用食制로 貴格을 짓는 게 보통이다. 특히 酉月은 敗地로 壬水가 旺하지도 弱하지 않아 金水가 相生하여 金白水淸이므로 戊己土가 있으면 病이 된다. 따라서 甲木을 用神으로 삼는다.

## 2. 壬 - 乙

乙木 喜神은 出水紅蓮과 같아 秀才로 인정받지만, 己土와 짝을 이루어 傷官見官으로 破格되면 항상 말썽의 소지가 된다. 水泛木浮의 象을 이루면 逐水桃花로 凶하니 이는 亥月 乙木에 壬水가 太多하여 水汎陰濕해지면 桃花에 水氣를 보태는 것과 같은 현상이다.

## 3. 壬 - 丙

壬水와 丙火는 江暉相映의 좋은 관계로 보통 丙戊 財官을 用하여 富貴格을 이룬다. 金寒水冷은 특히 丙丁火를 기뻐한다. 甲木이나

乙木과 함께 食傷生財格을 이루면 飛鳥跌穴이라 해서 일확천금의 福德을 기대할 수 있다.

## 4. 壬 - 丁

金寒水冷하면 丁火를 기뻐한다. 申月에는 庚金을 制하기 위해 丁火를 取하니 戊丁을 用한다. 戌月에는 甲丁을 用하고 子月에는 丁己로 官印相生을 이루면 貴格이다.

## 5. 壬 - 戊

汪洋한 壬水를 戊土로 制防하면 福壽가 완전해진다. 山明水秀하니 丙火와 짝이 되면 貴格의 전형이다. 壬水는 丙戊를 떠나 생각하기 어렵다.

## 6. 壬 - 己

壬己가 混合되면 木을 配養하는 效用이 있으나 대개 己土濁壬은 좋지 않다. 子月에 丁火가 透하여 己土를 보호하면 權位가 높아진다.

## 7. 壬 - 庚

庚發水源이 적합하면 많은 원고를 받아 大成한다. 春月에는 庚辛

金으로 水原을 發하지 못하면 枯渴될 염려가 있다. 冬月에 火氣가 없고 金局을 이루면 金水沈寒寒到低가 되어 一世가 孤貧하다.

## 8. 壬 - 辛

辛金은 주로 春夏에 水源을 發하는 效用이 나타난다. 가령 卯月에는 물이 湛深하므로 먼저 戊土로 막은 다음에 辛金을 쓴다. 丑月에는 丙辛이 透하면 科甲에 이른다.

## 9. 壬 - 壬

夏月 壬水는 壬癸水의 比劫으로 幫身한 다음, 金으로 水原을 發한다. 巳月에는 巳中 戊土가 癸水를 合해 오는 것을 경계하여 壬水를 先用한다. 壬水가 旺兩大海의 象을 이루는데 戊土로 制하지 못하면 지나침이 있어 일을 그르치기 쉽다.

## 10. 壬 - 癸

夏月 壬水는 壬癸水의 比劫으로 幫身함을 要한다. 이때는 天津地洋으로 항상 貴人의 도움이 따르며 일이 순로롭게 이루어진다. 특히 午月에는 癸水를 先用한다. 이것은 午中 丁火가 壬水를 合해 오는 것을 경계하기 때문이다. 다만 化合이 완전하지 않은 한 壬癸水 모두

를 取할 수 있다. 冬月에 癸水가 透하거나 水局을 짓고 癸水를 보면 沖天奔地하여 戊土로 制할 수가 없다. 저돌 맹진이 禍가 되어 생명이나 재산에 큰 타격을 입는 不行이 따른다.

■ 癸水

## 1. 癸 - 甲

甲木은 癸水를 洩하지 않으며, 戌月이나 土局을 이룬 경우에 藥으로서의 效用이 있고 이때는 辛金으로 癸水를 生한다. 申月에는 印綬가 生하지 않아도 무방하므로 丁火를 用하고 甲木으로 佐한다.

## 2. 癸 - 乙

乙木은 癸水를 洩하며 己土 七殺을 制하는 效用이 있다.

## 3. 癸 - 丙

三冬에는 陽和의 氣를 만나야 萬物을 潤澤하게 한다. 癸水는 從財를 꺼리므로 火局을 지으면 中和를 要한다. 仲秋는 물이 맑고 金이 旺할 때니 丙火를 用하여 金溫水暖의 貴格을 이룬다. 이 외 兩者간의 관계는 그다지 좋지 않다.

### 4. 癸 - 丁

癸水는 丁火를 剋하는 힘이 있다. 申月에는 得祿한 庚金을 制하는 丁火를 用하고 甲木으로 佐한다. 이때 만일 癸水가 甲木을 돕고, 甲木이 丁火를, 丁火가 戊土를 도우면 戊土는 申宮에 寄生하여 官이 되므로 生生不熄의 大貴格을 이룬다.

### 5. 癸 - 戊

癸水가 高燥한 戊土를 만나면 剋되어 本性을 잃는다. 이때는 甲木으로 制하는 게 좋다. 癸水는 不畏火土라 했는데 土旺하면 從土하여 담는 器物에 따라 형태가 달라지기 때문이다.

### 6. 癸 - 己

癸水는 己土를 生하며 調和하여 潤澤한 功을 이룬다. 午月에 己土가 透하여 從殺格을 이루면 富貴가 가볍지 않다. 己土는 癸水를 剋하니 忌神으로 작용하면 그다지 出世하지 못한다. 癸水는 陰干이나 丁己로 財官格을 이루는 특징이 있다.

### 7. 癸 - 庚

癸水는 庚金의 扶助로 强해지는 법이 없다. 夏月에 庚金은 壬水

와 짝을 이뤄 富貴格(부귀격)을 이룬다. 巳月(사월) 癸水(계수)가 庚壬(경임)을 보면 弱變强(약변강)이 되어 巳宮(사궁) 丙戊(병무)를 取(취)하는데 劫印化晉格(겁인화진격)으로 이것은 꺼리는 것이 吉(길)하게 되니 奇格(기격)이다.

## 8. 癸(계) - 辛(신)

辛金(신금)은 癸水(계수)의 發源(발원)하므로 癸水(계수)의 어머니가 된다. 巳月(사월)에는 辛金(신금)을 먼저 取(취)하고 다음으로 庚金(경금)을 取(취)하는데 이것은 丙辛(병신) 合化(합화)의 水氣(수기)가 有用(유용)하기 때문이다. 夏月(하월)에 辛金(신금)은 壬水(임수)와 짝을 이뤄 富貴格(부귀격)을 이룬다. 卯月(묘월)에 庚辛金(경신금)을 함께 用(용)하는 것은 乙庚(을경)이 相合(상합)하기 때문이다.

## 9. 癸(계) - 壬(임)

癸水(계수)는 壬水(임수)나 亥子水(해자수)에 의해 旺盛(왕성)해진다. 특히 壬水(임수)가 出干(출간)하여 潤下格(윤하격)을 이루면 大富大貴(대부대귀)한다. 壬水(임수)를 만나면 壬水(임수)와 작용이 같다. 가령 丑月(축월)에 丙火(병화)가 得祿(득록)하고, 壬水(임수)가 出(출)하면 水輔陽光(수보양광)으로 富貴(부귀)가 極品(극품)에 이른다.

## 10. 癸(계) - 癸(계)

癸水(계수)가 甲乙木(갑을목)에 의해 弱(약)해지면 癸水(계수)의 도움을 기뻐한다. 癸水(계수)가 지나치게 약하면 金(금) 印綬(인수)를 用(용)할 수 없다.

## ❐ 十干 成敗

### 1. 身殺兩停, 威權이 萬里에 미친다.

| 日元 | 殺 | 刃 | 備考 |
|---|---|---|---|
| 甲 | 庚 | 乙 | 陰干에 陽干이 透하면, 陽干이 財官을 取하는 것과 같은 用法을 따른다. 陽干에 刃은 合殺하여 威權을 높인다. 庚金은 丁火가 有用하나 丙火도 좋은 관계로 地支 火局을 이룰 때 더욱 妙하다. 특히 乙甲, 己戊, 壬癸의 관계는 刃奧라 하여 万將의 權威를 지배할 정도에 이른다. |
| 乙 | 庚 | 甲 | |
| 丙 | 壬 | 丁 | |
| 丁 | 壬 | 丙 | |
| 戊 | 甲 | 己 | |
| 己 | 甲 | 戊 | |
| 庚 | 丁 | 辛 | |
| 辛 | 丁 | 庚 | |
| 壬 | 戊 | 癸 | |
| 癸 | 戊 | 壬 | |

## 2. 官殺佩印, 三台六卿에 오른다.

| 日元 | 印 | 官殺 | 備考 |
|---|---|---|---|
| 甲 | 癸 | 庚 | 陽干은 보통 正偏印을 막론하고 印綬의 生扶를 기뻐하고 陰干은 屬性과 配象에 따라 喜忌를 구분한다. 正官佩印이나 殺格用印은 印綬가 主가 되므로 官殺의 喜忌 관계에 크게 구애받을 필요는 없다. 日干과 官印의 十干 관계가 좋으면 二德俱全으로 科甲之星이니 印綬가 月干에 透하면 일찍 出世하고, 官印의 위치에 관계없이 온전한 貴格을 이루면 정부나 단체의 요직에 오른다. |
| 乙 | 壬 | 庚 | |
| 丙 | 甲 | 壬 | |
| 丁 | 甲 | 壬 | |
| 戊 | 丁 | 甲 | |
| 己 | 丙 | 甲 | |
| 庚 | 己 | 丁 | |
| 辛 | 己 | 丙 | |
| 壬 | 庚 | 戊 | |
| 癸 | 辛 | 己 | |

## 3. 官逢財印, 名振四海한다.

| 日元 | 印 | 財 | 官 | 備考 |
|---|---|---|---|---|
| 甲 | 癸 | 己 | 庚 | 日干과 財의 관계가 좋으면 財星正立으로 富가 크고, 班馬로 財格透印格이 되면 侯에 封한다. 十干의 좋은 관계로 財旺生官이나 正官用財格을 이루면 催官之曜로 攀龍附鳳이라 했다. 財를 用하고 比劫이 없으면 廉介로 汚職함이 없다. |
| 乙 | 壬 | 己 | 庚 | |
| 丁 | 甲 | 庚 | 壬 | |
| 戊 | 丙 | 壬 | 甲 | |
| 己 | 丙 | 癸 | 甲 | |
| 庚 | 己 | 甲 | 丁 | |
| 壬 | 庚 | 丙 | 戊 | |

## 4. 傷官駕殺帶刃, 將相의 材木이다.

| 日元 | 傷官 | 殺 | 刃 | 備考 |
|---|---|---|---|---|
| 甲 | 丁 | 庚 | 乙 | 刃은 日元을 幇身하고 傷官을 生하며 合殺하여 有用하다. |
| 丙 | 己 | 壬 | 丁 | |
| 戊 | 辛 | 甲 | 己 | |
| 庚 | 癸 | 丁 | 辛 | |
| 壬 | 乙 | 戊 | 癸 | |

## 5. 殺用食制(살용식제), 肅殺(숙살)의 權(권)이 있다.

| 日元(일원) | 食神(식신) | 殺(살) | 備考(비고) |
|---|---|---|---|
| 甲(갑) | 丁(정) | 庚(경) | 肅殺之權(숙살지권)은 대개 刑權(형권), 즉 司法權(사법권)을 의미한다. 殺用食制格(살용식제격)이 印綬(인수)를 보면 成中有敗(성중유패)가 되므로 잘 살펴야 한다. 甲木(갑목)에 丙火(병화)도 庚金(경금)을 制(제)하는 힘이 있으나 丁火(정화)에 미치지는 못한다. |
| 乙(을) | 丁(정) | 辛(신) | |
| 丙(병) | 戊(무) | 壬(임) | |
| 丁(정) | 己(기) | 癸(계) | |
| 戊(무) | 庚(경) | 甲(갑) | |
| 己(기) | 辛(신) | 乙(을) | |
| 庚(경) | 壬(임) | 丙(병) | |
| 辛(신) | 癸(계) | 丁(정) | |
| 壬(임) | 甲(갑) | 戊(무) | |
| 癸(계) | 乙(을) | 己(기) | |

## 6. 食神帶殺(식신대살), 万人(만인)을 壓(압)한다.

| 日元(일원) | 殺(살) | 食神(식신) | 備考(비고) |
|---|---|---|---|
| 戊(무) | 甲(갑) | 庚(경) | 食神帶殺(식신대살) 중에 특히 七殺(칠살)이 日元(일원)에 위협적이고, 食神(식신)이 日干(일간)과 좋은 관계면 英雄(영웅)의 命(명)으로 논한다. |
| 癸(계) | 己(기) | 乙(을) | |

7. 印刃相隨, 官位가 極品에 이른다.

| 日元 | 刃 | 印 | 備考 |
|---|---|---|---|
| 乙 | 甲 | 癸 | 日干, 印綬, 劫財 三者간의 좋은 十干 관계로 從旺格을 이루면 官居極品을 논한다. |
| 己 | 戊 | 丙 | |
| 壬 | 癸 | 辛 | |

8. 祿印相扶, 職位가 台鼎에 오른다.

| 日元 | 印 | 備考 |
|---|---|---|
| 甲 | 癸 | 從旺格으로 比肩이 劫財보다 강하고, 十干의 관계가 좋으면서 印의 生扶가 있으면 필시 高官이 된다. |
| 丁 | 甲 | |
| 戊 | 丁 | |

9. 印綬月逢, 秀才로 翰苑에 든다.

| 日元 | 甲 | 乙 | 丙 | 丁 | 戊 | 己 | 庚 | 辛 | 壬 |
|---|---|---|---|---|---|---|---|---|---|
| 正印 | 癸月 | 壬月 | 乙月 | 甲月 | 丁月 | 丙月 | 己月 | 戊月 | 辛月 |

## 10. 時上偏財(시상편재), 鉅富(거부)를 蓄財(축재)한다.

| 日元(일원) | 偏財(편재) | 備考(비고) |
|---|---|---|
| 乙(을) | 己時(기시) | 時干(시간)에 日干(일간)과 좋은 十干(십간) 관계의 偏財(편재)가 透(투)하면 富(부)가 가볍지 않다. |
| 戊(무) | 壬時(임시) | |
| 己(기) | 癸時(계시) | |
| 庚(경) | 甲時(갑시) | |
| 壬(임) | 丙時(병시) | |

## 11. 祿高(녹고), 君王(군왕)을 輔佐(보좌)한다.

| 日元(일원) | 比肩(비견) | 備考(비고) |
|---|---|---|
| 甲(갑) | 甲(갑) | 日干(일간)과 좋은 관계의 比肩(비견)이 高透(고투)하고 格(격)을 이루면 1인자의 친구가 된다. 壬(임)이나 癸(계)의 경우도 예로 들 수 있다. |
| 丁(정) | 丁(정) | |

## 12. 食傷生財(식상생재), 世人(세인)을 救制(구제)한다.

| 日元(일원) | 比劫(비겁) | 食傷(식상) | 財(재) | 備考(비고) |
|---|---|---|---|---|
| 甲(갑) | 甲(갑) | 丙(병) | 己(기) | 日干(일간)과 比食財(비식재)의 干(간) 관계가 모두 좋으면 三奇均正(삼기균정)이라 해서 濟世安邦(제세안방)한다. |
| 乙(을) | 甲(갑) | 丙(병) | 己(기) | |
| 乙(을) | 甲(갑) | 丙(병) | 戊(무) | |
| 丁(정) | 丁(정) | 戊(무) | 庚(경) | |

## 13. 用食絶梟, 位에 있어 用人術이 뛰어나다.

| 日元 | 食神 | 備考 |
|---|---|---|
| 甲 | 丙 | 癸水가 貼하지 않아야 한다. |
| 庚 | 壬 | 己土가 貼하지 않아야 한다. |

## 14. 兩干不雜, 公益을 우선한다.

| 日元 | 甲 | 乙 | 丁 | 己 | 壬 | 備考 |
|---|---|---|---|---|---|---|
| 比劫 | 甲 | 甲 | 丁 | 戊 | 癸 | 身弱한 경우에만 해당된다. |

## 15. 先財後印, 官에 있어 一歲에 一陞한다.

| 日元 | 財 | 印 | 備考 |
|---|---|---|---|
| 甲 | 己月 | 癸時 | 日干과 財, 印의 十干 관계가 좋고 月財時印의 조합을 이루면 官運이 좋아 관직에서 매년 승진하는 경사가 따른다. 月印時財의 先印而後財의 조합은 시험에 강하여 항상 좋은 성적과 성과를 내므로 試에서 百發百中함이 있다고 했다. |
| 乙 | 戊月 | 壬時 | |
| 乙 | 戊月 | 癸時 | |
| 丁 | 庚月 | 甲時 | |
| 戊 | 壬月 | 丙時 | |
| 己 | 癸月 | 丙時 | |
| 壬 | 丙月 | 辛時 | |

## 16. 二德配官, 首相에 준하는 高位職에 오른다.

| 日元 | 要件 | 備考 |
|---|---|---|
| 己 | 乙亥月 甲年 | 地支에 戊土가 得所하고 丙火가 透해야 吉하다. |
| 庚 | 丁酉月 丙時 | 官殺竝用의 대표적 상황이다. |
| 庚 | 丙申月 丁時 | 秋金은 丙丁火를 기뻐한다. |
| 庚 | 丙戌月 丁時 | |
| 癸 | 己未月 戊時 | 癸水는 不畏火土로 從殺, 從化格을 이룬다. |

## 17. 刃輔傷官, 風雲의 때를 만나 大成한다.

| 日元 | 月干 | 年干 | 備考 |
|---|---|---|---|
| 甲 | 丁 | 乙 | 木多火熄의 상황에서 乙木이 助甲引丁한다. |
| 丁 | 戊 | 丙 | 冬月에 水旺하면 戊土를 用하고 丙火로 調候한다. |
| 辛 | 壬 | 庚 | 未月에 壬水를 用하고 庚金으로 佐한다. |

## 18. 合祿, 祿俸이 厚하다.

| 日元 | 要件 | 備考 |
|---|---|---|
| 甲 | 丁年 壬寅月 | 月干이 干合으로 化해 比肩이 되는 경우로 壬日의 丙子月은 辛年에 속하지 않으므로 성립되지 않는다. 合祿格과는 전연 무관하다. |
| 戊 | 己年 甲戌月 | |
| 辛 | 庚年 乙酉月 | |
| 丙 | 癸年 戊午月 | |

## 19. 飛天祿馬(비천록마), 冠場(관장)으로 試驗(시험)에 강하다.

| 日元(일원) | 比肩(비견) | 財(재) | 備考(비고) |
|---|---|---|---|
| 甲(갑) | 甲(갑) | 戊(무) | 日干(일간)과 比肩(비견), 財(재)의 三者(삼자)가 좋은 관계로 배합되면 秀才(수재)로 시험에 일등으로 合格(합격)하는 경우가 많다. 飛天祿馬格(비천록마격)과는 전혀 무관하다. |
| 丁(정) | 丁(정) | 庚(경) | |
| 戊(무) | 戊(무) | 壬(임) | |
| 己(기) | 己(기) | 癸(계) | |
| 壬(임) | 壬(임) | 丙(병) | |

# ❐ '造化元鑰' 月別 十干 喜忌

■ 寅月

| 用神 一線 | 用神 二線 | 看法 摘要 |
|---|---|---|

## 1. 寅月 甲木

| | | |
|---|---|---|
| 丙 | | 有餘寒氣, 調和氣候爲要, 丙火一透. 秀命 |
| 丙 | 藏干, 癸 | 癸藏丙透, 寒木向陽. 上格 |
| 丙 | 癸 | 癸水透干, 不論奪食. 貴格 |
| | | → 春月에는 不晴不雨로 培花하니 丙癸는 水火既濟되어 調和를 이룬다. |
| 丙 | 支濕 | 丙火爲主癸水爲佐. 貴格 |
| 丁 | 藏干, 庚 | 有薪有火. 貴格 |
| 丁 | 庚 | 庚病丁藥. 貴格 |
| 敗 | | 萌芽不容金, 無丁見庚辛金不利, 貧夭 |
| | | 壬癸太多壬透無土, 浮木. 壬癸太多癸透無土, 腐木 |
| | | → 日元이 當旺하면 印綬의 生이 오히려 病이 된다. |
| | | 丙丁太多無水, 枯木 |

正月甲木, 初春尙有餘寒, 得丙癸透, 富貴雙全, 癸藏丙透, 名寒木向陽, 主大富貴, 倘風水不及, 亦不失儒林俊秀, 如無丙癸, 平常人也.

正二月甲木, 素無取從財, 從煞, 從化之理.

或一派庚辛, 主一生勞苦, 剋子刑妻, 再支會金局, 非夭卽貧.

如無丙丁, 一派壬癸, 又無戊己制之, 名水泛木浮, 死無棺槨.

如一派戊己, 支會金局, 爲財多身弱, 富屋貧人, 終身勞苦, 妻晩子遲.

正二月甲木一例, 木乘旺氣, 無金必殀, 先看庚, 次取丁, 有庚, 木能成器, 有丁, 木火通明, 庚丁兩透, 科甲定許, 卽風水不及, 亦不失富貴, 然須運氣相扶, 如運氣不扶, 反困用神, 便成虛名無實耳.

或無庚金, 有丁透, 亦屬文星, 爲木火通明之象, 又名傷官生財格, 主聰明雅秀, 一見癸水傷丁, 但作厚道迂儒, 或柱中多癸, 滋助木神, 傷滅丁火, 其人奸雄梟險, 言淸行濁之流.

或一庚一戊出干, 號曰財煞相生, 運行金水, 可許科甲, 雖無陰隲風水, 亦不失儒林藝士, 若庚申 戊寅 甲寅 丙寅, 一行金水運, 發進士, 或甲午日 庚午時, 此人必富貴, 但要好運相扶, 不宜剋制庚丁.

或支成金局, 又透庚辛, 此人不吉, 並無丙丁火破金, 名爲木被金傷, 殘疾之人.

或支成火局, 洩氣太過, 性不愚怯, 但常有災病纏身.

支成木局, 有庚方貴, 無庚, 男命鰥獨僧道, 女命孤寡, 見二庚出干, 大富大貴.

支成水局, 戊透則貴, 無戊制之, 水多木泛, 不止貧賤, 且死無棺槨.

總之, 正二月甲木, 有庚戊者上命, 如有丁透, 大富大貴之命, 蓋非戊, 庚金失母故也, 或木多無庚而用丁, 名木喜南而軟弱.

## 2. 寅月 乙木

| | | |
|---|---|---|
| 丙(병) | | 恐凝寒氣(공응한기), 取丙火解冬(취병화해동), 丙火一透(병화일투), 艶陽麗花(염양려화). 秀命(수명) |
| 丙(병) | 甲(갑) | 木火通明(목화통명). 貴格(귀격) |
| 丁(정) | 甲(갑) | 木火通明(목화통명). 秀命(수명) |
| 丙(병) | 藏干(장간), 癸(계) | 寒木向陽(한목향양). 上格(상격) |
| 丙(병) | 癸(계) | 癸水透干(계수투간), 不論奪食(불론탈식). 貴格(귀격) |
| | 丙(병) | 丙多乏癸(병다핍계), 春旱(춘한). 濁富之人(탁부지인) |
| | 癸(계) | 丙小多癸(병소다계), 困丙(곤병). 終爲寒士(종위한사) |
| 敗(패) | | 萌芽不容金(맹아불용금), 無火見庚辛金必凶(무화견경신금필흉). 貧夭命(빈요명) |
| | | 癸己多見(계기다견), 濕土之木(습토지목) |
| | | 丙丁太多無水(병정태다무수), 燒草(소초) |

正月天氣, 猶有餘寒, 非丙不長, 雖有癸潤, 恐凝寒氣, 故先用丙, 癸次之.

丙癸兩透, 科甲定然, 或有丙無癸, 門戶顯揚, 或丙多無癸, 名曰春旱, 獨陽不長, 不過粗俗濁富之人.

或丙少癸多, 又爲困丙, 終爲寒士, 或戊己多見, 爲濕土之木, 皆下格.

用丙者木妻火子, 火多用癸水者, 金妻水子.

## 3. 寅月 丙火

| | | |
|---|---|---|
| 壬 | 庚 | 取壬爲尊, 庚金佐之. 上格 |
| 壬 | 藏干, 庚 | 水火旣濟, 庚金發水之源爲佐, 異途顯達. 貴格 |
| 庚 | 藏干, 壬 | 富中取貴. 富格 |
| 壬 | 火局 | 春江, 天和地潤. 貴格 |
| 癸 | 支濕 | 印綬用官, 小貴 |
| | 戊 | 無水, 火土傷官. 凡命 |
| 敗 | | 土多制水, 晦火無光 |
| | | 一派戊土無甲, 孤貧 |
| | | 壬水全無 |

正月三陽開泰, 火氣漸炎, 取壬爲尊, 庚金爲佐.

壬庚兩透, 定許科甲, 卽壬透庚藏, 雖不由科甲, 恰有異途恩封.

若一壬高透, 有一二丙藏寅巳, 雖納粟奏名, 顯職可期, 爲人英風慷慨, 磊落光明, 有才邁衆.

或丙少壬多而無戊制, 殺重身輕, 斯人笑裏藏刀, 胆大光棍, 見一戊制壬, 便是大富大貴, 但宜見 一二比肩方妙.

或一派庚辛混雜, 常人. 或時月兩透庚金, 無辛雜亂, 秀才. 或辛年辛時, 名爲貪合, 定昏迷酒色之人, 女命一理, 己業難創, 祖業難承.

或一片戊洩, 甲不出干, 難成大器, 且恐貧賤死外, 故正月丙火, 最忌戊土晦光, 或支成火局, 專取壬水爲淸貴, 無壬, 癸亦姑用, 若壬癸俱無, 則取戊以洩火氣, 但屬平人.

或支成火局, 又作炎上格論, 但支成不得令, 運不見東南, 則爲孤貧.

或四柱有甲木, 得庚金暗制者, 可作秀才.

無壬用癸者, 略富貴, 且官殺亦要旺相有根, 丙火無壬, 多主貧賤, 屢徵屢驗, 或火多無木, 一至水鄕必死, 不然定主災咎, 五月丙火合炎上格, 亦不宜水破格, 用癸無根, 定主目疾.

用壬者, 金妻水子, 用庚者土妻金子, 先壬次庚, 壬忌多見.

## 4. 寅月 丁火

| | | |
|---|---|---|
| 庚(경) | 壬(임) | 財官雙美(재관쌍미). 貴格(귀격) |
| 甲(갑) | 庚(경) | 秀命劈甲引丁(수명벽갑인정). 貴格(귀격) |
| 甲(갑) | 藏干(장간), 庚(경) | 宜運行西地(의운행서지). 貴格(귀격) |
| 敗(패) | | 見乙無庚(견을무경). 孤命(고명) |
| | | 火局無水(화국무수). 貧命(빈명) |
| | | 無甲無庚(무갑무경) |

正月丁火, 甲木當權, 乃爲母旺, 非庚不能劈甲, 何以引丁, 先庚次壬.

如壬透化木, 弱復生旺, 合此身伴帝王, 但不宜庚破格, 有庚不過秀才.

或有庚及壬癸, 得己出干制之, 雖不由科甲, 亦有異途恩封.

或一派壬癸, 不得寅時, 又無庚金, 必致困窮.

或一派甲木, 無庚制之, 非貧卽夭, 或只有一甲, 多見乙木者, 離鄕奔波之客, 勿問妻子矣, 或甲乙並見, 生庚子時, 又主妻早子早, 且可採芹.

支成火局, 無滴水解炎, 僧道之命, 孤貧庸俗, 見甲出略吉.

總之, 丁不離甲, 見甲如子遇嫡母, 可秋可冬, 然亦不可少水, 但不宜多.

## 5. 寅月 戊土

| | | |
|---|---|---|
| 丙 | 甲, 支濕 | 無丙照暖, 戊土不生, 戊甲疏劈, 戊土不靈. 上格 |
| | | → 三春 戊土는 丙甲癸 세 글자의 조화로 富貴가 확정된다. 丙火의 暖이 없으면 不生하고, 甲木이 疏土하지 않으면 不靈하며, 癸水로 滋潤하지 않으면 萬物이 不長한다. 즉 三春 戊土는 丙甲癸 三字가 모두 透하면 富貴가 極品에 이른다. |
| 丙 | 癸 | 無癸滋潤, 萬物不長. 貴格 |
| | | → 丙癸는 不晴不雨의 象으로 대개 좋지 않은 十干 調合이 되지만, 봄철에는 丙火가 得令하여 旺하므로 不晴不雨는 佳命을 이룬다. |
| | 癸 | 甲丙兩藏, 有癸異途. 秀命 |
| 甲 | 庚 | 殺逢食制. 貴格 |
| | | 丙火不透, 成敗頻煩. 凡命 |
| 敗 | | 癸水全無, 春旱. 困命 |
| | | 官殺混雜無制 |

正二月宜先透丙, 三月宜先透甲, 蓋正二月雖有癸甲, 無丙亦難除寒氣, 如風雨淹淹, 萬物生而不長, 故無丙者, 一生成敗, 富貴艱辛, 或有丙無癸甲者, 名曰春旱, 如萬物生而多厄, 無甲癸者, 一生勤苦, 勞而無功.

或一派丙火, 有甲欠癸, 先泰後否, 或支成火局, 不見壬癸, 僧道孤貧, 癸透者貴, 壬透者富, 用壬者, 要看水之多少.

或一派甲木, 無丙, 常人, 得一庚透, 主富貴, 或支成木局, 甲又出干, 又有庚透, 定主科甲, 富貴非常.

或無庚金, 不見比印, 不作從煞論, 非大惡遭凶, 定作盜賊, 若日下坐午,不得善終.

或一派乙木, 名權官會黨, 卽有庚從, 亦難制乙, 此人內奸外直, 口是心非, 難與交遊, 加一甲在內, 無庚, 必懶惰自甘, 貪心無厭, 或丙多木多, 宜以癸庚參用.

## 6. 寅月 己土

| 丙 | 癸 | 用丙暖助, 取癸潤澤. 上格 |
|---|---|---|
| | | → 三春 己土는 甲丙癸가 모두 透하면 富貴格을 이루고, 어느 것 하나라도 없으면 佳命이 되지 못한다. |
| 丙 | | 取丙解寒. 富格 |
| | | → 己土는 본성이 寒濕하여 癸水가 없어도 格을 이룬다. |
| | 戊 | 壬水戊制. 富格 |
| | 甲 | 土多用甲. 貴格 |
| | 庚 | 甲多用庚, 貴格 |
| | | → 寅月 己土는 庚金만 透하면 衣衿은 잃지 않는다. |
| | 丁 | 甲多, 官印相生. 小貴 |
| | | 無甲乙見. 奸命 |
| 敗 | | 甲多無庚. 好吃懶做, 殘疾廢人 |
| | | 陀泥帶水, 忌見壬水無制 |

正月寒氣未退, 田園猶凍, 丙暖爲尊, 得丙照暖, 萬物自生, 忌見壬水, 蓋壬不爲丙憂, 反爲己病, 何也, 壬如長河泛濫, 田園浸沒, 急須修隄岸, 田園始得播種, 須戊作隄, 以保園圃, 八字壬多見戊者, 定主淸雅富貴, 無戊便是常人.

或一派甲木, 有庚出干, 加以癸丙齊透, 配合中和, 科甲有準, 名利雙全, 卽丙生寅月, 庚出天干, 亦不止衣衿, 甲多無庚, 好吃懶做, 殘疾廢人, 須有丁洩, 可以小救.

或一派丙丁, 全不見水, 亦爲無礙, 何也, 正月己土寒濕, 火盛反主厚祿, 加一癸透, 科甲極品, 戊透, 反作常人.

凡寅中戊土, 本爲甲制難伸, 只丙火有力, 雖不出干, 亦有妙處, 或一派戊土, 宜甲出制, 又主榮顯.

如見乙出, 雖多不能疏土, 用乙者, 奸詐小人.

## 7. 寅月 庚金

| | | |
|---|---|---|
| 丙 | 甲 | 先用丙以暖庚性, 次甲疏厚土, 令土勢不能埋金.<br>上格 |
| | 丙<br>甲 | 丙甲二字透一, 貢監生員 |
| | 甲 | 四柱多土, 甲透者貴. 貴格 |
| 丁 | 己 | 寅甲引丁, 丁火有根, 無水爲病, 名官星有氣, 財旺生扶, 故以富貴推之<br>→ 春月 庚金은 煉金하면 좋지 않으므로 이때는 印綬로 火해야 하는데, 戊土 偏印을 取하기는 어렵다. 死金은 흙에 덮이는 것을 싫어한다. 단 己土나 辰丑의 濕土는 이롭다. |
| 壬 | 庚, 火局 | 支成火局, 壬水出干, 有庚者主大富貴, 無庚者主小富貴<br>→ 寅月에 庚金이 病宮의 水를 生하지 않으면 水原이 없고, 庚金이 絶되어 食神制殺하지만 剋洩交加되기 쉽다. |
| 敗 | | 春金多火無制, 不夭則貧 |

正月木氣漸旺, 剋土土死, 不能生金, 且金之寒氣未除, 先用丙以暖庚性, 次甲疏厚土, 令土勢不能埋金.

丙甲兩透, 科甲有准, 富貴非輕, 二者透一, 貢監生員, 丙藏, 異途顯職.

或四柱多土, 甲透者貴, 甲藏者富, 若見庚金破甲, 富貴兩失.

或四柱多丁出干, 加以戊己而無水者, 亦主富貴, 何也, 寅甲引丁, 丁火有根, 無水爲病, 名官星有氣, 財旺生扶, 故以富貴推之, 有火用土, 土妻金子.

或支成火局, 壬水出干, 有庚者主大富貴, 無庚者主小富貴, 無壬無癸, 殘疾之人.

或甲被金傷, 無丁無丙, 常人, 或丙遭癸困, 無戊出制, 亦然.

總之正月庚金, 用甲爲上, 丁火次之, 春金多火, 不夭則貧, 陽金最喜火煉, 煅煉太過, 反主奔流.

## 8. 寅月 辛金

| | | |
|---|---|---|
| 己 | 壬 | 辛金失令, 取己土爲生身之本, 欲得辛金發用, 全賴壬水之功. 貴格 |
| | 壬<br>己 | 己壬缺一, 名君臣失勢, 富貴難全 |
| | 午 | 見申, 不止貢監生員, 異途更顯<br>→ 午宮 丁을 申中 壬이 除去하면 己庚 印比가 남아 辛金을 도우므로 異途로 발전하는 것이다. |
| 壬 | 庚 | 庚發水源, 定主富貴顯達. 貴格 |
| 丙 | 水局 | 支成水局, 丙透爲暖, 便主富貴 |
| | 水局 | 不見丙火, 金弱沈寒, 尋常人物 |
| 敗 | | 見壬, 無己庚者, 貧賤 |

正月陽氣舒昇, 寒氣猶有未除, 然正月建寅, 寅中有長生之丙, 可解寒氣, 但忌甲木司權, 辛金失令, 性愛濕泥滋養, 先取己土爲生身之本, 次用壬水淘洗, 方能顯辛金之用.

己壬兩透, 支有庚金制甲, 不傷己土, 科甲顯宦, 己出天干, 甲藏寅支, 不科甲, 主異路恩榮, 或 午中藏己, 申中藏壬, 不止貢監生員, 異途更顯, 或己壬缺一, 名君臣失勢, 富貴難全, 雖聰明過人, 正途難發達, 或用丙火, 不學武, 刀筆更利, 或見壬, 無己庚者, 貧賤.

或支成火局, 卽有壬水己土, 不能承受, 蓋火剋辛金太過, 己雖生之無益, 常人而已, 若庚壬兩透, 壬以破火, 庚發水源, 定主富貴顯達.

或支成水局, 不見丙火, 金弱沈寒, 尋常人物, 且早年困弱, 書曰, 金水性寒寒到底, 凄凉難免少年憂, 如丙透爲暖, 便主富貴.

總之正月辛金, 先己後壬, 取庚救己爲佐, 丙火酌用, 用己火妻土子, 用壬金妻水子.

## 9. 寅月 壬水

| | | |
|---|---|---|
| 경<br>庚 | 무<br>戊 | 경 무 투 병 생 재 인 주 부 귀 은 영 귀 격<br>庚戊透, 丙生在寅, 主富貴恩榮. 貴格 |
| 경<br>庚 | | 일 경 투 무 파 공 감 의 금 불 소<br>一庚透無破, 貢監衣衿不少 |
| 경<br>庚 | 병<br>丙 | 무 비 겁 자 불 필 용 무 귀 격<br>無比劫者, 不必用戊. 貴格 |
| | 화 국<br>火局 | 수 화 기 제 단 양 불 봉 시 명 리 개 허<br>水火旣濟, 但兩不逢時, 名利皆虛 |
| 패<br>敗 | | 무 경 병 무<br>無庚丙戊 |

正月壬水, 汪洋之象, 淵淵不息, 旣失其令, 亦無泛濫之虞, 蓋水性秉弱故也, 先用庚金發水之源, 次取丙火以除寒氣, 又次取戊土以止其流, 不致汪洋無度.

得庚丙戊三者齊透天干, 鳳池桃浪之客, 或庚戊透, 丙生在寅, 亦主富貴恩榮, 卽一庚透無破, 貢監衣衿不少.

凡壬日無比肩羊刃, 不必用戊, 專以庚金爲尊, 丙火爲佐, 或見比劫庚辛, 是弱極復生之象, 當以戊土爲制, 戊透科甲, 戊藏秀才, 異途更顯, 且事理通達, 但無祖業, 俱屬自創, 此格須兩透方合.

或戊多有透有藏, 得一甲出干, 名一將當關, 群邪自伏, 光輝難掩, 權位非輕.

或支成火局, 水火旣濟, 但兩不逢時, 名利皆虛, 好談無心, 輕諾寡信.

用庚者, 土妻金子, 用丙者, 木妻火子, 妻賢子肖, 用戊者, 火妻土子, 妻賢子肖, 百事百成.

## 10. 寅月 癸水

<table>
<tr><td>신<br>辛</td><td>병<br>丙</td><td>용신생수위원 병불가소 명음양화합 만물발<br>用辛生水爲源, 丙不可少, 名陰陽和合, 萬物發<br>생 부귀비상 귀격<br>生, 富貴非常. 貴格</td></tr>
<tr><td>경<br>庚</td><td>병<br>丙</td><td>무신용경 귀격<br>無辛用庚. 貴格</td></tr>
<tr><td>병<br>丙</td><td>장간 신<br>藏干, 辛</td><td>공감생원<br>貢監生員</td></tr>
<tr><td>신<br>辛</td><td>장간 병<br>藏干, 丙</td><td>신투병장 은봉현직<br>辛透丙藏, 恩封顯職</td></tr>
<tr><td></td><td></td><td>병신개장 부중취귀<br>丙辛皆藏, 富中取貴</td></tr>
<tr><td>신<br>辛</td><td>임 화국<br>壬, 火局</td><td>신금수곤 유임부귀<br>辛金受困, 有壬富貴</td></tr>
<tr><td>병<br>丙</td><td>진<br>辰</td><td>진종화격 부귀무양<br>眞從化格, 富貴無兩</td></tr>
<tr><td colspan="2">패<br>敗</td><td>신병구무 정주빈천<br>辛丙俱無, 定主貧賤</td></tr>
</table>

正月癸水, 値三陽之候, 爲雨露之精, 雨露之性至弱, 專取辛金發源, 次取丙火照暖, 名陰陽和合, 萬物發生.

得丙辛兩透, 科甲富貴非常, 蓋癸爲雨露, 能成亥子江河也.

或支成火局, 辛金受困, 有壬富貴, 無壬貧賤, 或丙透天干, 辛藏酉丑, 亦主貢監生員, 辛丙俱無, 定主貧賤, 或辛透丙藏, 恩封顯職, 丙辛皆藏, 富中取貴.

或月透戊土, 得丙辰時, 年干透丙丁, 不透比劫, 眞從化格, 富貴無兩, 見刑冲, 常人.

或支成水局, 丙透無壬, 衣祿常人, 見丙火重重, 不由科甲, 亦主廩貢名士, 此火妻土子也.

總之正月癸水, 辛金爲主, 庚金次之, 丙亦不可少, 無庚辛, 雖有丙丁, 亦無用之人, 若火土多, 定主殘疾. 用辛者土妻金子.

■ 卯月

## 1. 卯月 甲木

| 用神 一線 | 用神 二線 | 看法 摘要 |
|---|---|---|
| 庚 | 戊己 | 專用庚金, 庚金休囚以戊己滋殺爲佐, 殺刃兩停. 上格 |
| 庚 | 藏干, 丁 | 羊刃露殺, 假殺僞權. 貴格 |
| | | → 假殺僞權은 食傷의 制伏이 不利하고 身旺運으로 흘러야 權威가 나타난다. |
| 丁 | 金局 | 傷官駕殺. 上格 |
| | | → 庚金을 丁火로 制하면 吉한 것은 中和되기 때문이다. 劈甲引丁하면 이 또한 木火通明의 象이 된다. |
| 丙<br>丁 | 藏干, 庚 | 用丙丁洩秀, 木火通明. 貴格 |
| 敗 | | 庚金全無 |
| | | 壬癸太多壬透無土, 浮木. 壬癸太多癸透無土, 腐木 |
| | | 丙丁太多無水, 枯木 |

正月甲木, 初春尙有餘寒, 得丙癸透, 富貴雙全, 癸藏丙透, 名寒木向陽, 主大富貴, 倘風水不及, 亦不失儒林俊秀, 如無丙癸, 平常人也.

正二月甲木, 素無取從財, 從煞, 從化之理.

或一派庚辛, 主一生勞苦, 剋子刑妻, 再支會金局, 非夭卽貧.

如無丙丁, 一派壬癸, 又無戊己制之, 名水泛木浮, 死無棺槨.

如一派戊己, 支會金局, 爲財多身弱, 富屋貧人, 終身勞苦, 妻晩子遲.

正二月甲木一例, 木乘旺氣, 無金必殃, 先看庚, 次取丁, 有庚, 木能成器, 有丁, 木火通明, 庚丁兩透, 科甲定許, 卽風水不及, 亦不失富貴, 然須運氣相扶, 如運氣不扶, 反困用神, 便成虛名無實耳.

或無庚金, 有丁透, 亦屬文星, 爲木火通明之象, 又名傷官生財格, 主聰明雅秀, 一見癸水傷丁, 但作厚道迂儒, 或柱中多癸, 滋助木神, 傷滅丁火, 其人奸雄梟險, 言淸行濁之流.

或一庚一戊出干, 號曰財煞相生, 運行金水, 可許科甲, 雖無陰隲風水, 亦不失儒林藝士, 若庚申 戊寅 甲寅 丙寅, 一行金水運, 發進士, 或甲午日 庚午時, 此人必富貴, 但要好運相扶, 不宜剋制庚丁.

或支成金局, 又透庚辛, 此人不吉, 並無丙丁火破金, 名爲木被金傷, 殘疾之人.

或支成火局, 洩氣太過, 性不愚怯, 但常有災病纏身.

支成木局, 有庚方貴, 無庚, 男命鰥獨僧道, 女命孤寡, 見二庚出干, 大富大貴.

支成水局, 戊透則貴, 無戊制之, 水多木泛, 不止貧賤, 且死無棺槨.

總之, 正二月甲木, 有庚戊者上命, 如有丁透, 大富大貴之命, 蓋非戊, 庚金失母故也, 或木多無庚而用丁, 名木喜南而軟弱.

或二月甲木, 庚金得所者, 名陽刃架煞, 可許異途小貴, 若武職便顯,但要財資煞, 柱中逢財, 英雄獨壓萬人, 若見癸水, 困了財煞, 主爲光棍, 重刃必定遭凶, 煞重無凶, 但性格橫暴, 正二月甲木, 無從財化土之格.

書云, 木旺宜火之光輝, 秋闈可試, 木向春生, 處世安然有壽, 日主無依, 却喜運行財地.

## 2. 卯月 乙木

<table>
<tr><td>丙</td><td>癸</td><td>以癸滋木, 以丙洩秀. 上格</td></tr>
<tr><td>丙</td><td>甲</td><td rowspan="2">木火通明. 秀命</td></tr>
<tr><td>丁</td><td>甲</td></tr>
<tr><td>丙</td><td>藏干, 癸</td><td>木火通明. 貴格</td></tr>
<tr><td>癸</td><td>庚, 支操</td><td>殺印相生. 貴格</td></tr>
<tr><td colspan="2">敗</td><td>不宜見金無制</td></tr>
</table>

二月陽氣漸升, 木不寒矣, 以丙爲君, 癸爲臣, 丙癸兩透, 庚藏, 科甲富貴無疑.

或庚透得位, 支下無辰, 不能化金, 貴亦無疑, 見辰則爲假化, 便是常人.

或支成木局, 見癸透養木, 乃作貴命, 更得丙洩木氣, 大貴之命, 但須透癸, 有丙無癸者, 常人. 或水多用丙, 戊多化癸者, 下格.

二月乙木, 專用丙癸, 用丙者, 木妻火子, 丙多用癸者, 金妻水子.

## 3. 卯月 丙火

<table>
<tr><td>임<br>壬</td><td>지 습<br>支濕</td><td>전용임수 강휘상영 귀격<br>專用壬水, 江暉相映. 貴格</td></tr>
<tr><td>임<br>壬</td><td>경 지 습<br>庚, 支濕</td><td rowspan="2">수화기제 경금발수지원위좌 과갑 상격<br>水火旣濟, 庚金發水之源爲佐, 科甲. 上格</td></tr>
<tr><td>임<br>壬</td><td>신 지 습<br>辛, 支濕</td></tr>
<tr><td>경<br>庚</td><td rowspan="2">장간 임<br>藏干, 壬</td><td rowspan="2">역주수재 수명<br>亦主秀才. 秀命</td></tr>
<tr><td>신<br>辛</td></tr>
<tr><td></td><td>임<br>壬</td><td>의운행북지 귀격<br>宜運行北地. 貴格</td></tr>
<tr><td>갑<br>甲</td><td>임<br>壬</td><td>수다용인화지 귀격<br>水多用印化之. 貴格</td></tr>
<tr><td>무<br>戊</td><td>임<br>壬</td><td>식신대살 귀격<br>食神帶殺. 貴格</td></tr>
<tr><td></td><td>기 지 습<br>己, 支濕</td><td>무임용기 상관생재 소부<br>無壬用己, 傷官生財. 小富</td></tr>
<tr><td colspan="2" rowspan="2">패<br>敗</td><td>토다제수 회화무광<br>土多制水, 晦火無光</td></tr>
<tr><td>임수전무<br>壬水全無</td></tr>
</table>

二月丙火, 陽氣舒升, 專用壬水.

壬透不見丁化, 加以庚辛亦透, 壬水有根, 科甲無疑, 或壬藏支, 亦主秀才, 但必庚辛方妙.

或無壬癸, 姑用己土, 但是常人, 雖有才學, 不得成名, 不過衣祿充足.

或一派壬水, 見一戊透, 雖不科甲, 不失異途顯達, 或無戊透, 用四庫辰戌丑未之戊, 恐辰宮癸水合化, 不能制壬, 不過衣祿常人, 若干支不見一戊, 奔波客外之人, 加以金多生水者, 下賤之命.

或一派戊土, 仍以壬水爲用, 喜行東方木運, 土運不祥, 見土年程卽死, 行火運亦迍邅.

或丙子日辛卯時, 假從失令, 貪財壞印, 難承祖業, 若得兩重丁火破辛, 壬水得位, 亦主富貴, 雖不科甲, 亦有異途, 風土雖薄, 名傳都邑, 合此主多妻妾, 兼多子, 或時月俱辛卯, 又見丙子日, 名爲爭合, 年不透丁破辛, 昏迷酒色, 祖業破耗.

有丁則吉, 或支見未, 成木局, 反因奸得祿, 因酒獲利.

專用壬水者, 金妻水子, 用己者, 火妻土子.

## 4. 卯月 丁火

| 庚 | 甲 | 因濕乙傷丁, 非庚不能掃乙, 非甲不能引丁, 先庚後甲. 貴格 |
|---|---|---|
| | | → 乙木은 卉木과 같아 불에 잘 타지 않으므로 濕乙이라 한다. |
| 甲 | 癸 | 印旺殺高, 大貴 |
| 甲 | 藏干, 庚 | 以庚去乙, 以甲引丁, 異路功名 |
| 庚 | 藏干, 甲 | 貢監生員 |
| | 庚 | 庚無甲者, 淸雅能士 |
| | 甲 | 甲無庚者, 常人 |
| 敗 | | 見乙無庚. 孤命 |
| | | 無甲無庚 |

二月因濕乙傷丁, 非庚不能掃乙, 非甲不能引丁, 先庚後甲.

庚甲兩透, 科甲有準, 庚透甲藏, 貢監生員, 甲透庚藏, 異路功名, 有庚無甲者, 淸雅能士, 有甲無庚者, 常人也, 印旺煞高者主大貴.

或庚乙俱透, 庚必輸情於乙妹, 未免貪合, 運行金水之鄉, 一貧澈骨, 或庚透乙藏, 則不能貪合, 庚有害乙之勢, 乙木不傷丁, 反引丁火之談, 卽用乙亦無害, 運入木火之鄉, 自然富貴淸雅, 如不驗, 風土之薄也, 用乙者, 水妻木子.

若一派都是乙木, 不見一甲, 此人富貴不久, 因貪致禍, 弄巧反拙, 且不能承先人之業, 有乙無庚, 主貧苦無依.

或一派癸水, 無戊己制, 貧寒之格, 或乙少癸多, 有土出制, 異途顯達,用土者, 火妻土子.

或支成火局, 有庚透, 反成淸貴, 和雅顯達, 不見庚者, 常人. 其懶惰奸詐, 常居人下.

總之, 二月丁火, 乙木司權, 不可無庚, 有乙無庚, 主貧苦無依, 用庚者, 土妻金子.

## 5. 卯月 戊土

<table>
<tr><td rowspan="2">丙</td><td rowspan="2">甲, 支濕</td><td>無丙照暖, 戊土不生, 戊甲疏劈, 戊土不靈. 上格</td></tr>
<tr><td>→ 三春 戊土는 丙甲癸 세 글자의 조화로 富貴가 확정된다. 丙火의 暖이 없으면 不生하고, 甲木이 疏土하지 않으면 不靈하며, 癸水로 滋潤하지 않으면 萬物이 不長한다. 즉 三春 戊土는 丙甲癸 三字가 모두 透하면 富貴가 極品에 이른다.</td></tr>
<tr><td rowspan="2">丙</td><td rowspan="2">癸</td><td>無癸滋潤, 萬物不長. 貴格</td></tr>
<tr><td>→ 丙癸는 不晴不雨의 象으로 대개 좋지 않은 十干 調合이 되지만, 봄철에는 丙火가 得令하여 旺하므로 不晴不雨는 佳命을 이룬다.</td></tr>
<tr><td></td><td>癸</td><td>甲丙俱藏. 有癸異途. 秀命</td></tr>
<tr><td>甲</td><td>庚</td><td>殺逢食制. 貴格</td></tr>
<tr><td></td><td></td><td>丙火不透, 成敗頻煩. 凡命</td></tr>
<tr><td colspan="2" rowspan="2">敗</td><td>癸水全無, 春旱. 困命</td></tr>
<tr><td>官殺混雜無制</td></tr>
</table>

正二月宜先透丙, 三月宜先透甲, 蓋正二月雖有癸甲, 無丙亦難除寒氣, 如風雨淹淹, 萬物生而不長, 故無丙者, 一生成敗, 富貴艱辛, 或有丙

無癸甲者, 名曰春旱, 如萬物生而多厄, 無甲癸者, 一生勤苦, 勞而無功.

或一派丙火, 有甲欠癸, 先泰後否, 或支成火局, 不見壬癸, 僧道孤貧, 癸透者貴, 壬透者富, 用壬者, 要看水之多少.

或一派甲木, 無丙, 常人, 得一庚透, 主富貴, 或支成木局, 甲又出干, 又有庚透, 定主科甲, 富貴非常.

或無庚金, 不見比印, 不作從煞論, 非大惡遭凶, 定作盜賊, 若日下坐午, 不得善終.

或一派乙木, 名權官會黨, 卽有庚從, 亦難制乙, 此人內奸外直, 口是心非, 難與交遊, 加一甲在內, 無庚, 必懶惰自甘, 貪心無厭, 或丙多木多, 宜以癸庚參用.

## 6. 卯月 己土

| | | |
|---|---|---|
| 甲 | 癸, 支燥 | 田園未展, 宜先取甲木疏之, 忌合, 次取癸水潤之. 貴格<br>→ 卯月에는 春月이 깊어지는 때로 陽氣가 盛하여 丙火를 먼저 用하지 않는다. 다만 이때 丙火 印綬로 配合하면 權勢가 매우 높아지고, 없으면 곤란하다. |
| 甲 | 壬 | 見壬水富貴稍輕 |
| 庚 | 木局 | 支成木局, 庚透富貴 |
| 甲 | 木局 | 而無比印, 必作從殺論, 貴格 |
| | 丙 | 丙透有小富, 丙藏衣祿無虧 |
| | | 見庚制甲, 常人 |
| | | 壬水剋火, 常人 |
| | | 戊癸合去, 常人 |
| 敗 | | 無甲癸丙, 下格<br>無丙貧寒 |

二月己土, 陽氣漸升, 雖禾稼未成, 萬物發生, 但田園未展, 宜先取甲木疏之, 忌合, 次取癸水潤之.

甲癸出干, 定主科甲, 加以丙火一位, 官居極品, 權重百僚, 見壬水富貴稍輕, 或見庚制甲, 壬水戊土重重, 便是常人, 丙透猶有小富, 丙藏衣祿無虧, 無丙貧寒.

或支成木局, 庚透富貴, 若柱多乙木, 乙又出干, 庚必輪情於乙妹, 不能掃邪歸正, 此必狡詐之徒, 運入東南, 不死必起不良, 須用丁洩之, 有丁者小人而已, 不致無良.

二月木旺秉令, 支成亥卯未木局, 或全寅卯辰東方, 而無比印, 則必作從煞論, 甲木透出, 爲妻從 夫化從木, 亦作從煞論.

若柱中甲癸丙俱無, 下格, 妻子同前.

## 7. 卯月 庚金

| | | |
|---|---|---|
| 정<br>丁 | 갑<br>甲 | 경필유정어을매 금유암강지세 지하재견일경 제<br>庚必有情於乙妹, 金有暗强之勢, 支下再見一庚, 制<br>갑벽갑 배득중화 귀격<br>甲劈甲, 配得中和. 貴格 |
| | | 여불견경장지합자 수정갑양투 불과일방능인<br>如不見庚藏支合者, 雖丁甲兩透, 不過一方能人 |
| | 정<br>丁 | 정투경갑장자 공감불소<br>丁透庚甲藏者, 貢監不少 |
| | 병<br>丙 | 무정용병경갑장자 가부 이어이도<br>無丁用丙庚甲藏者, 家富, 利於異途 |
| | | 정화갑경구전 수불출간 가허의금<br>丁火甲庚俱全, 雖不出干, 可許衣襟 |
| | | 유정갑무경자 상인이이<br>有丁甲無庚者, 常人而已 |
| | 갑<br>甲 | 일파갑목 우기견방신이파재신 불견비견 작종재<br>一派甲木, 又忌見幇身以破財神, 不見比肩, 作從財<br>론 대부대귀<br>論, 大富大貴 |
| 패<br>敗 | | 토중매금<br>土重埋金 |

二月卯中乙木當權, 柱中自然有乙, 又有丁火, 得庚辰時, 庚必有情於乙妹, 金有暗强之勢, 與秋金相似.

見丁在干, 又見甲透引丁, 支下再見一庚, 制甲劈甲, 配得中和, 科甲無疑, 合此不驗, 風土之薄也, 如不見庚藏支合者, 雖丁甲兩透, 不過一方能人, 蓋春丁氣甚正, 不旺不衰, 故用甲引丁, 又用庚劈甲, 官星乃爲有氣, 若乙木雖多, 旣慮合庚以助强, 又恐濕乙傷丁, 難爲丁母, 故有丁甲無庚者, 常人而已, 丁火甲庚俱全, 雖不出干, 可許衣襟, 丁透庚甲藏者, 貢監不少, 無丁用丙, 家富, 利於異途.

或一派甲木, 又忌見幫身以破財神, 不見比肩, 作從財論, 大富大貴, 見比富屋貧人, 從財者火妻土子.

總之二月庚金, 專用丁火以抑其强, 次用甲木引丁, 又須用庚劈甲, 八字如無丁用丙火, 富貴多出於勉强, 卽有富貴, 亦是辛苦得來.

死金嫌蓋頂之泥, 重見戊己, 如人壓伏之象, 須甲透爲妙.

## 8. 卯月 辛金

| | | |
|---|---|---|
| 壬 | | 壬水爲尊. 貴格 |
| 壬 | 庚 | 庚發水源, 定主富貴顯達. 貴格 |
| 壬 | 甲 | 壬甲兩透, 科甲富貴無疑. 貴格 |
| | 壬 | 一派壬水, 壬丙齊透, 方許大富大貴 |
| | | → 辛金은 一派 壬水를 보면 氣勢가 盡洩되어 壬水로 논하므로 壬丙 光輝의 貴를 이루는 것이다. 이것은 三冬 辛金의 金水傷官 變格과 마찬가지다. |
| 敗 | | 無壬. 下格 |

二月辛金, 陽氣發於外, 壬水爲尊, 見戊己便爲辛病, 有甲木制之, 辛金不致埋沒, 壬水不致混濁, 用神之淸, 如病得奇藥, 合此淸高雅秀, 翰林相位可期.

或壬戊出干, 不見甲出, 此爲病不遇藥, 常人而已, 乙透破戊, 虛名聲, 假富貴, 雖主衣衿, 亦奸詐刻薄, 外盈內虛耳.

或一派壬水, 名金水汪洋, 淘洗太過, 不得中和, 作事不能用力, 萬事不能承受, 合此, 男女俱不吉. 或支成木局, 洩壬之氣, 又無庚金助壬制木, 定主常人, 庚透主有富貴, 或見壬水, 重重戊制, 反吉.

或支成火局, 名火土勢雜, 官印相爭, 金水兩傷, 貧賤下格 , 得二壬出制, 富貴反奇.

總之二月辛金, 柱不成局, 壬甲兩透者, 科甲富貴無疑, 或壬藏亥支, 不見戊土出干, 有能有富秀才, 得申中之壬者, 異途名望, 或支有壬, 又甲壬出干, 富中取貴, 無壬者, 下格, 或見火多無壬而用癸, 常人, 其生剋之理, 與正月辛金皆同.

辛金生於春季, 一派壬水, 而無丙火, 卽能顯達, 家無宿春, 得壬丙齊透, 方許大富大貴.

## 9. 卯月 壬水

| 戊 | 辛 | 戊辛兩透, 科甲有准. 貴格 |
|---|---|---|
| 戊 | 藏干, 辛 | 恩封可期, 不止貢監衣衿 |
| | | 戊辛兩藏, 定主秀才 |
| 戊 | 庚 | 戊庚兩透, 富貴 |
| 戊 | 藏干, 庚 | 庚藏小富 |
| | 庚 | 庚透大富 |
| 庚 | 木局 | 支成木局, 庚金透干, 科甲名顯, 庚藏異途 |
| | 戊 | 比肩重重, 又須戊土. 貴格 |
| | | → 戊土로 流水를 막으면 福壽가 완전해진다. |
| 敗 | | 水盛無戊 |
| | | 木盛無庚 |
| | | 火盛無壬 |

二月寒氣悉除, 淸流湛深, 不可用火, 專取戊土爲隄岸, 辛發其源.

戊辛兩透, 科甲有准, 或戊土出干, 辛藏於酉, 恩封可期, 不止貢監衣衿, 或戊辛兩藏, 無甲丁透干, 定主秀才.

或無戊辛有庚, 富貴, 庚透大富, 庚藏小富.

或支成木局, 庚金透干, 科甲名顯, 庚藏異途.

或支有木生多火, 爲木盛火炎, 宜取比肩帮身, 一滴可潤萬里, 富貴無疑, 或一派木多, 獨日干一壬, 又無庚金發源, 壬水洩弱, 雖儒士亦傍人度日, 無火用壬, 衣祿常人.

或比肩重重, 又須戊土, 書曰, 土止流水福壽全, 若戊不見, 名水泛木浮, 一生辛苦, 再行水運, 爲水身亡, 或甲乙重重無比肩者, 此依人度日, 全無作爲, 若見庚辛, 飢寒可免.

凡二月壬水, 先戊次辛, 又次取庚金.

## 10. 卯月 癸水

| | | |
|---|---|---|
| 庚 | 辛 | 乙木司令, 專用庚金, 辛金次之, 科甲富貴. 貴格<br>→ 卯月 癸水에 庚辛金을 함께 用하는 것은 乙庚相合하기 때문이다. |
| 庚 | 藏干, 辛 | 庚透辛藏, 異途位高 |
| 辛 | 藏干, 庚 | 辛透庚藏, 生員廩貢 |
| | | 庚辛兩藏, 富中取貴, 異途顯達 |
| 敗 | | 無庚辛貧賤 |

二月癸水, 不剛不柔, 但因乙木司令, 洩弱無神, 專用庚金爲妙, 辛金佐之.

庚辛俱透, 無丁出干者, 科甲富貴, 無庚辛貧賤常人. 或庚透辛藏, 異途位高, 辛透庚藏, 生員廩貢, 庚辛兩藏, 富中取貴, 異途顯達, 刀筆名高.

或庚辛太多, 得己丁兩透, 作大貴論.

或支成木局, 時月又有木出干, 此洩水太過, 窮困多災, 卽運入西方, 亦不甚淸泰, 無用之人.

■ 辰月

| 用神 一線 | 用神 二線 | 看法 摘要 |
|---|---|---|

## 1. 辰月 甲木

| | | |
|---|---|---|
| 庚 | 壬 | 木氣相渴, 先取庚金, 次用壬水. 上格 |
| | | → 辰月에는 庚金을 洩하는 用으로 癸水보다 壬水가 효율적이므로 壬水로 甲木을 潤澤하게 한다. |
| 壬 | 藏干, 庚 | 橫塘柳影, 無庚用壬, 財格透印. 丁病合壬, 大貴. 貴格 |
| 丁 | 金局 | 棟梁之材. 上格 |
| 庚 | 藏干, 丁 | 用庚金必須丁火制之, 庚金失令. 貴格 |
| | 庚 | 丁火無制, 納粟奏名. 富格 |
| | 壬 | 全無庚金. 凡命 |
| 敗 | | 財輕比重, 魂奪財神. 貧命 |
| | | 庚壬全無 |

三月木氣將竭, 先取庚, 次取壬.

壬庚兩透, 可許一榜, 但要運用相生, 見丁壬者大貴, 或無庚透, 獨取壬用, 壬透者, 淸秀多能, 才學必富.

或天干透出二丙, 庚藏支下, 斯爲鈍斧無鋼, 無有學問, 富貴艱難, 得壬癸破火者秀士.

或柱中全無一水, 多見戊己透干, 支成土局, 又作棄命從財, 因人而致富貴, 妻子有能.

或見比肩及乙多者, 名爲混奪財神, 此人勞碌到老, 無馭內之權, 女命合此, 女掌男權, 賢而有力者也, 比劫重見, 卽淫惡不堪.

總之三月甲木, 先庚次壬, 或支成金局, 方可用丁, 不然, 三月無用丁之法.

書曰, 甲乙生寅卯, 庚辛干上逢, 南離推富貴, 坎地却爲凶.

## 2. 辰月 乙木

| 계<br>癸 | 병<br>丙 | 양기증성 선계후병 상격<br>陽氣增盛, 先癸後丙. 上格 |
|---|---|---|
| 계<br>癸 | 장간 병<br>藏干, 丙 | 청초조로 재격투인 귀격<br>靑草朝露, 財格透印. 貴格 |
| 병<br>丙 | 갑<br>甲 | 목화통명 귀격<br>木火通明. 貴格 |
| 정<br>丁 | 갑<br>甲 | 목화통명 수명<br>木火通明. 秀命 |
| 계<br>癸 | 무 수국<br>戊, 水局 | 약지성수국 취무위좌 인다용재 귀격<br>若支成水局, 取戊爲佐, 印多用財. 貴格 |
| 패<br>敗 | | 재살무제<br>財殺無制 |

三月陽氣愈熾, 先癸次丙.

癸丙兩透, 不見己庚, 玉堂之客, 見己庚者, 平常之人, 或一乙逢庚, 不見己者, 主小富貴, 但不顯達, 或庚己混雜, 丙癸全無, 下格.

或水多見己, 只恐高才不第, 見戊可發異途, 或提支局中會水, 見丙戊出干, 亦是武科甲, 或暗途功名, 或柱中無丙戊, 支合水局, 此離鄕之命.

或見一派癸水, 又有辛金, 則作旺看, 得一戊己制癸, 亦主小富貴, 若一派壬癸, 不特貧賤, 而且夭折, 見戊者方云有壽, 但終爲技術之人.

又或庚辰時月, 名二庚爭合, 乃貧賤之輩, 如年見丁破庚, 可云從化, 雖不科甲, 亦不失武職之權.

用癸者, 金妻水子, 癸多用丙者, 木妻火子.

## 3. 辰月 丙火

| | | |
|---|---|---|
| 壬(임) | 甲(갑) | 專用壬水(전용임수), 土重以甲爲佐(토중이갑위좌). 貴格(귀격) |
| 壬(임) | 藏干(장간), 甲(갑) | 壬透甲藏(임투갑장), 富大貴小(부대귀소). 貴格(귀격) |
| 壬(임) | 庚(경) | 財滋弱殺(재자약살). 貴格(귀격) |
| | 甲(갑) | 有甲無壬(유갑무임), 勞碌小富(로록소부) |
| 庚(경) | 土局(토국) | 無甲用庚(무갑용경). 富格(부격) |
| | 藏干(장간), 壬(임) | 壬藏無甲(임장무갑), 一介寒儒(일개한유) |
| 敗(패) | | 無壬無甲(무임무갑), 貧賤之格(빈천지격) |

三月火氣漸炎, 專用壬水, 或支成土局, 取甲爲輔, 壬不可離.

壬甲兩透, 科甲有準, 但忌金出干破甲, 止於秀才能士, 壬透甲藏, 富大貴小, 無甲用庚助壬, 又能洩土氣, 有甲無壬, 勞碌小富, 壬藏無甲, 一介寒儒, 無壬無甲, 貧賤之格.

或丁己雜亂, 常人.

或支成水局, 宜用戊土, 勿用壬, 戊透稍富貴, 戊藏常人.

用壬者, 金妻水子, 用甲者, 水妻木子.

## 4. 辰月 丁火

| 甲 | 庚 | 用甲木引丁制土. 次看庚金. 貴格 |
|---|---|---|
| 甲 | 藏干, 庚 | 一藏一透, 儒秀 |
| 庚 | 藏干, 甲 | |
| 庚 | 木局 | 異路功名 |
| 戊 | 壬, 水局 | 廊廟之材 |
| 己 | 壬, 水局 | |
| 庚 | 戊 | 木盛用庚, 水盛用戊, 傷官生財, 貴格 |
| 敗 | | 水局壬透, 殺重身輕, 夭命 |
| | | 無甲無庚 |

三月戊土司令, 洩弱丁氣, 先用甲木引丁制戊, 次看庚金.

甲庚兩透, 科甲有準, 合此不驗, 風土之薄也, 或一藏一透, 亦主儒秀, 缺一便是常人.

或支成木局, 取庚爲先, 得庚透, 丁癸不透, 亦有異路功名.

或支成水局, 加以壬透, 名殺重身輕, 終身有損, 不夭折天年, 終遭凶死, 若得戊己兩透, 定作廊廟之材, 雖風土不及, 貢監生員不少, 甲出破土, 卽是常人.

用甲者, 水妻木子, 用金者, 土妻金子.

## 5. 辰月 戊土

| | | |
|---|---|---|
| 甲 | 丙 | 戊土司令, 先用甲疏, 次丙、次癸. 上格 |
| | | → 三春 戊土는 丙甲癸 세 글자의 조화로 富貴가 확정된다. 丙火의 暖이 없으면 不生하고, 甲木이 疏土하지 않으면 不靈하며, 癸水로 滋潤하지 않으면 萬物이 不長한다. 즉 三春 戊土는 丙甲癸 三字가 모두 透하면 富貴가 極品에 이른다. |
| 甲 | 庚 | 殺逢食制. 貴格 |
| 丙 | 癸 | 丙癸透者, 甲木俱藏. 小貴富格 |
| | 癸 | 甲丙俱藏. 有癸異途. 秀命 |
| | | 丙火不透, 成敗頻煩. 凡命 |
| | | 癸水不透, 旱田. 先富後貧 |
| 敗 | | 官殺混雜無制 |

三月戊土司令, 不見甲癸丙者, 貧賤無用之人, 癸透主科甲, 丙透者主廩貢衣衿, 丙透甲藏, 無癸者富, 有癸者異途顯達.

若丙多無癸旱田豈能播種, 此先富後貧之造, 或火多有壬透者, 先貧後富, 癸透先賤後貴, 壬藏止有衣祿, 不過食足, 癸藏止有才能, 不過名傳, 壬癸俱藏, 一生豊足, 只要運美, 或支成火局, 得癸透者, 富貴逸獲, 壬透富貴難成, 何也, 癸乃天上甘霖, 所以自然, 壬乃江湖波浪, 所以勉强, 故有勞逸之殊.

支成木局, 又甲乙出干, 此名官殺會黨, 官殺無去留之義, 得一庚透, 掃除官殺, 必小富貴, 無庚乃祿淺之人, 雖能聚財, 屢遭禍退, 不能承受,宜用火洩木氣, 有一命, 丁未 癸卯 戊寅 乙卯, 此官殺無去留之義, 幸丁火出干, 加以戊癸化火, 將甲木暗焚, 反得武科探花.

或木多無比印, 作從煞論, 主大富貴, 或有比印, 又須於月時取癸水以成貴格, 無癸無火無金, 名爲土木自戰, 主腹中疾病, 憂愁艱苦, 終無大用.

用甲者, 水妻木子, 子肖, 用丙者, 木妻火子, 妻賢.

## 6. 辰月 己土

| | | |
|---|---|---|
| 丙(병) | 甲(갑) | 正栽培禾稼之時(정재배화가지시), 先丙後癸(선병후계), 土暖而潤(토난이윤), 隨用甲疏(수용갑소). 貴格(귀격) |
| | | → 三春(삼춘) 己土(기토)는 甲丙癸(갑병계)가 모두 透(투)하면 富貴格(부귀격)을 이루고, 어느 것 하나라도 없으면 佳命(가명)이 되지 못한다. |
| 丙(병) | 癸(계) | 丙癸無甲(병계무갑), 亦係才人能士(역계재인능사) |
| | 丙(병) | 有丙無癸(유병무계), 亦可致富(역가치부) |
| | 甲(갑) | 丙戊兩透(병무양투), 貴格(귀격) |
| | | → 辰月(진월) 己土(기토)에 丙戊(병무)가 透(투)하면 戊土(무토)와 같다. 甲木(갑목)으로 疏土(소토)하지 않으면 不靈(불령)하다. |
| 敗(패) | | 用丙見壬(용병견임) |
| | | 癸透戊制(계투무제) |
| | | 用甲庚金(용갑경금) |
| | | 丙癸無甲(병계무갑), 亦係才人能士(역계재인능사) |
| | | 丙癸全無(병계전무), 流俗之輩(류속지배) |
| | | 一派乙木(일파을목), 無金制伏(무금제복), 貧賤夭折(빈천요절) |

三月己土, 正栽培禾稼之時, 先丙後癸, 令土暖而又潤, 復用甲疏之.

三者俱透天干, 官居極品, 合此不驗, 風土之薄也, 或三者透一, 亦主富貴, 但要得所, 無制, 用丙忌壬透, 用癸忌比肩透, 用甲忌庚透.

或有丙無癸, 亦可致富, 但不貴耳, 有癸無甲丙, 亦有衣衿, 不至於賤, 但平常耳, 有丙癸無甲, 亦係才人能士, 丙癸全無, 流俗之輩.

或一派乙木, 無金制伏, 貧賤夭折, 妻子同前.

## 7. 辰月 庚金

| | | |
|---|---|---|
| 갑<br>甲 | 정<br>丁 | 지파매금 선용갑소토 차용정화 단련성기 귀격<br>只怕埋金, 先用甲疏土, 次用丁火, 煅煉成器. 貴格 |
| 갑<br>甲 | 장간 정<br>藏干, 丁 | 갑투정장 공감생원<br>甲透丁藏, 貢監生員 |
| 정<br>丁 | 장간 갑<br>藏干, 甲 | 갑장정투 이도현직<br>甲藏丁透, 異道顯職 |
| | | 정갑구장 불수경제 부중취귀<br>丁甲俱藏, 不受庚制, 富中取貴 |
| | 갑<br>甲 | 유갑무정 상인<br>有甲無丁, 常人 |
| | 정<br>丁 | 유정무갑 우유<br>有丁無甲, 迂儒 |
| 갑<br>甲 | 병<br>丙 | 유행오승오품<br>由行伍陞五品 |
| 패<br>敗 | | 무화 비요즉빈<br>無火, 悲夭則貧 |
| | | 임계개위병신<br>壬癸皆爲病神 |
| | | 정갑양무 하격<br>丁甲兩無. 下格 |

三月戊土司令, 不怕生寒, 只怕埋金, 先用甲疏土, 次用丁火, 煅煉成器, 庚金劈甲, 此不必用.

如得丁甲兩透, 不見比劫破甲, 科甲有准, 但要運催, 甲透丁藏, 貢監生員可許, 甲藏丁透, 異途顯職, 丁甲俱藏, 不受庚制, 富中取貴, 刀筆起家, 有甲無丁常人, 有丁無甲, 迂儒, 丁甲兩無, 人下之人.

或有甲無丁, 見一丙火, 由行伍陞五品, 又無壬癸困丙, 武職顯耀.

或支成土局, 無木, 貧賤僧道, 見乙, 奸邪小人.

總之三月庚金, 土旺金頑, 不可少丁, 戊多用甲, 無甲不能自立, 無丁不能成名, 二者缺一, 皆屬常人, 次看丙火, 無丁姑用丙, 壬癸皆爲病神,庚金無火, 非夭則貧, 身弱才多, 富貴不久.

又支成火局, 癸出天干制之, 富貴, 有丙丁出干, 見壬出制之, 方吉, 無水制火, 殘疾廢人, 或火局無比劫, 作從煞論, 富貴非輕, 但多夭耳.

用甲者, 水妻木子, 用火者, 木妻火子.

## 8. 辰月 辛金

<table>
<tr><td>임<br>壬</td><td>갑<br>甲</td><td>임갑양투 부귀필연 귀격<br>壬甲兩透, 富貴必然. 貴格</td></tr>
<tr><td>임<br>壬</td><td>장간 갑<br>藏干, 甲</td><td>임투갑장 름공불실<br>壬透甲藏, 廩貢不失</td></tr>
<tr><td>갑<br>甲</td><td>장간 임<br>藏干, 壬</td><td>부이차귀 이도경현<br>富而且貴, 異途更顯</td></tr>
<tr><td colspan="2">패<br>敗</td><td>임갑개무 빈천<br>壬甲皆無, 貧賤</td></tr>
</table>

三月戊土司令, 辛承正氣, 母旺子相.

所忌者, 丙出貪合也, 如月時見二丙出干, 名爲爭合, 雖人物尋常, 亦喜清雅, 好交遊, 如年干見 癸破丙, 可許衣衿, 但日用有缺, 或支坐亥子丑, 癸水通源, 可以破丙解合, 便用亥中壬水, 雖不由科甲, 却不失祿位, 若戊出干破水局, 無甲破戊, 才學富足, 但爲寒蹇之士.

或支見四庫, 名土厚埋金, 不見甲制, 愚頑之輩.

總之三月辛金, 先壬後甲, 壬甲兩透, 富貴必然, 壬透甲藏, 廩貢不失, 甲透壬藏, 富而且貴, 異途更顯, 壬甲皆無, 平常之格.

或四柱多火, 無一壬字, 名火土雜亂, 雖有甲亦不妙, 定爲僧道孤貧, 見癸可解其凶.

或比劫重重, 壬癸淺弱, 主夭, 有甲出干則貴, 然無庚制方妙.

## 9. 辰月 壬水

| 甲(갑) | 庚(경) | 甲疏季土(갑소계토), 次取庚金發水源(차취경금발수원). 貴格(귀격) |
|---|---|---|
| 甲(갑) | 藏干(장간), 庚(경) | 秀才品格(수재품격) |
| 庚(경) | 藏干(장간), 甲(갑) | 甲藏寅亥(갑장인해), 定主衣衿(정주의금) |
| 甲(갑) | 癸(계) | 癸出滋甲(계출자갑), 異途職高(이도직고) |
|  | 藏干(장간), 甲(갑) | 獨甲藏支(독갑장지), 不過一富(불과일부) |
|  | 藏干(장간), 庚(경) | 獨庚藏支(독경장지), 不過常人(불과상인) |
|  |  | 無甲剛暴(무갑강폭), 無庚固執(무경고집) |
| 敗(패) |  | 無甲無庚(무갑무경) |

三月戊土司權, 恐有塞河壅海之患, 先用甲疏季土, 次取庚發水源.

甲庚俱透, 科甲顯宦, 甲透庚藏, 亦是秀才品格, 名位不少, 甲藏寅亥, 有庚定主衣衿, 如癸出滋甲, 異途職高, 獨甲藏支, 不過一富, 獨庚藏支, 不過常人, 無甲剛暴, 無庚固執.

或時出丁火, 化壬爲木, 次用庚辛, 有火無水, 常人.

或支成四庫, 無甲透剋制, 名殺重身輕, 終身有損, 得二甲透干, 不見己土, 定主富貴.

凡木旺用金, 終身有用之命, 水旺多見庚金者, 乃無用之人, 須丙制之方妙.

## 10. 辰月 癸水

| 병<br>丙 | | 상반월전용병화 명음양승애 귀격<br>上半月專用丙火, 名陰陽承藹. 貴格 |
|---|---|---|
| 병<br>丙 | 신<br>辛 | 곡우후수용병화 환의신금좌지 무신 용경축원<br>穀雨後雖用丙火, 還宜辛金佐之, 無辛, 用庚蓄源, |
| | 경<br>庚 | 우수무상 방주부귀<br>又須無傷, 方主富貴 |
| 갑<br>甲 | 토국<br>土局 | 지좌사고 우수갑투 방가허부귀<br>支坐四庫, 又須甲透, 方可許富貴 |
| 패<br>敗 | | 무병무금<br>無丙無金 |

三月癸水, 要分清明穀雨, 清明後火氣未熾, 專用丙火, 名陰陽承藹, 穀雨後雖用丙火, 還宜辛金佐之, 富貴, 次看何神高透無傷, 便可定科甲大小, 如辛卯 壬辰 癸未 丙辰, 生上半月, 專用丙, 故作朝廷卿士, 若生下半月, 丙雖不可少, 然必須庚金蓄源, 又須無傷, 方主富貴, 上半月木妻火子.

或支成水局, 一己出干, 有丙無甲, 乃假煞爲權, 亦貴, 有甲破己, 常人.

或支坐四庫, 又須甲透, 方可許富貴, 無甲者僧孤貧.

或支成木局, 無金氣, 乃傷官生財, 主有智學財祿, 且有衣衿, 但早年多滯, 而無實財耳.

下半月, 土妻金子.

總之, 三月癸水專用丙辛, 而己甲須酌用.

三月癸水, 從化者多, 得化者榮祿, 不化者平常.

■ 巳月

| 용신 일선<br>用神 一線 | 용신 이선<br>用神 二線 | 간법 적요<br>看法 摘要 |
|---|---|---|

## 1. 巳月 甲木

| | | |
|---|---|---|
| 癸 | 庚 | 調和氣候. 貴格 |
| 癸 | 丁, 支濕 | 傷官佩印. 貴格 |
| 丁 | 庚, 支濕 | 原局氣潤, 庚丁爲用, 富中取貴. 貴格 |
| 壬 | 庚 | 有財無貴. 富格 |
| | | → 夏月 甲木의 眞神은 癸水로 雨露는 자연적인 富貴를 암시하지만, 壬水 江湖는 조화의 쓰임으로 貴는 없다. |
| 敗 | | 丙戊兩透, 火炎土燥 |
| | | 癸丁不透 |
| | | 無水 |
| | | 戊土制水 |

四月木氣已退, 丙火司權, 先癸次丁, 又須有庚透.

但庚多甲小, 反爲受病, 有壬水則中和, 爲人清高, 好做假富貴, 因受庇蔭而得顯名, 善爲詞談, 善作詩文, 然終日好作禍亂, 此理極驗.

如一庚兩丁, 稍有富貴, 金多火多, 又爲下格.

或癸丁與庚齊透天干, 此命可言科甲, 卽風水淺薄, 亦有選拔之才, 癸水不出, 雖有庚金丁火, 不過富中取貴, 異途官職而已, 壬透可云一富, 若全無滴水, 又無庚金丁火, 一派丙戊, 此無用之人也.

## 2. 巳月 乙木

| | | |
|---|---|---|
| 계<br>癸 | 지 습<br>支濕 | 조후위급 전용계수 상관패인 상격<br>調候爲急, 專用癸水, 傷官佩印. 上格 |
| 병<br>丙 | 지 습<br>支濕 | 목화통명 역의운행북지 귀격<br>木火通明, 亦宜運行北地. 貴格 |
| 패<br>敗 | | 수기전무<br>水氣全無 |

四月乙木, 巳宮自有丙火, 專取癸水爲尊.

癸透庚辛又透, 科甲定然, 獨一點癸水, 無金是水無根, 雖透天干, 不過秀才小富, 須要水運相扶. 方妙, 或土多困癸, 貧賤之人, 丙戊太多, 支又成火局, 瞽目之流.

用癸者, 金妻水子.

總之四月乙木, 專用癸水, 丙火酌用, 雖取庚辛佐癸, 尤以辛透爲清.

## 3. 巳月 丙火

| | | |
|---|---|---|
| 임<br>壬 | 경<br>庚 | 호해왕양 광영태양 광휘현저 문명지상 상격<br>湖海旺洋, 廣映太陽, 光暉顯著, 文明之象. 上格 |
| 임<br>壬 | 지 습<br>支濕 | 기제지공 상격<br>旣劑之功. 上格 |
| 계<br>癸 | 경<br>庚 | 불귀이부다 차인교모선변 출중초군 귀격<br>不貴而富多, 此人巧謀善辯, 出衆超群. 貴格 |
| | 신<br>申 | 용신중수 역주과갑 귀격<br>用申中水, 亦主科甲. 貴格 |
| | 해<br>亥 | 해수불과생원능사 부귀개경<br>亥水不過生員能士, 富貴皆輕 |
| 패<br>敗 | | 계임구무 고양실보 난투청광 무용인야<br>癸壬俱無, 孤陽失輔, 難透淸光, 無用人也 |
| | | 화염토조 승도지류<br>火炎土燥, 僧徒之流 |

四月丙火, 建祿於巳, 炎勢暵離, 專用壬水, 解炎威之力, 或旣濟之功, 無壬, 名孤陽失輔, 難透淸光, 然必有庚, 方爲有源之水, 壬庚兩透, 不見戊己出干, 號曰湖海汪洋, 廣映太陽, 光輝顯著, 文明之象, 合此不但科甲崢嶸, 必有榮封顯職, 若不驗, 風土之薄也.

或無壬透, 宜用申中壬水, 亥水恐甲洩無力, 用申中水, 亦主科甲, 亥水不過生員能士, 富貴皆輕.

或無壬水, 癸水姑用, 庚癸兩透, 不貴而富多, 此人巧謀善辯, 出衆超群.

或癸壬俱無, 無用人也, 火炎土燥, 僧道之流, 不止貧賤, 而且夭折, 男女一理.

或一派庚金, 不見比劫, 有富無貴, 若火出, 實爲貧人.

或丙午日干, 四柱壬多, 不見戊制, 名曰羊刃煞重, 光棍之流, 或支成水局, 又一二壬透, 無一戊制, 盜賊之命, 見己土亦是下賤鄙夫, 見財起意.

用壬者金妻水子.

## 4. 巳月 丁火

<table>
<tr><td>甲</td><td>庚</td><td>良工巧匠, 木火通明. 上格</td></tr>
<tr><td>壬</td><td rowspan="2">丙</td><td>丙奪丁光, 水制顯達極品. 上格</td></tr>
<tr><td>癸</td><td>→ 乙木은 繫甲을 기뻐하나, 丁火는 丙奪을 꺼린다. 乙이 甲을 보면 甲木으로 논하고, 丁이 丙을 보면 丙火로 논한다. 이것은 氣가 生旺을 따르는 이치다.</td></tr>
<tr><td>甲</td><td>戊, 支濕</td><td>印用傷官, 貴格</td></tr>
<tr><td></td><td>戊</td><td>多戊, 不見甲乙, 又不見水, 傷官傷盡, 可作出色秀才, 但不富貴, 淸命</td></tr>
<tr><td>庚<br>辛</td><td>戊</td><td>若無甲, 長夏天金疊疊格. 富格</td></tr>
<tr><td colspan="2" rowspan="3">敗</td><td>庚見癸水, 有水必滯庚濕甲傷丁</td></tr>
<tr><td>丙奪丁光</td></tr>
<tr><td>無水無甲無庚</td></tr>
</table>

四月火氣乘旺, 雖取甲引丁, 必須庚金制甲, 有庚有甲, 方云木火通明, 甲多又取庚爲先, 但四柱忌見癸水, 有水必滯庚濕甲, 並傷丁火, 故以癸爲病.

或無癸暗藏, 獨以壬水出干制丙火, 不奪丁光, 自是玉堂淸貴, 位居極品.

或有庚無甲, 戊透天干, 名傷官生財, 富發千金, 此取戊爲用, 或四柱多戊, 不見甲乙, 又不見水, 名傷官傷盡, 可作出色秀才, 淸高之人, 但不主富, 亦不致大貴, 多見乙木, 定是常人.

或四柱丙奪丁光, 不見壬癸破丙, 此人貧苦無依, 有壬癸破丙, 異途威權顯達, 不止秀才.

或丁年 巳月 丁巳日 丙午時, 一丙難奪二丁, 雖不顯達, 亦名傳都邑, 或甲年 巳月 丁日 丙時, 名甲引丁光, 五福三多之命, 故書曰, 丁火其形一燭燈, 太陽相見奪光明, 柱中若見甲木透, 定教福壽兩綿綿.

用甲者, 水妻木子, 用庚者, 土妻金子.

## 5. 巳月 戊土

| | | |
|---|---|---|
| 甲 | 丙, 支濕 | 戊土建祿, 先用甲疏劈, 眞神得時, 廊廟之才. 上格<br>→ 巳月 戊土는 外實內虛로 寒氣가 내재되어 火炎을 꺼리지 않는다. |
| 丙 | 癸 | 丙透癸出, 科甲. 貴格 |
| 癸 | 金局 | 土潤生金, 奇格. 貴格 |
| 癸 | 藏干, 壬 | 印多用財. 富格 |
| 丙 | 支濕 | 調化氣潤. 富格 |
| 敗 | | 火炎土操, 壬癸全無, 孤貧 |

四月戊土, 陽氣外發, 寒氣內藏, 外實內虛, 不畏火炎, 無陽氣相催, 萬物不長, 故先取甲木疏劈, 次取丙癸佐之.

丙透甲出, 廊廟之材, 丙癸俱透, 科甲之士, 卽透一位, 支藏得所, 終非白丁.

若一派丙火, 爲火炎土燥, 僧道孤貧, 得一癸透壬藏, 富貴有準, 或支藏一癸制丙, 衣食充足, 骨肉無刑.

化合成局無破, 富貴非輕.

或支成金局, 干出癸水, 此爲奇格, 正是土潤金生, 不但主大富貴, 且經綸智勇咸備.

用癸水者, 金妻水子, 子肖, 妻賢能.

## 6. 巳月 己土

| | | |
|---|---|---|
| 癸 | 丙, 支濕 | 調候不能無癸, 土潤不能無丙, 上格 |
| | | → 夏月의 뜨거운 계절에도 丙火를 用하는 것은 禾稼가 뜨거울수록 더 성장하기 때문이다. 이때 辛金이 癸水를 發하면 富貴가 極品에 이른다. |
| 丙 | 辛, 支濕 | 水火既濟, 科甲有準, 貴格 |
| 壬 | 丙 | 有丙無癸, 有壬亦可, 但不大發 |
| | 癸 | 有癸無丙亦好, 卽不科甲 |
| 敗 | | 一派丙火烈烈, 加以丁火制金, 有癸無根, 貧寒鰥孤 |
| | | 不得庚辛生水, 水被土剋, 不爲鰥孤, 必犯目疾心腎之災 |
| | | 支成火局, 無水, 僧道孤貧 |

三夏己土, 時値禾稼在田, 急須甘露爲潤, 取癸爲要, 次用丙火, 夏炎用丙何也, 夏無太陽, 禾稼不長, 愈炎愈長, 故無癸曰旱田, 無丙曰孤陰.

丙癸兩透, 又加辛金發癸之源, 富貴極品, 戊出干則傷癸晦丙, 不可不辨, 或丙火上炎, 支藏癸水, 又見辛金生之, 名水火既濟, 科甲有準, 或有癸無丙亦好, 卽不科甲, 亦高才選拔之士, 有丙無癸, 有壬亦可, 但不大發.

或一派丙火烈烈, 加以丁火制金, 有癸無根, 如七八月間之旱, 則苗槁矣, 貧寒鰥孤, 有子難成, 有衣祿難久.

或有甲木, 又加丙丁重重, 無滴水解炎, 則偏枯已極, 孤貧到老, 即有壬解, 不得庚辛生水, 水被土剋, 不爲鰥孤, 必犯目疾心腎之災, 有庚辛生水, 富貴非輕.

如己巳 己巳 己巳 戊辰, 乃富蓋都城, 何也, 己生初夏, 丙多, 戊己又多, 妙得三庚生起辰中癸水, 加之胎元庚申, 如破碣之水, 不爲旱田矣, 故運行西北, 橫財無數, 得於六親, 且多子有壽, 非偶然也.

或支成火局, 無水, 僧道孤貧, 或癸透有源, 富而有貴, 壬透有源, 富而不貴, 且須好運方發, 或見壬癸兩透, 破丁火局, 潤己爲濕泥, 靈機四發, 事理皆通, 富貴皆從巧中得來, 正謂死水不剋靈變, 火土和濕爲佳.

用癸者, 金妻水子, 用丙者, 木妻火子.

## 7. 巳月 庚金

| | | |
|---|---|---|
| 壬 | 戊 | 先用壬水, 方得中和, 次取戊土, 丙火佐之, 三者高透, 富貴無雙. 貴格 |
| 癸 | | → 夏月 群金은 元武가 있어야 妙하다. 元武란 北方壬癸水로 水로 火를 制하여 土潤해지면 土가 金을 生하는 것이다. |
| 壬 | 丙 | 主大富貴. 貴格 |
| 丙 | 藏干, 壬 | 名大而無其實 |
| | 戊 | 無水晦光護金, 貢監 |
| | 丙 | 一派丙火, 名假殺爲權, 不見壬水制之, 此人假淸高, 虛仁義, 刑妻剋子 |
| 丁 | 金局 | 變弱爲强, 丁透不見壬水, 爲富貴中人 |
| 敗 | | 煆制太過, 到老奔波 |

四月庚金長生在巳, 巳雖有丙, 內有戊土, 丙不鎔金, 故不畏火炎, 但丙不可輕用, 宜先用壬水, 方得中和, 書曰羣金生夏, 妙用元武, 次取戊土, 丙火佐之, 三者高透, 富貴無雙, 或透一二, 亦主貢監衣衿.

或一派丙火, 名假煞爲權, 不見壬水制之, 此人假淸高, 虛仁義, 棄舊迎新, 刑妻剋子, 若得壬水出干制之, 主大富貴, 壬藏制之, 主小富貴, 但名大而無其實.

或支成金局, 變弱爲强, 用丙無力, 須丁制爲貴, 丁透不見壬水, 爲富貴中人, 無丁無用之人, 或丁出三四, 煅制太過, 到老奔波.

總之, 四月庚金, 雖壬丙戊俱無, 亦勿拘, 但看何病多, 卽用何藥先也, 妻子依用同前.

劍戟成功, 入火鄕而反害, 金逢火已損, 再見火必傷, 庚辛火旺怕南方, 逢辰巳之鄕, 又爲榮斷.

## 8. 巳月 辛金

<table>
<tr><td rowspan="2">壬</td><td rowspan="2">甲, 金局</td><td>壬水淘洗, 兼有調候之用, 更有甲木制戊, 一淸澈底. 貴格</td></tr>
<tr><td>→ 巳月 辛金은 壬癸水가 모두 透하면 傷官扶主格을 이루어 吉하다. 辰月과 巳月은 戊土가 當旺한 때라 土重하여 埋金될 염려가 있으므로 甲木은 病을 제거하는 藥으로 쓴다.</td></tr>
<tr><td>癸</td><td>藏干, 壬</td><td>癸透壬藏, 富眞貴假</td></tr>
<tr><td></td><td></td><td>壬癸皆藏, 戊己亦藏, 略富</td></tr>
<tr><td colspan="2" rowspan="2">敗</td><td>支成火局木局, 生而不生, 從而不從. 下格</td></tr>
<tr><td>壬癸俱無, 但見烈烈火攻, 僧徒貧賤</td></tr>
</table>

四月時逢首夏, 忌丙之爍, 樂水之濕.

得支見金局, 壬水出干, 又甲出破戊, 名一淸澈底, 科甲富貴無疑, 癸透壬藏, 富眞貴假, 壬癸皆藏, 戊己亦藏, 略富, 若壬癸俱無, 但見烈烈火攻, 僧道貧賤, 甲出制戊, 可主衣祿.

或支成火局木局, 俱爲下格, 有制者吉, 無制者凶, 凡火旺無水, 取土洩之.

或壬水藏亥支, 不見戊出, 衣衿顯達, 見戊常人, 有一甲透, 衣祿可求, 無戊, 壬癸出干, 主富, 異途堪圖, 或有甲無壬癸者, 則富不成實, 貴不成名, 壬癸甲俱無, 斯爲下品.

## 9. 巳月 壬水

| | | |
|---|---|---|
| 壬 | 辛 | 壬辛兩透, 科甲有準. 貴格 |
| 壬 | 庚 | 科甲有準. 貴格 |
| 癸 | 辛 | 加以甲透, 定主廩貢衣衿, 無甲者富貴門下閒人 |
| | | → 甲木이 없으면 巳中 戊土가 癸水와 合하여 火財로 化하고, 火氣가 辛을 制하여 財旺身弱하므로 부잣집의 한가한 사람으로 남에게 의지하여 살아가는 것이다. 戊土는 靜翕動闢하는 성질이 있어 上下로 合하려는 屬性이 강렬하다. |
| | 火局 | 作棄命從財, 因妻致富 |
| | 水局 | 支成水局者, 大貴 |
| 敗 | | 有庚無壬癸, 奔流下賤 |
| | | 無壬水辛金者, 貧賤鄙夫 |

四月巳宮, 丙火司權, 壬爲火土所燥, 專取壬水, 爲比助身强, 次取辛金發水源, 忌與丙火合化, 又以庚金爲佐.

壬辛兩透, 科甲有準, 或去比留劫, 癸辛出干, 加以甲透, 定主廩貢衣衿, 無甲者富貴門下閒人, 百事不能承受.

如火多水少者, 作棄命從財論, 因妻致富, 癸透無壬, 主有殘疾.

或四柱多金, 逢生坐實, 壬水變弱爲强, 用巳中戊土制之, 科甲異途俱顯, 若見一甲藏寅, 與巳相刑, 名土木交鋒, 小兒疾積, 大人暗病, 雖多金亦畏火矣, 名利皆虛, 終無創立.

或多甲乙, 宜用庚金, 庚透者貴, 庚藏者常人.

或四柱全無丁火, 多見壬癸, 聰明顯達, 支成水局者, 大貴.

有庚無壬癸, 奔流下賤, 無壬水辛金者, 貧賤鄙夫, 惟合外格取貴.

## 10. 巳月 癸水

<table>
<tr><td rowspan="2">辛</td><td rowspan="2">壬</td><td>四柱又無午丁, 富貴極品. 上格</td></tr>
<tr><td>→ 巳月은 火旺하여 午宮 丁火에도 辛金이 녹을 우려가 있어 辛壬이 透해도 藏干의 丁을 보면 破格이 된다.</td></tr>
<tr><td></td><td>藏干, 辛</td><td>辛藏無丁, 貢監衣衿</td></tr>
<tr><td rowspan="2">庚</td><td rowspan="2">壬</td><td>無辛, 庚亦可用, 庚壬兩透, 刼印化晉, 大富大貴</td></tr>
<tr><td>→ 巳月 癸水가 庚壬을 보면 弱變强이 되어 巳宮 丙戊를 취한다. 즉 꺼리는 것이 길하게 되니 奇格이다. 刼印化晉에서 晉은 離上坤下의 卦로 火地晉을 가리켜 火土를 말한다.</td></tr>
<tr><td colspan="2">敗</td><td>全無金水</td></tr>
</table>

四月癸水, 喜見辛母, 無辛, 庚亦可用, 但不自然.

如辛出干, 四柱又無午丁, 加以壬透, 富貴極品, 若有丁藏破格, 貧苦常人, 見壬貧不太甚, 辛藏無丁, 貢監衣衿, 或見癸制丁, 衣祿充足, 但有刑妻之禍, 擇配須硬命者吉.

或一派火土無辛, 即有己生庚, 不能無水, 又無比肩羊刃, 名火土熬癸, 非損目, 便損精, 有禍可無惡疾.

若庚壬兩透, 制火潤土, 有根源矣, 名劫印化晉, 大富大貴, 見丁剋庚合壬喪母, 斷作廢人.

或有庚無丁, 即無壬, 亦儒林秀士, 但迂而不顯.

凡無辛用庚, 雖富不貴, 必異途得官, 故專用辛爲尊.

■ 午月

| 用神 一線 | 用神 二線 | 看法 摘要 |
|---|---|---|

## 1. 午月 甲木

| 用神 一線 | 用神 二線 | 看法 摘要 |
|---|---|---|
| 癸 | 庚 | 調和氣候. 貴格 |
| 癸 | 丁, 支濕 | 傷官佩印, 木火傷官喜見水. 貴格 |
| 丁 | 庚, 支濕 | 原局氣潤, 庚丁爲用, 富中取貴. 貴格 |
| 壬 | 庚 | 有財無貴. 富格<br>→ 夏月 甲木의 眞神은 癸水로 雨露는 자연적인 富貴를 암시하지만, 壬水 江湖는 조화의 쓰임으로 貴는 없다. |
| 敗 | | 癸丁不透 |
| | | 水氣全無, 傷官用財不貴燥土不甚靈秀, 南方火運, 木灰 |
| | | 戊土制水 |

五六月甲木, 木性虛焦, 一理共推, 五月先癸後丁, 庚金次之.

六月甲木, 木盛先庚, 庚盛先丁, 五月癸庚兩透爲上格, 六月丁庚兩透, 亦爲上格, 用神旣透, 木火通明, 自然富貴, 或丁多庚少, 又是平人, 或一庚一丁, 定許成名.

總之, 五六月用丁火, 雖運行北方, 不致於死, 却不利運行火地, 號曰木化成灰, 必死, 行西程又不吉, 號曰傷官遇殺, 不測災來, 惟東方則吉, 北方次之, 此五六月用丁之說也.

或滿柱丙火, 又加丁火, 不見官殺, 謂之傷官傷盡最爲奇, 反成淸貴, 定主才學過人, 風水好, 定主科甲, 但歲運不宜見水, 若柱中有壬癸, 運又逢之, 必貧夭死.

凡用神太多. 不宜剋制, 須洩之爲妙.

凡成木火傷官者, 聰明慈善, 多見多疑, 雖不生事害人, 每抱不平之憤, 女命不然.

若柱中多金, 名曰殺重身輕, 先富後貧, 運不相扶, 非貧卽夭, 或庚多, 有一二丙丁制伏, 又有壬癸透干, 洩金之氣, 又爲先貧後富.

或四柱多土, 未內有乙, 切勿作棄命從財.

時月兩透己土, 名二土爭合, 男主奔流, 女主淫賤, 見二甲則不爭矣, 亦屬平庸之輩, 或四柱有辰, 干見二己二甲, 此人名利雙全, 大富大貴, 若在六月見辰支, 名爲逢時化合, 極驗.

化合格, 以癸水爲妻, 丁火爲子, 若二己一甲爭合, 取支中比劫爲用, 見辰干支, 亦以甲爲用, 壬癸爲妻, 甲乙爲子.

其餘用庚者, 土妻金子, 用丁者, 木妻火子.

或純是己土, 不見戊土, 乃爲假從, 其人一生縮首, 反畏妻子, 若無印綬, 一生貧苦, 六月猶可, 五月斷不可無水.

## 2. 午月 乙木

| 계<br>癸 | 지 습<br>支濕 | 조후위급 전용계수 상관패인 상격<br>調候爲急, 專用癸水, 傷官佩印. 上格 |
|---|---|---|
| 병<br>丙 | 지 습<br>支濕 | 목화통명 역의운행북지 귀격<br>木火通明, 亦宜運行北地. 貴格 |
| 패<br>敗 | | 수기전무<br>水氣全無 |
| | | 목분화열<br>木焚火熱 |

五月乙木, 丁火司權, 禾稼俱旱, 上半月屬陽, 先癸次丙, 下半月屬陰, 三伏生寒, 丙癸尊, 四柱多金水, 丙火爲先, 餘皆用癸水.

乙木重逢火位, 名爲氣散之文, 支成火局, 洩乙精神, 皆用癸滋, 癸透有根, 富貴雙全, 或庚辛年干, 癸出時干, 定許科甲, 無癸者常人.

若無癸而見丙透, 支又成火局, 陽焦木性, 此人殘疾, 無癸必夭, 見壬可解, 或火土太多, 其人愚賤, 或爲僧道門下.

## 3. 午月 丙火

| 임<br>壬 | 경<br>庚 | 득이임일경출간 상격 경임양투 부귀비경<br>得二壬一庚出干, 上格. 庚壬兩透, 富貴非輕 |
|---|---|---|
| | 임<br>壬 | 일임무경 공감생원 소귀<br>一壬無庚, 貢監生員, 小貴 |
| 계<br>癸 | 경<br>庚 | 의록충족 부격<br>衣祿充足. 富格 |
| | 신<br>申 | 가입사림<br>可入詞林 |
| | | 지파무기잡란 변위이로은봉<br>只怕戊己雜亂, 便爲異路恩封 |
| 패<br>敗 | | 지성화국 불견일적수 내승도환독지명<br>支成火局, 不見一滴水, 乃僧道鰥獨之命 |
| | | 득무기출간설화기 역주형극고과 행북운다흉<br>得戊己出干洩火忌, 亦主刑剋孤寡, 行北運多凶 |

五月火氣愈炎, 得二壬一庚出干, 方爲上格, 或一壬無庚, 貢監生員, 還須好運, 或戊己出干, 加丁出干, 與壬化合, 則爲平人, 卽不透庚壬, 而有申宮長生之水, 濟之以坐祿之金, 至妙, 可入詞林, 只怕戊己雜亂, 便爲異路恩封.

或支成火局, 不見一滴水, 乃僧道鰥獨之命, 卽有一二癸水, 多遇火土,用之無力, 瞽目之人, 得戊己出干洩火氣, 亦主刑剋孤寡, 行北運多凶, 何也, 正謂過於燥熱, 水激處反爲災殃.

或成炎上格, 柱運不見庚辛, 多見甲乙者, 大富大貴, 然亦不可見水運.

或庚壬兩透, 富貴非輕, 但運氣不扶, 出仕不顯, 或庚癸兩透, 衣祿充足, 支火輕者, 無目疾, 支見水者(癸), 異途.

或支成土局, 又爲洩氣太過, 得壬輔火, 甲出制土, 富貴福壽俱全.

用壬者, 金妻水子.

## 4. 午月 丁火

| | | |
|---|---|---|
| 壬 | 庚 | 火旺金水調候急要, 遇干透隔位之壬, 忠而且孝. 上格 |
| 癸 | | 獨殺當權. 上格 |
| | | → 午月은 水의 絶地로 火局을 이루면 滴水가 핍박받아 반드시 庚金이 水를 發原해야 한다. 그러나 壬水대신 癸水가 있으면 枯渴될 염려가 없으므로 獨當一面하니 恩封을 잃지 않는다. |
| | 壬 | 須用甲木, 又要庚金劈甲, 方作木火通明, 主大富貴 |
| | | → 午月 丁火는 壬庚이 透하지 않은 이상, 甲木을 用하여 貴格을 이루지 못한다. |
| | | 土制壬水, 凡命 |
| 敗 | | 無水解炎 |

五月丁火時逢建祿, 不得輕用甲木, 遇干透隔位之壬, 忠而且孝.

或支成火局, 干見火出, 得庚壬兩透者, 科甲有準, 土透制壬, 常人. 卽壬藏支中, 亦非白丁, 但要運行西北, 方許富貴, 或支無壬水, 得一癸透, 名獨殺當權, 出人頭地, 不失恩封.

若見亥卯未三字會木生火, 平常人物, 不過豊衣足食, 運好中年可富, 終刑子息, 勞而無功.

或丙午年 甲午月 丁未日 丙午時, 無水解救, 爲僧道孤獨, 或丙午月 丁亥日 丙午時, 有亥水制丙, 不致孤貧, 如年支見子, 淸貴, 雖不發科甲, 衣衿不少, 且名傳鄕邑.

若丁日干下無火局, 壬水透干, 須用甲木, 又要庚金劈甲, 方作木火通明, 主大富貴, 或木少火多, 竟焚木性, 不能光奪九霄, 榮華不久.

若生月居祿, 支皆生旺合局, 又加以火透出干, 丁無炎上之理, 不得水解炎, 乃身旺無依, 孤貧僧道, 女必尼寡, 卽運行北地, 反見凶危.

用壬者, 金妻水子, 用甲者, 水妻木子.

## 5. 午月 戊土

| | | |
|---|---|---|
| 壬 | 甲 | 調候爲急, 先用壬水, 次取甲木, 君臣慶會. 上格 |
| | | → 午月 戊土는 壬水가 適水로 癸水는 用神으로 微弱하다. |
| 壬 | 藏干, 甲 | 山明水秀. 貴格 |
| 壬 | 申 | 見長流水. 貴格 |
| 庚 | 支濕 | 印用食傷. 貴格 |
| | 甲 | 水氣全無, 土旺, 火土氣勢純粹, 羊刃倒戈. 貴命 |
| 敗 | | 火局, 癸水無用, 眼疾 |
| | | 木火危中, 不見滴水, 孤貧 |
| | | 火炎土操, 壬癸全無, 孤貧 |

五月戊土, 火炎土燥, 先看壬水, 次取甲木, 丙火酌用, 用癸恐其力微.

壬甲兩透, 名君臣慶會, 權重位顯, 加以辛出年干, 官居極品, 如一命

辛未 甲午 戊寅 壬子, 壬甲兩透, 印旺殺高, 出將入相, 名播四夷.

若支成火局, 雖有癸水, 不能大濟, 杯水難濟車薪也, 人命合此, 卽好學不倦, 終不成名, 中年且主目疾, 若得壬水出干, 雖不見甲, 富貴聲名並美, 且爲斯文領袖, 經綸滿腹, 壬藏, 不過秀才, 土出, 常人.

又或木火重重, 全無滴水, 僧道孤貧之輩.

用壬者, 金妻水子.

## 6. 午月 己土

| 癸(계) | 丙(병), 支濕(지습) | 調候不能無癸(조후불능무계), 土潤不能無丙(토윤불능무병), 上格(상격)<br>→ 夏月(하월)의 뜨거운 계절에도 丙火(병화)를 用(용)하는 것은 禾稼(화가)가 뜨거울수록 더 성장하기 때문이다. 이때 辛(신)金(금)이 癸水(계수)를 發(발)하면 富貴(부귀)가 極品(극품)에 이른다. |
|---|---|---|
| 丙(병) | 辛(신), 支濕(지습) | 水火旣濟(수화기제), 科甲有準(과갑유준), 貴格(귀격) |
| 壬(임) | 丙(병) | 有丙無癸(유병무계), 有壬亦可(유임역가), 但不大發(단불대발) |
|  | 癸(계) | 有癸無丙亦好(유계무병역호), 卽不科甲(즉불과갑) |
| 敗(패) |  | 一派丙火烈烈(일파병화렬렬), 加以丁火制金(가이정화제금), 有癸無根(유계무근), 貧寒鰥孤(빈한환고) |
|  |  | 不得庚辛生水(불득경신생수), 水被土剋(수피토극), 不爲鰥孤(불위환고), 必犯目疾(필범목질) 心腎之災(심신지재) |
|  |  | 支成火局(지성화국), 無水(무수), 僧道孤貧(승도고빈) |

三夏己土, 時値禾稼在田, 急須甘露爲潤, 取癸爲要, 次用丙火, 夏炎用丙何也, 夏無太陽, 禾稼不長, 愈炎愈長, 故無癸曰旱田, 無丙曰孤陰.

丙癸兩透, 又加辛金發癸之源, 富貴極品, 戊出干則傷癸晦丙, 不可不辨, 或丙火上炎, 支藏癸水, 又見辛金生之, 名水火旣濟, 科甲有準, 或有癸無丙亦好, 卽不科甲, 亦高才選拔之士, 有丙無癸, 有壬亦可, 但不大發.

或一派丙火烈烈, 加以丁火制金, 有癸無根, 如七八月間之旱, 則苗槁矣, 貧寒鰥孤, 有子難成, 有衣祿難久.

或有甲木, 又加丙丁重重, 無滴水解炎, 則偏枯已極, 孤貧到老, 卽有壬解, 不得庚辛生水, 水被土剋, 不爲鰥孤, 必犯目疾心腎之災, 有庚辛生水, 富貴非輕.

如己巳 己巳 己巳 戊辰, 乃富蓋都城, 何也, 己生初夏, 丙多, 戊己又多, 妙得三庚生起辰中癸水, 加之胎元庚申, 如破碣之水, 不爲旱田矣, 故運行西北, 橫財無數, 得於六親, 且多子有壽, 非偶然也.

或支成火局, 無水, 僧道孤貧, 或癸透有源, 富而有貴, 壬透有源, 富而不貴, 且須好運方發, 或見壬癸兩透, 破丁火局, 潤己爲濕泥, 靈機四發, 事理皆通, 富貴皆從巧中得來, 正謂死水不剋靈變, 火土和濕爲佳.

用癸者, 金妻水子, 用丙者, 木妻火子.

## 7. 午月 庚金

<table>
<tr><td>壬</td><td>癸</td><td>專用壬水, 癸又次之. 貴格</td></tr>
<tr><td>壬</td><td>支濕</td><td>壬透癸藏, 支見庚辛金, 富貴反掌</td></tr>
<tr><td rowspan="3"></td><td rowspan="2">藏干, 壬</td><td>壬藏支中, 又有支金生助, 定主選跋</td></tr>
<tr><td>壬藏戊出, 木不能制, 常人</td></tr>
<tr><td>癸</td><td>癸出見金, 亦好, 但富貴皆輕</td></tr>
<tr><td>壬</td><td rowspan="2">火局</td><td rowspan="2">雖不科甲, 亦主異途恩封</td></tr>
<tr><td>癸</td></tr>
<tr><td colspan="2">敗</td><td>無水, 必非上格, 夭折孤貧</td></tr>
</table>

五月丁旺而烈, 庚逢敗地, 專用壬水, 癸又次之.

壬透癸藏, 支見庚辛金, 富貴反掌, 切忌戊己出干制水, 便作常人, 或戊藏支, 又有木制, 亦不失 儒林之秀, 或金透天干, 壬藏支中, 又有支金生助, 定主選拔, 或壬藏戊出, 木不能制, 常人, 或癸出見金, 亦好, 但富貴皆輕, 異途乃利.

或支成火局, 乏水者, 奔波無定, 見壬癸出干制火, 雖不科甲, 亦主異途恩封, 戊己出干, 又作常人, 支成火局, 無水須透戊己, 補庚洩火, 庶免夭折孤貧, 若土亦不透, 下賤廢人.

或一派木火, 無傷印比劫, 作從煞論, 富貴非輕.

總之五月庚金, 無水, 必非上格.

## 8. 午月 辛金

| 壬 | 己, 支濕 | 己無壬不濕, 辛無己不生, 故壬己竝用. 貴格 |
|---|---|---|
| 癸 | 己 | 無壬用癸, 但癸力小, 異途功名 |
| 壬 | 癸, 火局 | 壬出兼癸破火, 雖貢監生員 |
| 癸 | 藏干, 壬 | 壬藏癸透者, 貢監生員 |
| 癸 | 庚 | 食祿皇家, 雖異途亦顯 |
| 敗 | | 無水. 下格 |

五月丁火司權, 辛金失令, 陰柔之極, 不宜煅煉, 須己壬兼用, 何也, 己爲泥沙, 壬爲湖海, 己無壬不濕, 辛無己不生, 故壬己並用, 無壬, 癸亦可用, 但癸力小.

若變成火局, 雖三癸出干, 難救車薪之火, 即居廊廟之上, 死不成名, 如壬出兼癸破火, 雖貢監生員, 有大才畧, 無壬破火, 癸水出干, 見戊合, 雖午中有己, 名燥泥成灰, 辛金亦必煅煉, 定爲僧道丐僕, 有一二重比肩, 不致孤獨.

總之, 五月辛金, 壬癸己三者並用, 不可缺一, 壬己兩透, 支藏子癸, 不冲, 科甲, 且主權高貴顯, 即壬藏癸透者, 貢監生員不少, 或無壬而有己癸, 主異途功名, 或癸見庚金, 食祿皇家, 雖異途亦顯, 若土多見水, 用甲則吉.

庚辛生於夏月, 要壬癸得地, 若木多火多, 不見金水, 逢金水運必敗.

## 9. 午月 壬水

| | | |
|---|---|---|
| 癸 | 辛 | 癸辛爲用最淸. 貴格<br>→ 午月 壬水에서 癸水를 先用하는 것은 午中 丁火가 壬水를 合해 오는 것을 경계하기 때문이고, 巳月에는 巳中 戊土가 癸水를 合해 오는 것을 경계하여 壬水를 先用하는 것이다. 그러나 化合이 완전하지 않은 한 모두 취한다. |
| 癸 | 庚 | 庚癸兩透, 科甲有準. 貴格 |
| 壬 | 庚 | 庚壬兩透, 有才略, 有權位. 貴格 |
| | 庚 | 有庚無癸常人 |
| | 火局 | 全無金水, 不作從財論, 名財多身弱, 富屋貧人<br>→ 從이 不可한 게 아니다. 다만 陽이 陰을 從하면 格局이 純粹하지 않아 上格으로 논하지 않을 뿐으로 財多身弱과 동등하게 보긴 어렵다. 八法關鍵에는 伏象의 전형으로 설명되어 있다. |
| 敗 | | 無金無水 |

五月丁旺壬弱, 取庚爲君, 癸爲臣, 無庚不能蓄源, 無癸不能傷丁.

庚癸兩透, 科甲有準, 庚壬兩透, 有才畧, 有權位, 有庚無癸常人.

或支成火局, 全無金水, 不作從財論, 名財多身弱, 富屋貧人, 或木多有火無水, 僧道之命.

總之辛金爲用最淸, 庚金次之.

## 10. 午月 癸水

<table>
<tr><td rowspan="2">庚(경)</td><td>壬(임)</td><td rowspan="4">庚辛爲生身之本(경신위생신지본), 但丁火司權(단정화사권), 金難敵火(금난적화), 宜兼(의겸)<br>用比劫(용비겁), 方得庚辛之用(방득경신지용). 上格(상격)</td></tr>
<tr><td>癸(계)</td></tr>
<tr><td rowspan="2">辛(신)</td><td>壬(임)</td></tr>
<tr><td>癸(계)</td></tr>
<tr><td>庚(경)</td><td rowspan="2">支濕(지)</td><td rowspan="2">金透(금투), 支成申子(지성신자), 廩貢衣衿(름공의금), 惟支見一水(유지견일수), 不過(불과)<br>巨富(거부)</td></tr>
<tr><td>辛(신)</td></tr>
<tr><td>壬(임)</td><td>庚(경), 火局(화국)</td><td>二壬一庚同透(이임일경동투), 永食天祿(영식천록), 衣錦腰金(의금요금)</td></tr>
<tr><td></td><td>己土(기토)</td><td>一派己土(일파기토), 無水無甲出制(무수무갑출제), 作從殺論(작종살론), 富貴非輕(부귀비경)</td></tr>
<tr><td colspan="2">敗(패)</td><td>無金無水(무금무수)</td></tr>
</table>

五月癸水, 至弱無根, 本喜庚辛爲生身之本, 乃丁火司權, 庚辛雖能滋癸, 而不能與丁爲敵, 反怯丁也, 須用比肩劫財, 方得庚辛妙用.

如庚辛兩透, 壬癸出干, 定主鐘鼎名家, 身伴君王, 或金透, 支成申子, 廩貢衣衿, 無水出干, 惟支見一水, 雖透庚辛, 不過巨富, 故曰, 水源會夏天, 貴輕富自然, 又曰, 金水會夏天, 富貴自天來, 運行火土地, 名利總無邊.

或支成火局, 不名炎上, 無壬, 定作僧道煢獨, 若二壬一庚同透, 永食天祿, 衣錦腰金.

或一派己土, 無水無甲出制, 作從煞論, 富貴非輕, 凡從煞見刑冲破害, 貧賤之格.

總之五月癸水, 庚辛壬參酌並用可也.

■ 未月

| 用神 一線(용신 일선) | 用神 二線(용신 이선) | 看法 摘要(간법 적요) |
|---|---|---|

## 1. 未月 甲木

| | | |
|---|---|---|
| 癸 | 庚 | 調和氣候. 貴格 |
| 癸 | 丁, 支濕 | 傷官佩印, 木火傷官喜見水. 貴格 |
| 丁 | 庚 | 原局氣潤, 庚丁爲用, 富中取貴. 貴格 |
| | | → 大暑 이후에는 三伏生寒하여 癸水가 없어도 무방하나, 炎燥한 때로 北方水運으로 흘러야 佳命이 된다. |
| | | 丁多庚弱. 凡命 |
| 敗 | | 癸丁不透 |
| | | 水氣全無, 傷官用財不貴燥土不甚靈秀, 南方火運, 木灰 |
| | | → 丁火를 用하면, 火運은 木化成灰로 죽음에 이르고, 金運 역시 傷官見官하여 不測의 災殃이 우려된다. |
| | | 戊土制水 |

五六月甲木, 木性虛焦, 一理共推, 五月先癸後丁, 庚金次之.

六月甲木, 木盛先庚, 庚盛先丁, 五月癸庚兩透爲上格, 六月丁庚兩透, 亦爲上格, 用神旣透, 木火通明, 自然富貴, 或丁多庚少, 又是平人, 或一庚一丁, 定許成名.

總之, 五六月用丁火, 雖運行北方, 不致於死, 却不利運行火地, 號曰木化成灰, 必死, 行西程又不吉, 號曰傷官遇殺, 不測災來, 惟東方則吉, 北方次之, 此五六月用丁之說也.

或滿柱丙火, 又加丁火, 不見官殺, 謂之傷官傷盡最爲奇, 反成淸貴, 定主才學過人, 風水好, 定主科甲, 但歲運不宜見水, 若柱中有壬癸, 運又逢之, 必貧夭死.

凡用神太多. 不宜剋制, 須洩之爲妙.

凡成木火傷官者, 聰明慈善, 多見多疑, 雖不生事害人, 每抱不平之憤, 女命不然.

若柱中多金, 名曰殺重身輕, 先富後貧, 運不相扶, 非貧卽夭, 或庚多, 有一二丙丁制伏, 又有壬癸透干, 洩金之氣, 又爲先貧後富.

或四柱多土, 未內有乙, 切勿作棄命從財.

時月兩透己土, 名二土爭合, 男主奔流, 女主淫賤, 見二甲則不爭矣, 亦屬平庸之輩, 或四柱有辰, 干見二己二甲, 此人名利雙全, 大富大貴, 若在六月見辰支, 名爲逢時化合, 極驗.

化合格, 以癸水爲妻, 丁火爲子, 若二己一甲爭合, 取支中比劫爲用, 見辰干支, 亦以甲爲用, 壬癸爲妻, 甲乙爲子.

其餘用庚者, 土妻金子, 用丁者, 木妻火子.

或純是己土, 不見戊土, 乃爲假從, 其人一生縮首, 反畏妻子, 若無印綬, 一生貧苦, 六月猶可, 五月斷不可無水.

## 2. 未月 乙木

| | | |
|---|---|---|
| 癸(계) | 支濕(지습) | 潤土滋木(윤토자목), 喜用癸水(희용계수). 上格(상격) |
| 丙(병) | 支濕(지습) | 柱多金水(주다금수), 先用丙火(선용병화), 財逢食神(재봉식신). 貴格(귀격) |
| | 甲(갑) | 夏月壬癸(하월임계), 切忌戊己雜亂(절기무기잡란), 土病甲藥(토병갑약). 貴格(귀격) |
| | | 全無癸水(전무계수). 凡命(범명) |
| 敗(패) | | 戊己雜亂無制(무기잡란무제) |

六月乙木, 性枯而寒, 柱多金水, 丙火爲尊, 支成木局, 乙得無傷, 丙癸兩透, 大富大貴, 無癸者常人, 運不行北, 困苦一生.

凡五六月乙木, 氣退枯焦, 用癸者切忌戊己雜亂, 便是下格, 或得甲木透, 制伏土神, 名爲去濁留清, 可許俊秀, 土多乏甲, 秀氣脫空, 庸人而已.

或丙癸兩透, 加以甲透制戊, 一榜, 卽風水不及, 選拔必然, 若不見丙癸, 祗有丁火, 亦屬常人, 有壬可保衣祿.

或柱中無水, 又無比劫出干, 名棄命從財, 富大貴小, 納粟奏名, 貢監三考皆利, 能招賢德之妻, 從財格, 以火爲妻, 土爲子.

或一派戊土出干, 不見比劫與印者, 名財多身弱, 終爲富屋貧人, 見一甲制土, 必有福壽.

或丙辛貪合, 非嫖卽賭, 終非承受之器, 或丙合而癸亦合, 不爲下賤, 亦是離鄕奔流之客, 丙合癸不合, 亦下格.

或一派乙木, 不見丙癸, 名亂臣無主, 平常勞碌之人, 又加支藏辛金者, 爲閒中孤命, 僧道之流.

或一派甲木, 無癸無丙, 又無庚金, 此人一生虛浮無實, 有庚制甲, 定有作爲, 否則不顧廉恥, 巧言令色, 因酒色敗德, 不修品行, 男女一理.

總之夏月乙木, 專用癸水, 丙火酌用, 庚辛次之.

## 3. 未月 丙火

| | | |
|---|---|---|
| 壬 | 庚, 支濕 | 庚壬兩透, 貼身相生, 可云科甲名宦. 上格 |
| 壬 | 藏干, 庚 | 秀才小富 |
| 戊 | 壬 | 見戊制壬, 不過一方能人, 鄕黨賢者而矣 |
| 敗 | | 壬水在支, 己土出干, 貧苦 |
| | | 壬水全無. 下格 |

六月火氣漸退, 三伏生寒, 己土洩氣, 取庚佐壬用.

庚壬兩透, 貼身相生, 可云科甲名宦, 若無庚貼, 有壬不見戊出, 秀才小富, 見戊制壬, 不過一方能人, 鄕黨賢者而矣, 或己土出干混濁, 庸夫俗子, 或壬水在支, 己土出干, 貧苦, 無壬下格, 賤而且頑, 男女一理, 用壬者, 金妻水子.

或干見一派丙火, 干支兩見庚壬, 陽極生陰, 科甲大臣.

總之六月丙火用壬, 不同餘月用壬, 故運入東南, 家富千金, 西北則貧苦無聊, 餘月用壬, 俱喜行西北之運.

## 4. 未月 丁火

| | | |
|---|---|---|
| 甲 | 壬 | 甲木化壬引丁爲用. 貴格 |
| 甲 | 庚, 木局 | 見亥中之壬, 壬爲甲根, 卽引丁火, 更得庚透, 必然科甲. 貴格 |
| 壬 | 木局 | 濕木傷丁, 凡命, 甲透, 亦有才能, 必有庚透, 方無刑傷, 若無甲木, 假名假利 |
| 敗 | | 無甲無庚 |
| | | 無水焚木 |

六月丁火, 陰柔日弱, 又値三伏生寒, 丁弱極矣, 專用甲木, 壬水次之.

甲出天干, 支成木局, 見亥中之壬, 壬爲甲根, 卽引丁火, 更得庚透, 必然科甲, 卽不成木局, 支有壬水生甲, 雖止貢監衣衿, 自有凌雲之志, 無庚不妙.

或支成木局, 見水透干, 則濕木性, 不能引丁, 必爲常人, 但有甲透, 亦有才能, 必有庚透, 方無刑傷, 若無甲木, 假名假利, 雖能生財, 固執懦夫.

或丁未年 丁未月 丁未日 丁未時, 一片純陰, 尋常無用之人, 卽生大家, 亦難成名, 亦不能成業, 或壬子 丁未 丁巳 丁未, 丁多散壬水, 亦怯弱無能, 妻子主事. 用甲者, 水妻木子.

## 5. 未月 戊土

| | | |
|---|---|---|
| 癸 | 甲 | 調候爲急, 癸不可缺, 土重不能無甲. 上格 |
| 癸 | 丙 | 癸丙兩透, 科甲中人. 貴格 |
| | | → 大暑 이후 金水進氣하므로 丙火 配用한다. |
| 壬 | 丙 | 印綬用財. 貴格 |
| 甲 | 丙, 支濕 | 印綬用殺, 俊傑. 貴格 |
| 癸 | 辛 | 傷官生財. 富格 |
| 敗 | | 無癸丙甲 |

六月戊土, 遇夏乾枯, 先看癸水, 次用丙火甲木.

得甲癸丙齊透, 科甲有準, 卽風土不及, 亦主貢監生員, 或有癸無丙, 得見甲可許秀才, 甲不見, 不過署富, 或有丙無癸, 假道斯文, 衣祿頗足, 或癸透辛出, 以刀筆之才, 可謀異路, 稍有富貴, 無癸辛及丙者, 常人, 若又無甲, 貧賤, 勿問妻子.

或土多, 得一甲出干, 無庚, 爲人作事軒昂, 敦厚誠確, 好名好利, 卽不顯揚, 亦豪傑之人.

用癸者, 金妻水子, 用丙者, 木妻火子, 用甲者, 水妻木子.

## 6. 未月 己土

| | | |
|---|---|---|
| 癸 | 丙, 支濕 | 調候不能無癸, 土潤不能無丙, 上格 |
| | | → 夏月의 뜨거운 계절에도 丙火를 用하는 것은 禾稼가 뜨거울수록 더 성장하기 때문이다. 이때 辛金이 癸水를 發하면 富貴가 極品에 이른다. |
| 丙 | 辛, 支濕 | 水火旣濟, 科甲有準, 貴格 |
| 壬 | 丙 | 有丙無癸, 有壬亦可, 但不大發 |
| | 癸 | 有癸無丙亦好, 卽不科甲 |
| 敗 | | 一派丙火烈烈, 加以丁火制金, 有癸無根, 貧寒鰥孤 |
| | | 不得庚辛生水, 水被土剋, 不爲鰥孤, 必犯目疾心腎之災 |
| | | 支成火局, 無水, 僧道孤貧 |

三夏己土, 時値禾稼在田, 急須甘露爲潤, 取癸爲要, 次用丙火, 夏炎用丙何也, 夏無太陽, 禾稼不長, 愈炎愈長, 故無癸曰旱田, 無丙曰孤陰.

丙癸兩透, 又加辛金發癸之源, 富貴極品, 戊出干則傷癸晦丙, 不可不辨, 或丙火上炎, 支藏癸水, 又見辛金生之, 名水火旣濟, 科甲有準, 或有癸無丙亦好, 卽不科甲, 亦高才選拔之士, 有丙無癸, 有壬亦可, 但不大發.

或一派丙火烈烈, 加以丁火制金, 有癸無根, 如七八月間之旱, 則苗槁矣, 貧寒鰥孤, 有子難成, 有衣祿難久.

或有甲木, 又加丙丁重重, 無滴水解炎, 則偏枯已極, 孤貧到老, 卽有壬解, 不得庚辛生水, 水被土剋, 不爲鰥孤, 必犯目疾心腎之災, 有庚辛生水, 富貴非輕.

如己巳 己巳 己巳 戊辰, 乃富蓋都城, 何也, 己生初夏, 丙多, 戊己又多, 妙得三庚生起辰中癸水, 加之胎元庚申, 如破碣之水, 不爲旱田矣, 故運行西北, 橫財無數, 得於六親, 且多子有壽, 非偶然也.

或支成火局, 無水, 僧道孤貧, 或癸透有源, 富而有貴, 壬透有源, 富而不貴, 且須好運方發, 或見壬癸兩透, 破丁火局, 潤己爲濕泥, 靈機四發, 事理皆通, 富貴皆從巧中得來, 正謂死水不剋靈變, 火土和濕爲佳.

用癸者, 金妻水子, 用丙者, 木妻火子.

## 7. 未月 庚金

| | | |
|---|---|---|
| 丁(정) | 甲(갑) | 先用丁火(선용정화), 次取甲木(차취갑목). 貴格(귀격) |
| | 丁(정) | 有丁無甲(유정무갑), 秀命(수명) |
| | 甲(갑) | 有甲無丁(유갑무정), 常人(상인) |
| 敗(패) | | 丁甲全無(정갑전무), 下賤(하천) |

六月三伏生寒, 金頑已極, 先用丁火, 次取甲木.

丁甲兩透, 科甲淸顯, 忌見癸水傷丁, 有甲無丁, 常人, 有丁無甲, 有能秀才, 丁甲全無, 下賤, 蓋未月雖有丁火, 不出只如無有, 或未丁不被水傷, 貿易之流, 衣祿充足, 支中見水, 執鞭之士.

或支成土局, 甲先丁後, 甲透者, 文章顯達, 富而且貴.

或柱見多金, 有二丁出制, 異途顯達非常, 一丁出制, 刀筆之吏.

總之六月庚金, 專用丁火, 甲木爲佐.

## 8. 未月 辛金

| 壬 | 庚 | 先用壬水, 取庚爲佐, 忌戊出. 貴格 |
|---|---|---|
|  | 申 | 壬庚兩藏得地逢生, 亦主富貴 |
|  | 甲 | 戊己出干, 得甲隔位制之, 亦主富貴 |
|  |  | → 未月 辛金은 戊己土가 暗藏되어야 吉하다. 만일 透하면 戊己를 구분해서 논한다. 戊甲은 문제가 없으나 己와 甲은 필시 떨어져 있어야 한다. 己甲이 貼하면 合을 貪하여 己土를 剋하지 않고 土로 化하여 오히려 해롭다. |
| 庚 | 木局 | 支成木局, 獨壬不貴, 須得庚金發壬水之源, 富中取貴 |
| 敗 |  | 用甲制土, 忌合忌庚 |

六月己土當權, 滋扶太過, 恐汚金不耀, 專用壬水爲妙, 次取庚金佐之.

壬庚兩透, 科甲貴顯, 卽兩藏得地逢生, 亦主大富貴, 卽不由科甲, 恩封有之, 但忌戊己出干, 得甲隔位制之, 亦主富貴, 甲不隔, 反與己貪合化土, 爲土埋汚金, 混塞壬水, 定主貧賤, 固貴甲出制戊, 又慮庚出制甲, 亦主貧賤.

或只有未中一己, 見了壬水, 便爲濕泥, 不可見甲, 甲出反作平人, 總以一壬一己, 見庚無甲, 方妙, 與五月用己壬同.

或四柱丁己出干, 有申中壬水, 未中己土, 又干透庚, 科甲顯宦, 無壬便假.

或支成木局, 獨壬不貴, 須得庚金發壬水之源, 乃主貴中取富, 富中取貴.

總之, 用甲制土, 忌合忌庚, 用己壬兩字, 見庚又忌火破庚, 忌甲制己, 須細推之.

## 9. 未月 壬水

| 辛 | 甲, 支濕 | 壬水怯弱, 以辛金發水源, 甲木疏土. 貴格 |
|---|---|---|
| | | → 大暑 전에는 午月과 같이 印比를 用하고, 大暑 이후에는 金水進氣하니 比劫을 一線으로 用하지 않는다. |
| 甲 | 藏干, 甲 | 甲藏辛透, 衣衿廩貢 |
| 甲 | 藏干, 辛 | 辛藏甲透, 異途顯達 |
| 庚 | 壬 | 庚壬兩透無傷, 才高位顯. 貴格 |
| 壬 | 藏干, 庚 | 壬出庚藏無傷, 有能秀才 |
| | | 一派己土, 名假殺, 笑裏藏刀, 仍乏衣食, 用甲乙制之, 有衣食而無奸詐 |
| 敗 | | 無庚辛 |
| | | 己土濁壬 |

六月己土當權, 壬水怯弱, 先用辛金蓄源, 次用甲木制己.

辛甲兩透, 科甲富貴, 或甲藏辛透, 衣衿廩貢, 辛藏甲透, 異途顯達.

或庚壬兩透無傷, 才高位顯, 卽壬出庚藏無傷, 有能秀才, 見火破之, 雖淸高亦主困窮.

或一派己土, 名假煞, 笑裏藏刀, 日夜害人, 仍乏衣食, 用甲乙出干制之, 有衣食而無奸詐.

凡土坐生旺之位, 雖用甲乙制之, 却是金妻水子, 或支成木局, 洩水太過, 當用金水爲貴, 金爲妻, 水爲子.

總之辛甲爲尊, 庚金次之.

## 10. 未月 癸水

| | | |
|---|---|---|
| 庚 | 壬 | 上半月金神衰弱, 火氣炎熱, 宜比劫幇身, 同五月. 上格 |
| | 癸 | |
| 辛 | 壬 | |
| | 癸 | |
| 庚 | | 大暑後, 下半月無比劫亦可, 忌丁透與在未者, 富貴 |
| 辛 | | |
| 庚 | 辛 | 有丁見庚辛透者, 便推富貴 |
| 敗 | | 無庚辛 |

六月癸水, 作兩節推, 上半月庚辛無氣, 下半月庚辛有氣, 凡六癸日, 人多推此月不驗, 何也, 不知未中有乙, 與己同宮, 欲破不破, 癸水不能從煞, 專用庚辛爲主, 上半月雖有庚出干, 却金畏火炎, 須有比劫助金, 方許科甲富貴, 無比劫常人, 至下半月, 庚辛有氣, 即無比劫不忌, 有丁見庚辛透者, 便推富貴, 然亦忌丁透與在未者, 皆不秀也.

■ 申月

| 用神 一線 | 用神 二線 | 看法 摘要 |
|---|---|---|

## 1. 申月 甲木

| | | |
|---|---|---|
| 庚(경) | 丁(정) | 庚金眞神(경금진신), 劈甲引丁(벽갑인정). 上格(상격)<br>→ 丁火(정화)로 金木(금목)이 器物(기물)을 이루면 申月(신월)에는 殺印(살인) 同宮(동궁)하여 金水運(금수운)을 向(향)하면 用神(용신)이 得地(득지)하여 필시 大貴(대귀)한다. |
| 庚(경) | 藏干(장간), 丁(정) | 欣木爲材(흔목위재). 貴格(귀격) |
| | 庚(경) | 有庚無丁(유경무정), 有丁無庚(유정무경), 小富(소부) |
| | 丁(정) | |
| 敗(패) | | 無丁無庚(무정무경) |

七月甲木堪爲戟, 然非丁不能造庚, 非庚不能造甲, 丁庚兩透, 科甲可許.

庚祿居申, 煞印相生, 運行金水, 必然顯達, 用庚者, 金水運大貴.

或庚透無丁, 一富而已, 主爲人操心太重, 不能坐享, 或丁透庚藏, 亦主青衿小富, 或庚多無丁, 殘疾病人, 弱爲僧道, 災厄可免.

或四柱庚旺, 又見水多, 難作棄命從煞, 見土多, 可作從煞論.

庚多戊己亦多, 無壬癸水, 專用丁火制金, 以暖群土, 此命大富, 丁藏富小貴輕, 財露, 即風水不及, 定許豪富, 得二丁不坐死絶, 必然富而且貴, 即癸水不及, 亦能富中取貴, 異途顯達, 或癸水疊疊, 制伏丁火, 雖有學問, 終難顯達, 得運行火土破癸, 畧可假就功名, 歲運皆背, 定作勞碌之人, 支成土局, 戊己透干, 制去癸水, 存其丁火, 又可出科甲, 但此等命, 主爲人心地好詐好訟, 即富貴不肯收心, 因貪致禍, 招成怨尤, 決非安份之人也.

總之七月甲木, 丁火爲尊, 庚金次之, 但不可少, 火隔水不能鎔金, 丁火鎔金, 必賴甲木引助, 方成洪爐, 若有癸水阻隔, 便滅丁火, 壬水無礙, 且能合丁, 但須見戊土, 方可制水存火.

## 2. 申月 乙木

| | | |
|---|---|---|
| 丙 | 支燥 | 月垣庚金司令, 取丙火制之, 雖傷官見官爲上格 |
| 癸 | 丙 | 庚金司令, 癸水化之, 殺印相生. 貴格 |
| | 己 | 壤土培花, 壬水混入泥土乙木根培養. 富格 |
| | | → 申月 乙木은 己土가 가장 妙하다. 己土와 壬水가 혼합하면 肥沃한 땅이 되어 乙木의 뿌리를 培養한다. 또한 己土는 汚金하여 庚金의 예리함을 꺾는다. 丙癸가 없어도 己土가 있으면 富貴를 잃지 않고, 丙癸兩透하면 大富大貴格을 이룬다. |
| 敗 | | 官殺無制 |

七月乙木, 庚金司令, 庚雖輪情於乙妹, 而干乙難合支庚, 見庚, 乙必受傷, 或丙癸出干, 又加柱有三己, 以汚金, 可許科甲, 有己透加丙, 方是上命, 甲妻火子.

七月乙木, 喜己土爲用, 或不見丙癸, 己土決不可少, 却取己土爲用, 此又以火爲妻, 土爲子, 如丙癸己俱透, 大富大貴.

甲爲進氣之木, 生在休囚之地, 如支無寅卯之助, 亟宜濕土培植基礎, 其看法與乙木大致相通也

或癸透丙藏, 庚少, 此不用己土, 只許貢監生員, 無丙有癸透者, 不失刀筆門戶, 三考知名, 或支藏癸水, 多庚, 無丙己二神者, 平常人物, 又無癸水, 下格, 用癸者金妻水子.

或生辰時, 爲從化及時, 大富大貴, 凡從化格, 俱從所生之神, 如化金者, 戊作用神, 忌丙丁煆煉破格, 從化者, 以火爲妻, 土爲子, 其餘俱以金爲妻, 妻必賢美, 以水爲子, 子必克肖, 但忌刑冲破害, 即主妻招刑, 此理易通, 不特七月乙木已也.

## 3. 申月 丙火

| | | |
|---|---|---|
| 壬 | | 專用壬水, 輔映太陽光輝. 上格 |
| 壬 | 戊 | 科甲有準. 貴格. 壬多無癸, 得一戊制, 所謂衆殺猖狂, 一仁可化, 科甲顯宦 |
| 壬 | 辰<br>戌 | 不過生員 |
| | 戊 | 申中一壬, 多見戊制, 常人 |
| 敗 | | 壬水全無 |

七月太陽轉西, 陽氣漸衰, 日近西山, 見土皆晦, 惟日照湖海, 暮夜燃光, 故專用壬水, 輔映太陽光輝.

壬多取戊制方妙, 申中有壬, 又有壬出干, 又見戊透, 科甲有準, 如辰戌藏戊, 不過生員, 多壬無戊制, 常人, 或申中一壬, 多見戊制, 亦屬常人, 或壬多無癸, 得一戊制, 所謂衆殺猖狂, 一仁可化, 科甲顯宦.

或見一派庚金, 不見比印及辛金者, 又爲棄命從財, 奇特之造, 雖不科甲, 異途顯達, 但多依親戚爲進身之階.

用木者, 水妻木子, 妻必賢能.

總之七月丙火, 專壬次戊.

## 4. 申月 丁火

| | | |
|---|---|---|
| 甲 | 庚 | 庚取劈甲. 貴格 |
| 甲 | 丙 | 不畏丙奪丁光, 用丙暖金曬甲, 破財護印, 三秋甲庚丙竝用. 上格<br>→ 秋月 丁火는 丙奪丁光을 두려워하지 않는다. |

| | | |
|---|---|---|
| 乙 | 丙 | 無甲用乙, 見丙爲枯草引燈. 富格 |
| | | → 申月과 酉月에 甲木이 없으면 乙木을 取하는데, 이 때는 丙火로 말려야 枯草引燈格을 이룬다. 즉 甲은 반드시 庚이 있어야 하고, 乙은 丙이 있어야 한다. |
| | 戊 | 水旺用戊. 貴格 |
| 敗 | | 無甲無乙 |
| | | 用乙無丙 |

三秋丁火, 陰柔退氣, 專用甲木, 金雖乘旺司權, 無傷丁之理, 仍取庚劈甲, 爲引火之物, 又借丙暖金曬甲, 不畏丙勢奪丁, 凡兩丙夾丁者, 夏月忌之, 餘月不忌, 但此格幼年困厄刑剋, 中年可主富貴, 必支見水制丙方妙.

三秋甲庚丙並用, 仍分優劣, 何也, 七月甲丙, 申中有庚, 八月甲丙庚皆用, 七八月無甲木, 乙亦姑用, 名枯草引燈, 却不離丙曬也, 九月專用甲庚, 總之甲不離庚, 乙不離丙, 其理極明, 當細參之, 或見甲, 又透庚丙, 科甲有準, 卽風土不及, 定居選拔, 無甲用乙者, 富貴皆小, 且富而不貴者多, 卽不富, 亦衣食充足.

或一重壬水, 又多見癸水, 雖戊己制之, 自然富貴光輝.

或八月一派辛金, 無庚, 又無比印, 名棄命從財, 富貴兩全, 雖不科甲, 亦有異途, 位顯名揚, 從財者, 金爲妻, 不剋, 有正偏, 水爲子, 不刑.

或九月一派戊土, 洩丁火之氣, 但有戊無壬, 不見甲木, 爲傷官傷盡, 富貴非凡, 非尋常可比, 或有甲透, 爲文當淸貴, 運入東方, 秋闈可奪, 用甲者, 庚不可少, 水妻木子.

## 5. 申月 戊土

| 병<br>丙 | 계<br>癸 | 뢰병조난 희수자윤 상격<br>賴丙照暖, 喜水滋潤. 上格 |
|---|---|---|
| 병<br>丙 | 장간 계<br>藏干, 癸 | 일출동산 귀격<br>日出東山. 貴格 |
| 병<br>丙 | 갑<br>甲 | 토다갑제 귀격<br>土多甲制. 貴格 |
| 계<br>癸 | 갑 지조<br>甲, 支燥 | 이도발전 귀격<br>異途發展. 貴格 |
| 패<br>敗 | | 무계병갑<br>無癸丙甲 |

七月戊土, 陽氣漸入, 寒氣漸出, 先丙後癸, 甲木次之.

丙癸甲透者, 富貴極品, 丙透癸藏, 可期一榜, 壬透丙藏, 終成選拔, 丙甲兩透, 癸水會局藏辰, 斯文領袖, 思慮明通, 卽風土不及, 亦不失富貴, 威鎭三邊, 無丙得癸甲透者, 淸操雅度, 家富千金, 異途顯達, 無癸甲者常人, 有丙火者, 妻子全, 妻賢子肖, 無癸又無丙甲, 無用之人, 勿問妻子.

或支成水局, 勿作棄命從財論, 宜取甲洩水氣, 甲透者, 稍有富貴, 多能, 且處世圓通, 甲藏, 有厚道三多, 用神妻子同前.

## 6. 申月 己土

| 병<br>丙 | 계<br>癸 | 병화온토 계수윤토 귀격<br>丙火溫土, 癸水潤土, 貴格 |
|---|---|---|
| 병<br>丙 | 임<br>壬 | 임병양투 무계 이도현직 혹무직권고 귀격<br>壬丙兩透, 無癸, 異途顯職, 或武職權高, 貴格 |
| | 임<br>壬 | 무병자 일방능사 의식충족이이 소유부이불귀<br>無丙者, 一方能士, 衣食充足而已, 小有富而不貴 |
| | 계<br>癸 | |
| | 병<br>丙 | 무임계 가도사문<br>無壬癸, 假道斯文 |
| 패<br>敗 | | 무병무수<br>無丙無水 |

三秋己土, 萬物收藏之際, 內實外虛, 寒氣漸升, 須丙火溫之, 癸水潤之, 不特此也, 且癸能洩金, 丙能制金, 補土精神, 則秋生之物, 盛茂如春夏.

先透癸, 次透丙, 自當雁塔題名, 權重百僚, 壬丙兩透, 無癸, 異途顯職, 或武職權高, 有丙火, 無壬癸, 假道斯文, 終無誠實, 有壬癸, 無丙者, 一方能士, 衣食充足而已, 小有富而不貴.

或支四庫, 甲透者富, 乏甲者, 僧道貧賤, 或甲出見癸, 不見庚傷, 厚培元氣, 可期科甲, 不貴, 風土之薄也.

或支成火局, 無水爲救, 奸詐凶惡之徒, 或丙透癸藏, 遇金生之, 頗有選拔, 不止衣衿, 加一壬輔癸, 富貴雙全, 且有慷慨才略, 見戊便遭凶厄, 且貧賤.

三秋支成金局, 無丙丁出救, 此人單寒孤苦, 如得丙丁, 生己元神, 五福俱集, 富貴非輕, 卽風土不及, 亦不失巨族英才, 人中豪傑.

總之三秋己土, 先丙後癸, 取辛輔癸, 九月土盛, 宜用甲木疏之, 餘須酌用.

## 7. 申月 庚金

<table>
<tr><td rowspan="2">丁</td><td rowspan="2">甲</td><td>專用丁火煆煉, 次取甲引丁光. 上格</td></tr>
<tr><td>→ 秋金은 銳利해야 가장 妙하다. 明理賦에 이르길, 剛金을 水가 洩하면 銳鋒이 꺾여 吉할 것 같지만, 이는 庚金의 성질을 모르기 때문이라고 했다. 따라서 寅月 甲木은 洩이 吉하고, 剋이 凶하나, 申月 庚金은 剋이 吉하고 洩이 凶하다.</td></tr>
<tr><td></td><td>丁</td><td>有丁無甲, 秀士</td></tr>
<tr><td>丙</td><td>甲</td><td>無丁, 則姑用丙. 富格</td></tr>
<tr><td>丙</td><td rowspan="2">水局</td><td rowspan="2">支成水局, 柱中卽有丙丁, 不見甲木爲根, 必主愚懦, 有甲, 貢監生員</td></tr>
<tr><td>丁</td></tr>
</table>

|  |  |  |
|---|---|---|
|  | 火局 | 富貴中人 |
|  | 木局 | 金剛木明, 行商坐賈之人 |
|  | 金局 | 金備申酉戌之地, 富貴無疑. 上格 |
|  | 甲 | 有甲無丁, 常人 |
| 敗 |  | 丁甲兩無. 下格 |

七月庚金司令, 剛銳已極, 專用丁火煆煉, 次取甲引丁光, 書曰, 秋金銳銳最爲奇, 壬癸相逢總不宜, 如逢水火來成局, 試看福壽與山齊.

如得丁甲兩透, 權重百僚, 有丁無甲, 秀士, 有甲無丁, 常人, 丁甲兩無, 下格, 無丁, 則姑用丙.

或支成水局, 柱中卽有丙丁, 不見甲木爲根, 必主愚懦, 何也, 孟秋金旺生水, 困丙丁火, 豈能出人頭地, 見甲出引丁, 貢監生員, 甲藏不過一方能士, 稍有衣祿.

或支成土局, 先甲後丁, 大富之人.

支成火局, 富貴中人.

支成火局, 無須再見, 甲木爲引, 蓋寅中自有甲木也.

金剛木明, 行商坐賈之人, 金備申酉戌之地, 富貴無疑, 金神入火鄕, 逢陽刃, 富貴榮華.

## 8. 申月 辛金

|  |  |  |
|---|---|---|
| 壬 | 戊 | 壬水爲尊, 不可用癸水. 貴格 |
|  |  | → 申月 辛金에 癸水는 절대 不利하다. 申月에는 壬水가 적게 있어야 貴를 이루는데, 壬癸가 짝을 이루면 洩氣가 太過해진다. |

| | | |
|---|---|---|
| 戊 | 水局 | 水多用戊. 貴格 |
| | | → 申月 辛金이 水局을 보면 壬水를 體로 삼아 戊土가 있어야 貴格을 이룬다. 壬水가 汪洋하면 財官을 用하는 것이다. 그러나 己土는 泥沙로 좋지 않다. |
| | 甲 | 壬少土多用甲. 貴格 |
| 敗 | | 壬癸多見無制 |

七月辛金, 値庚秉令, 不旺自旺, 且申中有自然壬水, 四柱不見戊土透, 胎元亦無戊制, 惟申中一戊, 爲壬隄岸, 合此淸貴顯達, 但爲淸廉, 貴而不富, 切勿作癸爲用.

或有土出干, 無甲, 爲有病無藥, 尋常人物, 有戊又有甲, 必主衣祿.

或四柱得庚, 庚又得地, 急宜壬洩之.

或一派金水, 得一位戊土, 主有富貴, 但不宜甲制之, 或一派壬庚癸辛, 無戊出干, 常人, 或壬癸多見, 干支亦三重戊土, 逢生坐實, 富貴之人.

總之七月辛金, 壬少爲富, 書曰, 水淺金多, 號曰體全之象, 壬水爲尊, 戊甲酌用, 丙丁總不宜作用神.

## 9. 申月 壬水

| | | |
|---|---|---|
| 戊 | 丁 | 專用戊土, 次取丁制庚左之. 上格 |
| 丁 | 辰戌 | 宜用辰戌之土, 不可用申中受病之土. 貴格 |
| 戊 | 藏干, 丁 | 凜貢恩封可期. 貴格 |
| | 寅 | 丙戊兩藏, 富中取貴 |
| | 巳 | |

| | | |
|---|---|---|
| | 戊 | 多壬用戊, 假殺化權. 威命 |
| | 戊 | → 假殺이란 두 가지 경우를 가리킨다. 하나는 官多하면 化殺하여 眞殺이 아닌 것을 말하고, 또 하나는 身旺하고 殺이 적으면 殺이 官의 작용을 하므로 권위가 있다는 말이다. |
| | 甲 | 多戊甲制, 富格 |
| 敗 | | 戊丁全無 |

七月壬水, 倚母當令, 變弱爲强, 專用戊土, 次取丁制庚佐之, 但宜用辰戌之土, 不可用申中受病之土.

戊透, 加丁透年干, 科甲顯宦, 或戊透天干, 丁藏午戌, 廩貢恩封可期, 但忌見癸水, 斯成化合, 或支見寅戌, 年干丁火無傷, 可許衣衿, 或丙戊兩藏, 富中取貴.

或四柱多壬, 無又透干, 名假殺化權, 閬苑仙人, 支藏甲, 亦可不忌, 但甲多, 又是常人, 有庚居申, 但衣祿無虧, 或多戊出干, 得一甲透制之, 畧有富貴, 無甲, 到老困窮.

或一派甲木, 又見比多, 無庚出干, 離鄕別井, 衣祿隨緣, 申中庚金, 雖有難救.

七月壬水, 專用戊土, 丁火爲佐.

## 10. 申月 癸水

| | | |
|---|---|---|
| 丁 | 支燥 | 庚金得祿, 必丁火制金爲用, 丁火以通根午戌未爲妙, 富中取貴 |
| 癸 | | 癸雖死申, 然申中有庚, 名絶處逢生, 卽如以癸作用, 運行申酉地, 不死 |

| | | |
|---|---|---|
| 丁 | 甲 | 丁透帶甲, 名有焰之火, 爲人必光輝難掩, 富貴非輕 |
| 丁 | 庚 | 丁透無甲, 又無壬癸出制, 卽有一二庚金在柱, 貢監衣衿不少 |
| 敗 | | 無丁 |

七月癸水, 正母旺子相之時, 癸雖死申, 然申中有庚, 名絶處逢生, 弱中變强, 卽如以癸作用, 運行申酉地, 不死, 蓋庚旺故也, 庚金秉令剛頑, 必取丁火爲用, 以制多金.

或丁透帶甲, 名有焰之火, 爲人必光輝難掩, 富貴非輕, 或丁透無甲, 又無壬癸出制, 卽有一二庚金在柱, 貢監衣衿不少, 得二丁制金更吉, 若金多而無丁制貧賤.

得一丁居祿於午, 名獨財得位, 富中取貴, 或丁居未戌無力, 亦不過常人, 稍有能人, 逢冲歲運必發, 或柱有戌未, 或二戌二未, 又甲出干, 無水, 又不作富貴推矣, 或一丁藏庫, 干支見甲多, 無水常人.

■ 酉月

| 用神 一線 | 用神 二線 | 看法 摘要 |
|---|---|---|

## 1. 酉月 甲木

| | | |
|---|---|---|
| 庚 | 丁 | 庚金眞神, 劈甲引丁. 上格<br>→ 酉月은 丁火의 生宮으로 用神이 有力有情하여 大吉하다. |

| 庚 | 丙 | 用丙調候. 富貴雙全. 富格 |
|---|---|---|
| | | → 庚金을 用할 때, 秋庚과 冬庚은 丙丁이 공히 透해도 官殺混雜의 破格을 논하지 않는다. 丁火制殺, 丙火調候로 貴格을 이룬다. |
| | 癸 | 癸透火制. 凡命 |
| | 金局 | 金破木氣, 病疾 |
| 敗 | | 無丙丁庚 |

八月甲木, 木衰金旺, 丁火爲先, 次用丙火, 庚金再次.

一丁一庚, 科甲定顯, 癸水一透, 科甲難全.

丙庚兩透, 富大貴小, 丙丁全無, 僧道之命, 丙透無癸, 富貴雙全, 癸出制丙, 便是常人.

支成火局, 可許假貴, 戊己一透, 可作富翁.

或支成金局, 干露庚金, 爲木被金傷, 必主殘疾, 得丙丁破金, 亦主老來暗疾.

或支成木局, 干透比劫, 反取庚金爲先, 次用丁火.

## 2. 酉月 乙木

| 癸 | 支操 | 上半月癸先後丙, 殺印相生. 上格 |
|---|---|---|
| 癸 | 丙 | 水火旣濟. 上格 |
| 丙 | 支濕 | 秋分後丙先癸後. 傷官架殺. 上格 |
| 丁 | 金局 | 支成金局, 埋根之鐵, 宜用丁鍊. 貴格 |
| 敗 | | 無癸丙己 |

八月乙木, 芝蘭禾稼均退, 以丹桂爲乙木, 在白露過後, 桂蕊未開, 專用癸水, 以滋桂萼, 若秋分後, 桂花已開, 又當向陽, 宜先用丙, 癸水次

之, 丙癸兩透, 科甲名臣.

或支成金局, 宜暗藏丁制, 無丁恐木被金傷, 無癸無火, 帶病之人.

若有癸水, 如子得母, 其人一生豊盛, 若癸出干, 終身秀才, 或丙癸兩透, 見戊雜出, 不過異路顯職.

生秋分後, 有丙無癸, 可許小富貴, 有癸無丙, 名利虛花, 或四柱中有丙癸藏支, 常人中能士, 無丙癸下格.

或癸在支, 丙透時干, 名爲木火文星, 定主上達, 生於秋分後方準.

或生上半月, 無癸則木枯, 姑用壬水, 不然, 枯木無用, 平常閒人, 四柱多見戊己, 亦主貧賤下格.

## 3. 酉月 丙火

| | | |
|---|---|---|
| 壬 | 支燥 | 一壬高秀爲奇, 光輝. 上格 |
| 壬 | 藏干, 癸 | 宜運行南地. 貴格 |
| 壬 | 丙 | 四柱多丙, 一壬高透爲寄, 富貴無窮 |
| 壬 | 戊 | 有壬透干, 又見戊土出干, 可運科甲. 貴格 |
| | 癸 | 若無壬水, 癸亦可用, 但發達不久 |
| 敗 | | 丙火無根無印 |
| | | 壬水全無 |
| | | 支成金局, 無辛出干, 不作從財論, 直朱門餓莩耳, 財多身弱 |

八月丙火, 日近黃昏, 丙有餘光, 存於湖海, 仍用壬水輔映.

四柱多丙, 一壬高透爲奇, 富貴無窮, 如獨壬藏支, 定至秀才, 或土多困水, 不過一方能士, 若無壬水, 癸亦可用, 但發達不久.

或多見辛出干, 不能從化, 但享祖宗餘福, 親歿則貧苦到老, 或見丁制辛, 奸詐無常, 女命合此, 長舌之婦, 主淫賤.

或支成金局, 無辛出干, 不作從財論, 直朱門餓莩耳, 如支成金局, 有辛出干, 不見比劫, 正從財格, 富貴, 或得貴人提拔, 親戚扶持, 妻賢內助.

總之八月丙火, 專壬次癸, 用水者, 金妻水子, 用木者, 水妻木子.

## 4. 酉月 丁火

| 甲 | 庚 | 庚取劈甲. 上格 |
|---|---|---|
| 甲 | 丙 | 不畏丙奪丁光, 用丙暖金曬甲, 破財護印, 三秋甲庚丙竝用. 上格 |
| | | → 秋月 丁火는 丙奪丁光을 두려워하지 않는다. |
| 乙 | 丙 | 無甲用乙, 見丙爲枯草引燈. 富格 |
| | | → 申月과 酉月에 甲木이 없으면 乙木을 取하는데, 이때는 丙火로 말려야 枯草引燈格을 이룬다. 즉 甲은 반드시 庚이 있어야 하고, 乙은 丙이 있어야 한다. |
| | 戊 | 水旺用戊. 貴格 |
| 敗 | | 無甲無乙 |
| | | 用乙無丙 |

三秋丁火, 陰柔退氣, 專用甲木, 金雖乘旺司權, 無傷丁之理, 仍取庚劈甲, 爲引火之物, 又借丙暖金曬甲, 不畏丙勢奪丁, 凡兩丙夾丁者, 夏月忌之, 餘月不忌, 但此格幼年困厄刑剋, 中年可主富貴, 必支見水制丙方妙.

三秋甲庚丙竝用, 仍分優劣, 何也, 七月甲丙, 申中有庚, 八月甲丙庚皆用, 七八月無甲木, 乙亦姑用, 名枯草引燈, 却不離丙曬也, 九月專用甲庚, 總之甲不離庚, 乙不離丙, 其理極明, 當細參之, 或見甲, 又透庚丙, 科甲有準, 卽風土不及, 定居選拔, 無甲用乙者, 富貴皆小, 且富而不貴者多, 卽不富, 亦衣食充足.

或一重壬水, 又多見癸水, 雖戊己制之, 自然富貴光輝.

或八月一派辛金, 無庚, 又無比印, 名棄命從財, 富貴兩全, 雖不科甲,亦有異途, 位顯名揚, 從財者, 金爲妻, 不剋, 有正偏, 水爲子, 不刑.

或九月一派戊土, 洩丁火之氣, 但有戊無壬, 不見甲木, 爲傷官傷盡, 富貴非凡, 非尋常可比, 或有甲透, 爲文當淸貴, 運入東方, 秋闈可奪, 用甲者, 庚不可少, 水妻木子.

## 5. 酉月 戊土

| | | |
|---|---|---|
| 丙 | 癸 | 金洩身寒, 先丙後癸賴. 上格 |
| 癸 | 辛, 支燥 | 土金傷官秀氣. 貴格<br>→ 酉月 戊土는 秋土生金하여 土가 매우 弱하므로 甲木을 用하지 않는다. 戊土의 用法에서 不必木疏는 酉月이 유일하다. |
| 癸 | 藏干, 丙 | 癸透丙藏, 富中取貴. 貴格 |
| 丙<br>丁 | 藏干, 癸 | 丙透癸藏, 小貴 |
| 敗 | | 全無丙癸 |

八月戊土, 金洩身寒, 賴丙照暖, 喜水滋潤, 先丙後癸, 不必木疏.

丙癸兩透, 科甲有準, 丙透癸藏, 稍有富貴, 癸透丙藏, 富中取貴, 丙透無癸, 不過秀才, 癸透無丙, 不過能人, 丙藏不透, 又無癸水, 或癸多不透, 不見丙火, 俱係常人, 無丙無癸, 無用之人.

或四柱皆辛, 無丙丁, 此名土金傷官, 聰明淡雅, 功名不利於文, 定利於武, 得見癸水, 富而且貴.

或支成水局, 壬癸出干, 爲財多身弱, 朱門餓莩, 富屋貧人, 愚懦無能, 鄙吝終身, 若天干有比劫分散財神, 頗有衣祿.

秋土生金極弱, 須丙火丁火出干方妙, 或辛多無火制之, 人生淸貴之格, 此理極驗, 用神妻子同前.

## 6. 酉月 己土

| | | |
|---|---|---|
| 병<br>丙 | 계<br>癸 | 병화온토 계수윤토 귀격<br>丙火溫土, 癸水潤土, 貴格 |
| 병<br>丙 | 임<br>壬 | 임병양투 무계 이도현직 혹무직권고 귀격<br>壬丙兩透, 無癸, 異途顯職, 或武職權高, 貴格 |
| | 임<br>壬<br>계<br>癸 | 무병자 일방능사 의식충족이이 소유부이불귀<br>無丙者, 一方能士, 衣食充足而已, 小有富而不貴 |
| 계<br>癸 | 금국<br>金局 | 지성금국 계투 대부<br>支成金局, 癸透, 大富 |
| | 병<br>丙 | 무임계 가도사문<br>無壬癸, 假道斯文 |
| 패<br>敗 | | 무병무수<br>無丙無水 |

三秋己土, 萬物收藏之際, 內實外虛, 寒氣漸升, 須丙火溫之, 癸水潤之, 不特此也, 且癸能洩金, 丙能制金, 補土精神, 則秋生之物, 盛茂如春夏.

先透癸, 次透丙, 自當雁塔題名, 權重百僚, 壬丙兩透, 無癸, 異途顯職, 或武職權高, 有丙火, 無壬癸, 假道斯文, 終無誠實, 有壬癸, 無丙者, 一方能士, 衣食充足而已, 小有富而不貴.

或支四庫, 甲透者富, 乏甲者, 僧道貧賤, 或甲出見癸, 不見庚傷, 厚培元氣, 可期科甲, 不貴, 風土之薄也.

或支成火局, 無水爲救, 奸詐凶惡之徒, 或丙透癸藏, 遇金生之, 頗有選拔, 不止衣衿, 加一壬輔癸, 富貴雙全, 且有慷慨才略, 見戊便遭凶厄, 且貧賤.

三秋支成金局, 無丙丁出救, 此人單寒孤苦, 如得丙丁, 生己元神, 五福俱集, 富貴非輕, 卽風土不及, 亦不失巨族英才, 人中豪傑.

總之三秋己土, 先丙後癸, 取辛輔癸, 九月土盛, 宜用甲木疏之, 餘須酌用.

## 7. 酉月 庚金

| | | |
|---|---|---|
| 丁 | 甲 | 丁甲兩透, 又見一丙, 科甲顯官. 上格<br>→ 酉月 庚金은 陽刃이 令을 잡아, 金氣가 最剛하고 秋氣가 깊어 寒氣가 심하다. 따라서 丁火로 煅煉하고 丙火로 調候하므로 官殺混雜이 오히려 貴한 것이다. |
| | 藏干, 丙 | 陽刃不沖, 支藏一點丙殺, 名陽刃駕殺, 主出將入相 |
| 丙 | 丁 | 丙火重重, 一丁出干, 支下藏甲, 亦主科甲仕宦, 丙出丁藏, 異途顯職 |
| 甲 | 支燥 | 丙丁在支, 甲透而水不透者, 淸高到底, 衣衿能士 |
| 壬<br>癸 | 金局 | 丙丁甲乙全無, 支會金局, 有水出干以洩金氣, 此命從革, 但常招凶事, 貴格 |
| | 金局 | 見丙丁乙, 名振四海. 上格<br>→ 金聲玉振賦에 從革格이 乙丙丁, 三奇를 보면 千秋에 名聲을 날린다고 했다. 酉月 庚金이 三奇를 보면 필시 出將入相하는 命이 된다. |
| 敗 | | 全無火氣 |

八月庚金, 剛銳未退, 仍用丁甲, 以丙佐之, 丙火不可少也.

丁甲兩透, 又見一丙, 科甲顯官, 且月見一陽刃, 不沖, 支藏一點丙殺, 名陽刃架煞, 主出將入相, 耿介忠良, 如不驗, 風土之薄也.

或丙火重重, 一丁出干, 支下藏甲, 亦主科甲仕宦, 丙出丁藏, 異途顯職.

或丙丁在支, 甲透而水不透者, 淸高到底, 衣衿能士.

或干無丁火, 疊見丙出, 此假煞重重, 有刃不能作從煞論, 常人而已,卽有一丙透, 秀而不富.

或丙丁甲乙全無, 支會金局, 有水出干以洩金氣, 盡行西北運, 不見火鄕, 此名從革, 爲人淸雅, 富中有貴, 但常招凶事, 若運入火鄕破格, 死不能延, 或柱中有火破格, 飄流孤苦, 爲僧作道, 運入木鄕, 衣食稍豊, 然總是近於九流技藝之士.

或支見重重甲乙, 無用人也, 金旺木衰, 非火莫制, 不見丙丁, 必作藝術之流.

## 8. 酉月 辛金

| | | |
|---|---|---|
| 壬 | 甲 | 壬透甲透, 不見戊己透出, 科甲顯宦, 且有經天緯地之才略. 上格 |
| | | 戊己全無, 甲木洩壬, 此爲用神無力, 笑裏藏刀, 雖有餘積, 亦爲富不仁 |
| | 甲 | 如見戊己. 須甲制土. |
| 丁 | 金局 | 支成金局, 無壬, 須用丁火 |
| 壬 | 金局 | 一淸到低, 文武兼備, 棟樑之材 |
| | 壬 | 一派辛金, 一位壬水, 無庚雜亂, 水淺金多, 體全之象, 富中取貴 |
| | | 多見己土, 有壬有甲, 不賤不貴 |
| 敗 | | 壬見多戊 |
| | | → 金聲玉振賦에 金水가 총명하나 土가 있으면 어리석고 나약하다고 했다. 다만 酉月 辛金에 一派 壬水가 太旺하면 戊土로 制防해야 한다. |
| | | 一派己土, 汚沒無名, 僧道 |

八月辛金, 當權得令, 旺之極矣, 專用壬水淘之洩之爲貴, 故云金見水以流通.

如見戊己生旺, 埋辛金, 混塞壬水, 則須甲木制之, 無甲便是有病無藥, 果壬透甲透, 不見戊己透出, 科甲顯宦, 且有經天緯地之才略, 如無戊亦不必用甲, 蓋有病方須用藥也, 或支藏戊, 又藏甲, 衣衿廩貢.

或四柱辛金一點, 壬水亦一點, 但見甲木洩壬, 此爲用神無力, 常人, 且奸詐百出, 笑裏藏刀, 雖有餘積, 亦爲富不仁, 得庚制者, 反主仁義, 或一二點辛金, 一位壬水, 多見甲木, 得庚壬透者, 大富貴, 但不宜見丁, 或見丁在支, 不過淸高風雅, 衣食饒裕, 卑無遠志, 或三四辛金, 一壬一甲, 不見庚金, 受祿萬鍾, 卽風土不及, 貢監生員不少, 異途亦可出仕, 或一派辛金, 一位壬水, 無庚雜亂, 又主富中取貴, 白手成家.

或辛金二三, 壬水一位, 多見戊土, 制壬埋金, 此人愚懦, 雖有妻子, 不能爲其父夫, 見一甲破戊, 便可白手成家, 爲創立之人, 或一派壬水洩金, 無戊出制, 名沙水同流, 主貧苦奔波到老, 但好學不失儒業, 或支中藏戊止流, 其人頗有才略, 主有藝術動人, 家招仕宦.

或干透二辛, 支成金局, 金性剛銳, 無壬水淘洩, 乃剛强取敗之流, 作濁穢, 好淸高, 金無秀氣, 須用丁火制之, 無火, 必作不良, 或爲僧道, 凶危可免, 亦善惡無憑, 得一壬透, 淘洩群金, 名一淸到底, 宜文宜武, 邦家之才.

或支成金局, 戊己透干, 壬透無火, 名白虎格, 運行西北, 不入東南, 富貴非常, 子星不多, 遇火運孤貧, 或時逢丙火, 雖有壬出, 亦屬平常, 蓋丙辛化合不逢時故也, 或丁透破局, 無癸出制, 貧賤非常, 癸透制丁, 先貧後富.

或一二辛金, 一派己土, 汚沒無名, 僧道, 有壬有甲, 不賤不貴, 稍有能力, 或多見己土, 支見一甲, 一生厚重, 衣祿不虧, 或支藏庚丁, 主納粟奏名, 或一派乙木, 無甲無壬, 財多身弱, 終難發達, 見庚制乙, 可主小富貴, 但多奸詐, 如比劫太多, 亦屬貧賤.

總之八月辛金太旺, 專用壬水, 次取甲木疏土, 水得流通爲妙, 金生秋月, 土重, 貧無寸鐵, 六辛日逢戊子時, 運喜西方, 陰若朝陽, 切忌丙丁離位, 庚辛局全巳酉丑, 位重權高.

## 9. 酉月 壬水

| | | |
|---|---|---|
| 甲 | | 金白水淸之時, 忌戊己爲病, 甲透, 壬性澈低澄淸, 科甲顯宦. 貴格 |
| | | → 申月 壬水는 沖奔한 성질이 있어 戊土를 用하나 酉月은 敗地로 旺하지도 弱하지도 않다. 이때는 金水가 相生하여 金白水淸이므로 戊己土가 있으면 病이 된다. 따라서 甲木을 用神으로 삼는다. |
| | 藏干, 甲 | 有甲藏支, 支中無庚, 亦主衣衿 |
| | 戊 | 壬多透干, 支有申亥, 不用甲而用戊, 此亦主衣衿 |
| 庚 | 甲 | 壬水無根, 庚甲兩透. 貴格 |
| 敗 | | 無甲 |
| | | 無戊多壬, 人淸才濁, 終主困窮 |

八月辛金司權, 金白水淸之時, 忌戊己爲病, 專取甲木.

甲透, 壬性澈底澄淸, 科甲顯宦, 或見戊, 有甲透多, 去濁留淸, 沙水有交歡之象, 金自白而水自淸, 科甲無疑, 得甲透時干名文星, 堪入翰林, 見庚在支破, 常人, 卽有甲藏支, 支中無庚, 亦主衣衿.

或壬多透干, 支有申亥, 此不用甲而用戊, 蓋亥中雖有甲破戊, 申中又有庚破甲, 此亦主衣衿, 且有富足才能, 或無戊多壬, 人淸才濁, 終主困窮.

無甲, 用金發水之源, 名獨水三犯庚辛, 號曰體全之象.

總之八月壬水, 專用甲木, 用甲者, 水妻木子.

## 10. 酉月 癸水

| | | |
|---|---|---|
| 辛 | 丙 | 辛金爲用, 丙火佐之, 名水暖金溫, 如丙辛隔位同透, 主科甲有準. 貴格 |
| | 丙 | 丙透辛藏, 不過貢監衣衿 |
| | | 戊己太多, 塞水埋金, 定是平常人 |
| 敗 | | 無丙 |

八月酉辛虛靈, 非頑金可比, 正金白水淸之時, 取辛爲用, 丙火佐之, 名水暖金溫.

如丙辛隔位同透, 主科甲有準, 卽風土不及, 亦不失異途封職, 或丙透辛藏, 不過貢監衣衿.

或柱中戊己太多, 塞水埋金, 定是平常人.

■ 戌月

| 用神 一線 | 用神 二線 | 看法 摘要 |
|---|---|---|

## 1. 戌月 甲木

| | | |
|---|---|---|
| 戊 | 庚, 支燥 | 財旺生官. 貴格 |
| 戊 | 支濕 | 一榜許諾. 富格 |
| 丁 | 庚, 支濕 | 木性凋零, 獨愛丁火, 壬癸滋扶. 貴格 |
| 庚 | 丙 | 殺用食制, 自手成家. 貴格 |
| 丁 | 戊 | 傷官生財, 同宮丁戊, 富貴 |

| 壬(임) | 丁(정), 火局(화국) | 假傷官得地奉生貴元武(가상관득지봉생귀원무). 貴格(귀격) |
|---|---|---|
| 癸(계) | | → 甲乙秋生貴元武(갑을추생귀원무)는 傷官佩印格(상관패인격)을 말한다. |
| 甲(갑) | 庚(경) | 身殺均停(신살균정). 貴格(귀격) |
| 甲(갑) | 藏干(장간), 庚(경) | 小富小貴(소부소귀) |
| 敗(패) | | 火局無水(화국무수), 木性焦腐(목성초부) |
| | | 無丁癸庚(무정계경) |

九月甲木, 木性凋零, 丁火壬癸滋扶.

戊己亦透, 配得中和, 可許一榜, 庚金得所, 科甲無疑, 但要心地風水運程相合, 或見一二比肩, 無庚辛制伏之, 便是常人, 運不得用, 貧無立錐.

一命甲辰甲戌甲辰甲戌富貴壽考, 台閣之命, 此命天元一氣, 又名一財一用, 遇比用財, 專取季土.

或見庚見丙, 有能生員, 白手成家, 凡用火者, 木妻火子, 妻賢子肖.

或四柱木多, 用丙用丁, 皆不爲善, 用庚爲妙, 九月用庚者, 却不取土妻金子, 當取水妻木子, 凡四季甲木, 總不外乎庚金, 譬如木爲犁, 能疏季土, 非庚爲犁嘴, 安能疏土, 雖兼丙丁癸水爲用, 庚必居先.

凡季月之甲, 多見戊己, 定作棄命從財論, 火爲妻土爲子.

三秋甲木, 以庚爲貴, 若見一派丙丁傷金, 不過假道斯文, 有壬癸破丙丁者, 必有眞學問, 無水破火, 支又成火局, 乃是枯朽之木, 有庚亦何能爲力, 孤貧下賤之流, 男女一理.

或有假傷官得地逢生, 此正合甲乙秋生貴元武之說, 用水制傷官者, 以金爲妻, 水爲子.

或丁戊俱全, 總不見水, 又爲傷官生財格, 亦可云富貴, 此格取火爲妻土爲子.

凡九月甲木, 甲多庚透, 富貴. 庚藏小富貴, 用庚者, 忌丁火制伏, 恐難富貴, 若柱中多庚, 則又以丁爲奇, 富貴人也. 如庚申年 丙戌月 甲申日 壬申時, 此主功名顯達, 有才能, 若無庚丙年月, 又無火星出干, 好學而難成名.

九月甲木, 或專用丁火癸水, 見戊透干, 貴. 如戊戌 壬戌 甲子 戊辰. 已成水局, 壬水出干, 正合貴宜元武之說, 又得戊透, 配得中和, 一榜之命, 家計豊足, 富有千金, 但庚丁不生, 出仕不顯.

## 2. 戌月 乙木

<table>
<tr><td>계<br>癸</td><td>지습<br>支濕</td><td>목성조락 재격투인 상격<br>木性凋落, 財格透印. 上格</td></tr>
<tr><td>계<br>癸</td><td>병 지습<br>丙, 支濕</td><td>상관패인 상격<br>傷官佩印. 上格</td></tr>
<tr><td>갑<br>甲</td><td>무<br>戊</td><td>등라계갑 부격<br>藤蘿繫甲. 富格</td></tr>
<tr><td colspan="2" rowspan="3">패<br>敗</td><td>무기태다무제 재다신약<br>戊己太多無制, 財多身弱</td></tr>
<tr><td>금수태과 금한수냉<br>金水太過, 金寒水冷</td></tr>
<tr><td>수기전무<br>水氣全無</td></tr>
</table>

九月乙木, 枝枯葉落, 必賴癸水滋養, 如見甲申時, 名爲藤蘿繫甲, 可秋可冬.

若柱中見癸水, 又遇辛金發水源, 定主科甲, 或有癸無辛, 常人, 有辛無癸, 貧賤, 或四柱壬多, 惟難泛乙, 每作尋常人物中之上品.

三秋木氣休囚, 土多從財, 乃一定之理, 但不可有比印, 一見比印, 只作財多身弱看, 不作從論.

用癸者, 金妻水子, 但子女艱難, 季土剋制故也.

## 3. 戌月 丙火

<table>
<tr><td>갑<br>甲</td><td>임<br>壬</td><td>기토회광 선취갑소토 차용임수 부귀현달 귀격<br>忌土晦光, 先取甲疏土, 次用壬水, 富貴顯達. 貴格</td></tr>
<tr><td>갑<br>甲</td><td>계<br>癸</td><td>약무임보병자갑 득계투간 역주이도현달<br>若無壬輔丙資甲, 得癸透干, 亦主異途顯達</td></tr>
<tr><td rowspan="2"></td><td>장간 임<br>藏干, 壬</td><td rowspan="2">공감이이 소귀<br>貢監而已. 小貴</td></tr>
<tr><td>장간 계<br>藏干, 癸</td></tr>
</table>

| | | |
|---|---|---|
| 甲(갑) | 藏干(장간), 壬(임) | 可許秀才(가허수재) |
| 壬(임) | 藏干(장간), 甲(갑) | |
| | | 無甲壬癸者下格(무갑임계자하격) |

九月丙火愈衰, 忌土晦光, 先用甲木, 次取壬水.

甲壬兩透, 科甲有準, 富貴非凡, 若無壬輔丙資甲, 得癸透干, 亦主異途顯達, 壬癸藏支, 貢監而已, 甲藏壬透, 無庚破甲, 可許秀才, 或庚困木戊困水, 定是庸才, 無甲壬癸者下格.

或一派火土, 雖不旺, 亦自旱燥, 如不離鄕過往, 亦主奔流到老, 或作僧道, 可以優閑, 加以無庚辛壬癸出干者, 貧而夭.

或支成火局, 炎上失令, 運入西方, 貧乏異常, 不顧妻子.

或己土出干, 甲木不透, 雖有比肩助身, 難制當權之土, 無用人也.

用甲者水妻木子, 用壬者金妻水子.

## 4. 戊月 丁火

| | | |
|---|---|---|
| 甲(갑) | 庚(경) | 庚取劈甲(경취벽갑). 上格(상격) |
| 戊(무) | | 一派戊土無甲(일파무토무갑), 爲傷官傷盡(위상관상진). 上格(상격) |
| 甲(갑) | 戊(무) | 爲文章淸貴(위문장청귀) |
| 敗(패) | | 全無庚甲(전무경갑) |

三秋丁火, 陰柔退氣, 專用甲木, 金雖乘旺司權, 無傷丁之理, 仍取庚劈甲, 爲引火之物, 又借丙暖金曬甲, 不畏丙勢奪丁, 凡兩丙夾丁者, 夏月忌之, 餘月不忌, 但此格幼年困厄刑剋, 中年可主富貴, 必支見水制丙方妙.

三秋甲庚丙並用, 仍分優劣, 何也, 七月甲丙, 申中有庚, 八月甲丙庚皆用, 七八月無甲木, 乙亦姑用, 名枯草引燈, 却不離丙曬也, 九月專用甲庚, 總之甲不離庚, 乙不離丙, 其理極明, 當細參之, 或見甲, 又透庚丙, 科甲有準, 卽風土不及, 定居選拔, 無甲用乙者, 富貴皆小, 且富而不貴者多, 卽不富, 亦衣食充足.

或一重壬水, 又多見癸水, 雖戊己制之, 自然富貴光輝.

或八月一派辛金, 無庚, 又無比印, 名棄命從財, 富貴兩全, 雖不科甲, 亦有異途, 位顯名揚, 從財者, 金爲妻, 不剋, 有正偏, 水爲子, 不刑.

或九月一派戊土, 洩丁火之氣, 但有戊無壬, 不見甲木, 爲傷官傷盡, 富貴非凡, 非尋常可比, 或有甲透, 爲文當淸貴, 運入東方, 秋闈可奪, 用甲者, 庚不可少, 水妻木子.

## 5. 戌月 戊土

| 甲 | 癸 | 戊土當權, 先用甲木, 次取癸水, 財滋弱殺. 貴格 |
|---|---|---|
| 甲 | 丙, 支濕 | 先甲木, 次癸水, 後丙火, 配合支干, 定發雲程. 貴格 |
|  | 甲 | 無癸無丙, 名利虛像. 秀命 |
| 癸 | 藏干, 甲 | 祿劫用財, 小富 |
| 敗 |  | 全無甲木, 貧寒 |

九月戊土當權, 取癸爲妙, 不必用丙, 却忌戊與癸合, 先看甲木, 次取癸水, 再取丙火配合支干, 方成有生之土, 合此定發雲程, 科甲有準.

或無丙有癸, 不見甲木出干, 衣祿小富, 有甲無癸丙者, 衣祿能人, 有丙癸無甲者, 貧苦, 癸甲全無, 雖有丙火, 亦衣祿無聊, 非僧道卽一生只可傍人度活.

或支成水局, 壬癸透干, 用戊止流, 有比透反主富.

支成火局, 名土燥不發, 得金水兩透, 此人淸高, 略可富貴, 無水一生困苦, 妻子同前.

## 6. 戊月 己土

<table>
<tr><td>甲</td><td>癸</td><td>九月土盛, 宜甲木疏之, 次用癸水. 貴格</td></tr>
<tr><td>甲</td><td>丙, 支濕</td><td>宜甲木疏之, 次用癸水. 貴格</td></tr>
<tr><td></td><td>甲</td><td>甲透, 富格</td></tr>
<tr><td rowspan="2"></td><td>壬</td><td rowspan="2">無丙者, 一方能士, 衣食充足而已, 小有富而不貴</td></tr>
<tr><td>癸</td></tr>
<tr><td>癸</td><td>金局</td><td>支成金局, 癸透, 大富</td></tr>
<tr><td></td><td>丙</td><td>無壬癸, 假道斯文</td></tr>
<tr><td colspan="2">敗</td><td>無丙無水</td></tr>
</table>

三秋己土, 萬物收藏之際, 內實外虛, 寒氣漸升, 須丙火溫之, 癸水潤之, 不特此也, 且癸能洩金, 丙能制金, 補土精神, 則秋生之物, 盛茂如春夏.

先透癸, 次透丙, 自當雁塔題名, 權重百僚, 壬丙兩透, 無癸, 異途顯職, 或武職權高, 有丙火, 無壬癸, 假道斯文, 終無誠實, 有壬癸, 無丙者, 一方能士, 衣食充足而已, 小有富而不貴.

或支四庫, 甲透者富, 乏甲者, 僧道貧賤, 或甲出見癸, 不見庚傷, 厚培元氣, 可期科甲, 不貴, 風土之薄也.

或支成火局, 無水爲救, 奸詐凶惡之徒, 或丙透癸藏, 遇金生之, 頗有選拔, 不止衣衿, 加一壬輔癸, 富貴雙全, 且有慷慨才略, 見戊便遭凶厄, 且貧賤.

三秋支成金局, 無丙丁出救, 此人單寒孤苦, 如得丙丁, 生己元神, 五福俱集, 富貴非輕, 卽風土不及, 亦不失巨族英才, 人中豪傑.

總之三秋己土, 先丙後癸, 取辛輔癸, 九月土盛, 宜用甲木疏之, 餘須酌用.

## 7. 戌月 庚金

| 甲 | 壬 | 先用甲疏, 次用壬洗, 金自出矣. 貴格 |
|---|---|---|
| 甲 | 藏干, 壬 | 甲透壬藏, 鄕魁 |
| 壬 | 藏干, 甲 | 甲藏壬透, 廩貢 |
| | 甲 | 有甲無壬, 多能之士, 猶有學問 |
| | 火局 | 功名魁士 |
| | | → 秋金의 水火는 局을 이루면 福壽가 두텁다. |
| | 壬 | 有壬無甲, 平常之人 |
| 敗 | | 壬甲兩無, 僧道無能之人 |

九月戊土司令, 大懼土厚埋金, 先用甲疏, 次用壬洗, 金自出矣, 忌見己土混壬.

甲壬兩透, 科甲有准, 忌見戊土己土, 或甲透壬藏, 鄕紳不少, 甲藏壬透, 廩貢堪謀, 有甲無壬, 多能之士, 猶有學問, 有壬無甲, 平常之人, 莫問衣衿, 壬甲兩無, 僧道無能之人.

或支成火局, 功名魁士, 壓服一方, 不見癸水, 一榜可期.

或四柱戊多生金, 全無甲壬者, 混濁朴拙, 卽有衣祿, 不能長久.

或只一庚, 戊多無甲壬者, 愚蠢下賤, 必遭埋沒.

## 8. 戌月 辛金

| 壬 | 甲, 支濕 | 九月辛金, 火土爲病, 水木爲藥. 貴格 |
|---|---|---|
| 壬 | 藏干, 甲 | 貢監生員 |
| 甲 | 藏干, 壬 | 異途顯達 |
| 丙 | 辰 | 眞化水, 大富大貴 |
| | | → 霜降 후에는 水旺進氣하므로 水化를 논하는 것이다. |
| 敗 | | 無甲戊壬 |

九月戊土司令, 母旺子相之時, 喜甲疏季土, 壬洩旺金, 先壬次甲.

壬甲兩透, 支成水局, 科甲富貴無疑, 若一壬透, 無甲, 見二戊藏支, 常人, 或支中有甲制戊, 貢監生員, 或一甲出干, 壬水在支, 柱中多戊, 異途顯達, 若二甲出干以制多戊, 富大貴小, 刀筆更利.

或辛日甲月, 年時兩透壬水, 支又見庚, 發水之源, 卽有四戊藏支, 亦能去濁留淸, 可許一榜, 若見戊戌月, 卽有甲藏支, 不能成名, 且損祖業.

總之令土至有四五, 卽一甲出干, 難爲剋制, 必爲厚土埋金, 愚懦奔流, 若壬水出干, 洗土生甲, 雖不云貴, 終能勞碌致富, 但爲守錢奴耳.

無甲, 得時月有貼身丙出化水, 稍富, 加辰字在支, 斯爲眞化水, 大富大貴.

或木多土少, 但有戌中一戊, 又無一水者, 常人.

或癸多出干, 雖無淘洗之功, 亦有淸金之用, 主有艱難富貴.

或己透, 無壬有癸, 亦能滋生辛金, 稍有富貴, 但多己便止一濁富而耳, 不知淸雅之趣.

總之九月辛金, 火土爲病, 水木爲藥, 專壬爲用, 佐以甲木, 丙火酌用.

## 9. 戌月 壬水

| | | |
|---|---|---|
| 甲(갑) | 丙(병) | 以甲制戌中戊土(이갑제술중무토), 丙火爲佐(병화위좌). 貴格(귀격) |
| 甲(갑) | 丁(정) | 丁透見甲(정투견갑), 略有富貴(략유부귀) |
| 丙(병) | 戊(무) | 壬水汪洋(임수왕양), 見一戊出干(견일무출간), 正謂一將當關(정위일장당관). 貴格(귀격) |
| | 戊(무) | 無丙用戊(무병용무), 常人(상인) |
| 敗(패) | | 庚透無丁(경투무정), 便作貧賤(변작빈천) |
| | | 無甲無丙(무갑무병) |

九月亥水進氣, 其勢將旺, 見一派壬水, 得一甲而破戊戌, 又見一戊出干, 斯用丙火, 合此富貴淸雅之品, 正謂一將當關, 羣邪自伏, 見丙, 便主衣祿, 畧可處世.

或一派戊土, 無一己一庚雜亂, 獨有甲透時干, 定主玉堂淸貴, 卽甲透月干, 定主科甲, 若支藏己土, 亦可一榜, 雖風土不及, 亦主廩貢, 或庚透無丁, 便作貧賤, 或丁透見甲, 畧有富貴.

或無丙用戊, 常人, 用土者, 金妻水子.

總之九月壬水, 專用甲木, 次看丙火, 戊土須酌用之.

## 10. 戌月 癸水

| 신<br>辛 | 갑 지습<br>甲, 支濕 | 신갑양투 지유자계 과갑현환 귀격<br>辛甲兩透, 支有子癸, 科甲顯宦. 貴格 |
|---|---|---|
| 신<br>辛 | 갑<br>甲 | 무계 부지수재<br>無癸, 不止秀才 |
| 갑<br>甲 | 계<br>癸 | 갑계양투 부귀비경<br>甲癸兩透, 富貴非輕 |
| | 갑<br>甲 | 유갑무신계상인<br>有甲無辛癸常人 |
| 패<br>敗 | | 무신갑계 빈천<br>無辛甲癸, 貧賤 |

九月戊土司權, 癸水失令無根, 專用辛金, 次用癸甲, 有辛, 水乃得母, 有癸, 木乃有根.

辛甲兩透, 支有子癸, 科甲顯宦, 甲癸兩透, 富貴非輕, 或有辛甲無癸, 不止秀才, 有甲癸無辛, 富大貴小, 有甲無辛癸常人, 三者俱無, 貧賤之格.

或甲透無癸, 見壬, 亦主秀才, 或有甲癸, 無火土者, 皆主才學壽考.

總之九月癸水, 要見辛方吉, 癸辛有用方妙.

■ 亥月

| 용신 일선<br>用神 一線 | 용신 이선<br>用神 二線 | 간법 적요<br>看法 摘要 |
|---|---|---|

## 1. 亥月 甲木

| 경<br>庚 | 정<br>丁 | 경정량투 귀격<br>庚丁兩透. 貴格 |
|---|---|---|
| 경<br>庚 | 무 지조<br>戊, 支燥 | 거탁류청 귀격<br>去濁留淸. 貴格 |

| | | |
|---|---|---|
| | 丙(병) | 寒木向陽(한목향양). 富格(부격) |
| | 丁(정) | |
| 敗(패) | | 水旺無制泛木(수왕무제범목) |
| | | 無庚丁丙(무경정병) |

十月甲木, 以庚爲君, 以丁爲佐, 丙火次之, 忌壬水泛木, 須戊土爲制, 故戊又次之.

得庚丁出干, 又加戊透, 名去濁留淸, 大富大貴, 卽無丁火, 亦稍有富貴, 或甲多破戊, 庚金無根, 難作棟樑之器, 平常人也, 庚戊旣透, 雖多比劫, 亦定富貴而壽.

或多比劫, 只一庚出干, 坐祿逢生, 乃爲捨丁從庚, 逢財畧有富貴, 運行東南吉, 西北凶.

或支見申亥, 得戊土當頭以救庚丁, 科甲可許, 若單己土, 其力弱小, 不過貢監而已.

用庚者土妻金子, 用丁者, 木妻火子.

總之十月甲木, 先庚後丁, 戊土亦不可少.

## 2. 亥月 乙木

| | | |
|---|---|---|
| 丙(병) | 支燥(지조) | 乙木向陽(을목향양), 專取丙火(전취병화). 上格(상격) |
| 丙(병) | 戊(무) | 水多以戊爲佐(수다이무위좌). 貴格(귀격) |
| 戊(무) | 甲(갑) | 鮮花名甁(선화명병), 土多甲制(토다갑제), 藤蘿繫甲(등라계갑). 富格(부격) |
| 敗(패) | | 印星太過(인성태과) |
| | | 丙火全無(병화전무) |

十月乙木, 丙不受氣, 壬水司令, 丙爲尊, 或壬多, 用戊土.

丙戊兩透, 定許科甲, 有戊無丙, 雖非科甲, 亦入儒林, 支藏丙火, 見火土運, 必得祿位, 若不驗, 風土之薄也.

或水多無戊, 乙性漂浮, 游食好閒之人, 不見丙己, 妻子難全, 或一點壬水, 見戊常人.

多見戊土, 亦爲不妙, 得甲出制戊, 可許能士, 但好生禍亂, 搆訟爭非, 雖非秀士, 亦廣交善談, 或時月皆透甲木, 壬多無庚丙戊, 貧賤, 男女一理.

支成木局, 時値小陽, 又與春木同旺, 再見癸水, 取戊爲尊, 加以丙出干, 可許科甲, 若無丙戊二字, 自成自敗, 終非大受之器, 故十月乙木, 必兼丙火爲用.

## 3. 亥月 丙火

| | | |
|---|---|---|
| 甲 | 庚 | 見甲戊庚齊透, 科甲有準. 貴格 |
| | | → 亥月은 丙火가 失令한 때로 壬水를 用神으로 삼지 않는 유일한 계절이다. 子月 冬至는 陽이 生하는 때로 丙火는 弱한 가운데 다시 生旺해지므로 壬水를 先用한다. |
| | 辛 | 或丙日辛透, 又見辰字, 化合逢時, 大貴 |
| | 戊 | 水多用戊, 隨宜酌用可也 |
| | 庚 | 木多用庚, |
| | 壬 | 火多用壬, |
| | 己 | 用己土混壬殺方妙 |
| | | 水多無戊, 木盛無庚, 常人而已 |
| 敗 | | 無甲庚戊 |

十月丙火, 太陽失令, 見甲戊庚齊透, 科甲有準, 風土不及, 終成選拔, 主爲人性好淸高, 斯文領袖.

或丙日辛透, 又見辰字, 化合逢時, 大貴之命.

或水多但有甲無戊, 却難從殺, 須用己土混壬煞方妙.

或四柱多壬, 多申, 作棄命從煞論, 雖不發科甲, 亦不失宦門之士.

總之十月丙火, 木多用庚, 水多用戊, 火多用壬, 隨宜酌用可也, 若水多無戊, 木盛無庚, 常人而已.

## 4. 亥月 丁火

| 甲 | 庚 | 庚金劈甲引丁, 甲木爲尊, 庚金爲佐. 上格 |
|---|---|---|
| 甲 | 藏干, 庚 | 如有嫡母, 可秋可冬. 貴格 |
| 丙 | 藏干, 庚 | 一丙奪丁, 賴支水破之, 加以支金發水之源, 官高權重 |
| | | → 丁火는 昭融하여 丙火가 불꽃을 도우면 財官을 기뻐한다. 寒暖燥濕의 처리는 藏干이 出干에 영향력을 행사한다. |
| | 戊 | 水旺用戊. 小貴 |
| 敗 | | 無甲無庚 |

三冬丁火微寒, 專用甲庚, 庚乃甲之良友, 用甲木, 庚不可少, 無庚不能劈甲, 無甲何以引丁, 難云木火通明, 冬丁有甲, 雖水多金多, 可稱上格, 得庚透天干, 科甲有準, 卽非科甲, 亦儒雅風流, 見己則否, 己多合甲, 便是常人.

或一丙奪丁, 賴支水破之, 加以支金發水之源, 官高權重, 無金水, 無用之人, 或有金無水, 貧寒之士, 有壬無金, 又主淸貴.

或時月二壬爭合, 取戊破之, 有戊主小富貴, 無戊常人, 戊藏得位, 不失衣衿.

或二丙奪丁, 得癸出干, 支又帶合, 金水得所, 異途重職, 此格極驗, 卽無癸出干, 亦有能秀才.

或仲冬金旺水多, 全無比印, 作棄命從煞論, 大貴.

比印破格, 常人, 且主骨肉浮雲, 六親流水, 或戊出破癸, 多賢兄弟,六親有力, 此格用戊, 火妻土子.

或四柱丙火太多, 又用癸破之, 用癸者, 金妻水子.

## 5. 亥月 戊土

| 갑<br>甲 | 병<br>丙 | 비갑불영 비병불난 상격<br>非甲不靈, 非丙不暖. 上格 |
|---|---|---|
| 병<br>丙 | | 일병고투 귀격<br>一丙高透. 貴格 |
| 경<br>庚 | 정<br>丁 | 유화유로 도필이도 귀격<br>有火有爐, 刀筆異途. 貴格 |
| 임<br>壬 | 무<br>戊 | 부중취귀 부격<br>富中取貴. 富格 |
| | 병<br>丙 | 경금암장 수명<br>庚金暗藏. 秀命 |
| | | 경파갑목 범명<br>庚破甲木. 凡命 |
| | | 갑병양장 불견경정 부명<br>甲丙兩藏, 不見庚丁. 富命 |
| 패<br>敗 | | 갑병전곤<br>甲丙全困 |
| | | 전무병갑<br>全無丙甲 |

十月戊土, 時値小陽, 陽氣畧出, 先用甲木, 次取丙火, 非甲土不靈, 非丙土不暖, 安能發生萬物.

甲丙兩出, 科甲有準, 或甲坐長生, 水居祿地, 加以一丙高透, 亦必受職揚名, 支見庚多, 不過秀才, 庚多破甲, 常人.

四柱無庚, 須甲藏亥中, 但有丙火高透, 亦主科甲, 或有庚金, 又有丁火破之, 主權位並通, 異途刀筆.

或不見庚丁, 雖甲丙俱藏支下, 用神最淸, 亦主富貴, 丙甲兩困, 下格, 無丙僧道孤貧.

壬透得戊救丙, 主富中取貴.

## 6. 亥月 己土

| | | |
|---|---|---|
| 병<br>丙 | 장간 병<br>藏干, 丙 | 대지보조 삼동기토 비병난불생<br>大地普照, 三冬己土, 非丙暖不生.<br>동월 기토 습니 한동 조후<br>→ 冬月 己土는 濕泥로 寒凍하여 調候가 시급하다.<br>병화 존신 계수 취<br>丙火를 尊神으로 삼고 癸水는 取하지 않는다. |
| 병<br>丙 | 갑 지조<br>甲, 支燥 | 토다 취갑목소지<br>土多, 取甲木疏之. |
| 병<br>丙 | 무<br>戊 | 투임무제 경연상배 부중취귀<br>透壬戊制, 硬軟相配, 富中取貴 |
| 정<br>丁 | 장간 병<br>藏干, 丙 | 투정장병 부귀무쌍 기특지명<br>透丁藏丙, 富貴無雙, 奇特之命 |
| | 인<br>寅<br>사<br>巳 | 지장일병 장병무제 역주의금<br>支藏一丙, 藏丙無制, 亦主衣衿 |
| 패<br>敗 | | 병화전무<br>丙火全無 |

三冬己土, 濕泥寒凍, 非丙暖不生, 取丙爲尊, 甲木參用, 不可用癸, 戊土惟初冬壬水旺, 用以爲制, 餘皆用丙, 無丙用丁, 但丁不能解凍除寒, 不能火制, 丁多衣祿安然.

或干透一丙, 支藏一丙, 加以甲透無壬, 科甲有准, 卽藏丙無制, 亦主衣衿.

或多見壬水, 得戊透破之, 財破身榮, 富中取貴, 不見戊土, 富屋貧人, 凡三冬己土, 見壬水出干, 如水浸湖田, 尋常孤苦, 見火不孤, 見土不貧.

或一派癸水, 不見比印, 作從財論, 反主富貴, 雖不科甲, 恩誥有之, 若見比劫爭財, 平常人物, 妻子主事, 從財者, 金妻水子, 子多.

或一派戊己, 取甲制之, 甲透者富貴.

或一派庚金, 雖用丙火, 還宜丁火爲助, 透丁藏丙, 富貴無雙, 奇特之命.

## 7. 亥月 庚金

<table>
<tr><td rowspan="2">정<br>丁</td><td rowspan="2">병<br>丙</td><td>수냉금한 비정불능조 비병불능난 귀격<br>水冷金寒, 非丁不能造, 非丙不能暖. 貴格</td></tr>
<tr><td>우견인사축병 양방유준<br>又見寅巳畜丙, 兩榜有准</td></tr>
<tr><td>정<br>丁</td><td>장간 병<br>藏干, 丙</td><td>수냉금한애병정 지무자수 일방유지<br>水冷金寒愛丙丁, 支無子水, 一榜有之</td></tr>
<tr><td>병<br>丙</td><td>장간 정<br>藏干, 丁</td><td>병투정장 이도무직<br>丙透丁藏, 異途武職</td></tr>
<tr><td>병<br>丙</td><td>갑<br>甲</td><td>금온수난 부격<br>金溫水暖. 富格</td></tr>
<tr><td colspan="2">패<br>敗</td><td>전무병정 하격<br>全無丙丁. 下格</td></tr>
</table>

十月水冷金寒, 非丁不能造, 非丙不能暖.

丙丁兩透, 支無子水通流, 一榜有之, 又見寅巳蓄丙, 兩榜有准, 或支中二子, 得己出制, 秀才貢士, 且有能力.

若丙甲透而無丁者, 常人, 決無顯達, 丙透丁藏, 異途武職, 以上俱不能合, 庸俗常人.

或無丁, 有丙透者, 大富.

如金水混雜, 全無丙丁者, 下格, 或支成金局, 無火者, 僧道孤貧之命也, 書曰, 水冷金寒愛丙丁.

## 8. 亥月 辛金

<table>
<tr><td rowspan="2">임<br>壬</td><td rowspan="2">병<br>丙</td><td>선용후병 명금백수청 귀격<br>先用後丙, 名金白水淸, 貴格</td></tr>
<tr><td>→ 古書에 金水傷官은 冬令을 가리키는 말이라고 했다. 辛金은 壬水와 丙火가 있어야 金白水淸이 된다.</td></tr>
<tr><td>병<br>丙</td><td>장간 임<br>藏干, 壬</td><td>병투임장 공감향신<br>丙透壬藏, 貢監鄕紳</td></tr>
<tr><td>임<br>壬</td><td>장간 병<br>藏干, 丙</td><td>병장임투 부대귀소 부격<br>丙藏壬透, 富大貴小. 富格</td></tr>
<tr><td></td><td></td><td>임병양장 불과수사<br>壬丙兩藏, 不過秀士</td></tr>
</table>

| 임<br>壬 | 무<br>戊 | 무병유임다무 부격<br>無丙有壬多戊. 富格 |
|---|---|---|
| 병<br>丙 | 기<br>己 | 선병차기 귀격<br>先丙次己. 貴格 |
| 패<br>敗 | | 무임무병<br>無壬無丙 |

十月時値小陽, 陽氣初潛, 寒氣未盛, 先用壬水, 次用丙火暖壬溫辛.

壬丙兩透, 金榜題名, 何也, 蓋辛金有壬水丙火, 名金白水淸, 又在亥月, 故科甲富貴無疑, 丙透壬藏, 貢監鄕紳, 異途猶可出仕馳名, 丙藏壬透, 富大貴小, 壬丙兩藏, 不過秀士.

無丙有壬戊, 主富, 或四柱多壬無戊, 名金水汪洋, 定主貧賤, 或戊土出干, 以制當權壬水, 科甲無疑, 或戊藏寅巳, 秀才貢士.

或甲多戊少, 因藝術致富, 或己多有壬戊, 壬水被困, 辛金被埋, 亦主困薄, 定作藝術終身, 而一生厚重, 如見甲不合, 便作富翁.

或壬癸太多, 不見戊土制水, 丙火溫金, 奔流勞苦之人.

總之十月辛金, 先壬後丙, 又或先丙次己, 須酌用之.

## 9. 亥月 壬水

| 무<br>戊 | 병<br>丙 | 재자약살 명리쌍전 귀격<br>財滋弱殺, 名利雙全. 貴格 |
|---|---|---|
| 무<br>戊 | 경<br>庚 | 무경양투 과갑현환 귀격<br>戊庚兩透, 科甲顯宦. 貴格 |
| 경<br>庚 | 갑 목국<br>甲, 木局 | 지성목국 우갑투 유경제자 부귀<br>支成木局, 又甲透, 有庚制者, 富貴 |
| | 수국<br>水局 | 불견무기 명윤하격<br>不見戊己, 名潤下格 |
| | 병<br>丙 | 유병무무상인<br>有丙無戊常人 |
| | 무<br>戊 | 유무무병 의록무여 단상조질실 불능취재<br>有戊無丙, 衣祿無餘, 但常遭跌失, 不能聚財 |
| 패<br>敗 | | 병무전무<br>丙戊全無 |

十月亥水當令, 用戊爲尊.

若壬辰日, 又見辰時, 壬有浩瀚之勢, 須戊透天干, 庚制甲, 不傷戊土, 戊庚兩透, 科甲顯宦, 或甲出制戊, 不見庚救, 反致困窮, 戊藏無制, 主生員, 或有戊庚無甲, 不但富貴, 且多福壽.

或支成木局, 又甲透, 有庚制者, 富貴, 無庚, 常人.

或支成水局, 不見戊己, 名潤下格, 運入西北大富貴, 入東南者, 貧賤蕭條.

或見丙戊兩出, 運行火土, 名利雙全, 有丙無戊常人, 有戊無丙, 衣祿無餘, 但常遭跌失, 不能聚財.

總之十月壬水, 專用戊丙, 庚金次之.

## 10. 亥月 癸水

<table>
<tr><td>庚(경)</td><td>辛(신)</td><td>亥中甲木長生, 洩散元神, 宜用庚辛, 庚辛兩透, 不見丁傷, 科甲富貴. 貴格<br>(해중갑목장생, 설산원신, 의용경신, 경신양투, 불견정상, 과갑부귀. 귀격)</td></tr>
<tr><td>庚(경)<br>辛(신)</td><td>木局(목국)</td><td>無丁而見木局, 主異途得職<br>(무정이견목국, 주이도득직)</td></tr>
<tr><td>戊(무)</td><td>壬(임)</td><td>水多用戊, 或己透戊藏, 與戊透制水者, 淸貴而富<br>(수다용무, 혹기투무장, 여무투제수자, 청귀이부)</td></tr>
<tr><td></td><td>丁(정)</td><td>金多用丁, 或一派金, 得丁出干, 名利兩全. 貴格<br>(금다용정, 혹일파금, 득정출간, 명리양전. 귀격)</td></tr>
<tr><td colspan="2">敗(패)</td><td>全無火氣<br>(전무화기)</td></tr>
</table>

十月癸水, 最忌支成木局, 洩散元神, 故旺中有弱, 專用庚辛生發.

庚辛兩透, 不見丁傷, 科甲富貴, 或干透丁火, 支成木局, 木旺火相, 制住庚辛, 不能生水, 單寒之極, 或無丁而見木局, 主異途得職, 入西方運能顯.

若一派壬子, 無戊, 名冬水汪洋, 奔波到老, 或己透戊藏, 與戊透制水者, 淸貴而富.

或四柱多火, 名財多身弱, 貧賤到老.

或一派金, 得丁出干, 名利兩全, 無火, 僧道孤貧.

■ 子月

| 用神(용신) 一線(일선) | 用神(용신) 二線(이선) | 看法(간법) 摘要(적요) |
|---|---|---|

## 1. 子月 甲木

| 丁(정) | 庚(경), 支燥(지조) | 寒氣除去爲要(한기제거위요), 丁先後庚(정선후경). 貴格(귀격) |
|---|---|---|
| 丙(병) | 寅巳(인사) | 丙火調候(병화조후), 印用食神(인용식신). 貴格(귀격) |
| | | → 丙火(병화)는 甲乙木(갑을목)의 生(생)이 도움이 되지 않고, 寅巳(인사)의 根氣(근기)로 파워가 증대된다. |
| 庚(경) | 丙(병) | 用庚者丙火爲佐(용경자병화위좌). 必須支見寅巳(필수지견인사). 貴格(귀격) |
| | 戊(무) | 壬癸透戊己制(임계투무기제). 富格(부격) |
| | 己(기) | |
| 敗(패) | | 水局壬透(수국임투), 水泛木浮(수범목부) |
| | | 無庚無火(무경무화) |

十一月甲木, 木性生寒, 先丁後庚, 取丙佐之, 癸水司權, 爲火金之病.

庚丁兩透, 支見巳寅, 科甲有准, 風水不及, 選拔有之, 若癸透傷丁, 無戊己輔救, 殘疾之人, 或壬水重出, 丁庚全失用, 得丙方妙.

或支成水局, 加以壬透, 名水泛木浮, 死無棺木.

總之十一月甲木爲寒枝, 不比春木淸茂, 專取庚丁, 無丁見丙, 富中取貴, 異途武職耳.

用庚, 土妻金子, 但子多不肖, 用火木妻火子.

## 2. 子月 乙木

| | | |
|---|---|---|
| 병<br>丙 | | 한목향양 전용병화 상격<br>寒木向陽, 專用丙火. 上格 |
| 병<br>丙 | 무<br>戊 | 수다이무위좌 상격<br>水多以戊爲佐. 上格 |
| 정<br>丁 | 갑<br>甲 | 계갑인화 수명<br>繫甲引火. 秀命 |
| | | 기견계수 설강<br>忌見癸水, 雪降 |
| 패<br>敗 | | 병화전무<br>丙火全無 |
| | | 무갑견정 고초인등지난<br>無甲見丁, 枯草引燈持難 |

十一月根葉寒凍, 喜丙復一陽, 用丙火解凍, 斯花木有向陽之意, 不宜癸水出干以凍花木, 故專用丙火.

得一二點丙火出干, 不見癸破, 定許科甲, 若二丙藏支, 不過選拔, 得此不貴, 必因風水薄, 或壬出干, 見戊制, 可作能人, 丙藏者, 秀才, 壬多無戊, 貧賤.

或支水局, 子出壬癸, 全無丙火, 雖見戊制, 不免貧寒到老, 入南方運, 稍有衣祿, 丁火有亦如無, 卽或用丁, 燈燭之光, 豈能解嚴寒之凍, 無用之人, 設丙丁戊全無, 金水重見, 奔波下賤之人, 或全無戊己, 有火亦屬常人, 貧寒而不至下賤, 或一派丁火, 大奸大詐之徒, 無甲引丁, 孤鰥到老, 長臥白雲深山, 丁火見甲, 妻賢子肖, 且麟趾振振, 芝蘭繞膝.

或支成水局, 壬癸兩透, 則木浮矣, 不特貧賤, 而且夭折, 得一戊救方可.

總之冬月乙木, 取戊止可補救, 不可用丁, 必須用丙, 然滿局壬癸, 得一戊, 亦可免孤與夭, 用火者, 木妻火子, 用土者, 火妻土子.

乙木生於冬至之後, 坐下木局, 得丙透干者, 富貴之造, 卽丁出干, 亦有衣祿, 須忌癸制丁, 乙木生於冬月, 己土透干, 又有丙透, 大富貴之造.

## 3. 子月 丙火

| 壬 | 戊 | 氣進二陽, 丙火弱中腹强, 用壬水, 取戊制之, 殺用食制. 貴格 |
|---|---|---|
| | 己 | 多戊見己, 不過秀才, 或異途顯達, 秀命 |
| 戊 | 甲 | 用戊者, 不可少甲, 壬戊酌用. 貴格 |
| | | → 冬至 후는 陽이 돌아왔어도 氣勢가 매우 弱하므로 甲木의 火旺을 要한다. 子月 丙火가 一派 壬水를 보면 戊土로 制해도 實速이 없는데 이는 戊土가 晦光하기 때문이다. 이때는 甲이 藥이다. |
| 敗 | | 水多無制 |
| | | 火多無壬 |

十一月冬至陽生, 弱中生旺, 先壬, 戊佐之.

壬戊兩透, 科甲有準, 卽風土不及, 定然選拔, 多戊見己, 不過秀才, 或異途顯達.

或一派壬水, 專用戊土, 此人雖不成名, 文章邁衆, 但一生名利虛浮, 何也, 因戊晦光, 須甲木爲藥也, 或水多無戊, 火多無壬, 配合不得中和, 下格.

或無壬水, 有癸出干, 得金滋無傷, 又有丙透以解凍, 可許衣衿.

或四柱多壬無甲, 乃作棄命從煞, 亦有雲路.

或水多有甲無戊, 却非從煞, 宜用己土濁壬, 十一月丙火, 與十月頗同.

## 4. 子月 丁火

| 甲 | 庚 | 庚金劈甲引丁, 甲木爲尊, 庚金爲佐. 上格 |
|---|---|---|
| 甲 | 藏干, 庚 | 如有嫡母, 可秋可冬. 貴格 |
| 丙 | 藏干, 庚 | 一丙奪丁, 賴支水破之, 加以支金發水之源, 官高權重 |
| | | → 丁火는 昭融하여 丙火가 불꽃을 도우면 財官을 기뻐한다. 寒暖燥濕의 처리는 藏干이 出干에 영향력을 행사한다. |
| | 戊 | 水旺用戊. 小貴 |
| 敗 | | 無甲無庚 |

三冬丁火微寒, 專用甲庚, 庚乃甲之良友, 用甲木, 庚不可少, 無庚不能劈甲, 無甲何以引丁, 難云木火通明, 冬丁有甲, 雖水多金多, 可稱上格, 得庚透天干, 科甲有準, 卽非科甲, 亦儒雅風流, 見己則否, 己多合甲, 便是常人.

或一丙奪丁, 賴支水破之, 加以支金發水之源, 官高權重, 無金水, 無用之人, 或有金無水, 貧寒之士, 有壬無金, 又主淸貴.

或時月二壬爭合, 取戊破之, 有戊主小富貴, 無戊常人, 戊藏得位, 不失衣衿.

或二丙奪丁, 得癸出干, 支又帶合, 金水得所, 異途重職, 此格極驗, 卽無癸出干, 亦有能秀才.

或仲冬金旺水多, 全無比印, 作棄命從煞論, 大貴.

比印破格, 常人, 且主骨肉浮雲, 六親流水, 或戊出破癸, 多賢兄弟, 六親有力, 此格用戊, 火妻土子.

或四柱丙火太多, 又用癸破之, 用癸者, 金妻水子.

## 5. 子月 戊土

| 丙 | 甲 | 嚴寒氷凍, 丙火爲尙. 甲木爲佐. 貴格 |
|---|---|---|
| | | → 子丑月의 嚴凍에는 調候가 時急하여 火盛해야 財官을 감당할 수 있다. 까닭에 火重이 凶하지 않다. 丙이 두 개 出해야 진정한 富貴를 논할 수 있고, 丙이 없으면 食財官 모두 쓸모가 없다. |
| 丙 | 藏干, 甲 | 財格透印. 貴格 |
| 甲 | 藏干, 丙 | 財旺生殺, 小貴 |
| | 丙 | 有丙無甲, 豪富 |
| 敗 | | 有甲無丙, 貧孤 |
| | | 無丙無甲, 下賤 |

十一二月嚴寒冰凍, 丙火爲尊, 甲木爲佐.

或一派丙火, 運値二陽之際, 加以丙透, 弱中變强, 得一壬透干, 淸高而富, 且富中取貴, 無壬水者, 僧道孤寡.

或土水寒滯, 不見一丙, 得一巳字, 亦不失交遊義氣之人.

或一派壬水, 不見比劫, 作從財論, 名利因人而得.

若有比劫多, 見甲出大富, 但土寒水寒, 有甲無丙丁, 亦外實內歉之人, 如戊寅 甲子 戊辰 戊午, 得甲丙爲用, 但戊多晦火, 不能成名, 奸吝飽暖, 暗惹人嫌.

或二癸透月時, 名爲爭合, 雖有餘錢, 勞碌之人, 得丙己出干, 制癸, 爲忠義之士, 舍己從人.

年月辛金者, 又屬土金傷官, 異路功名可許, 以金爲妻, 水爲子.

## 6. 子月 己土

| | | |
|---|---|---|
| 丙(병) | 藏干(장간), 丙(병) | 大地普照(대지보조), 三冬己土(삼동기토), 非丙暖不生(비병난불생)<br>→ 冬月(동월) 己土(기토)는 濕泥(습니)로 寒凍(한동)하여 調候(조후)가 시급하다. 丙火(병화)를 尊神(존신)으로 삼고 癸水(계수)는 取(취)하지 않는다. |
| 丙(병) | 甲(갑), 支燥(지조) | 土多(토다), 取甲木疏之(취갑목소지) |
| 丙(병) | 戊(무) | 透壬戊制(투임무제), 硬軟相配(경연상배), 富中取貴(부중취귀) |
| 丁(정) | 藏干(장간), 丙(병) | 透丁藏丙(투정장병), 富貴無雙(부귀무쌍), 奇特之命(기특지명) |
| | 寅(인)<br>巳(사) | 支藏一丙(지장일병), 藏丙無制(장병무제), 亦主衣衿(역주의금) |
| 敗(패) | | 丙火全無(병화전무) |

三冬己土, 濕泥寒凍, 非丙暖不生, 取丙爲尊, 甲木參用, 不可用癸, 戊土惟初冬壬水旺, 用以爲制, 餘皆用丙, 無丙用丁, 但丁不能解凍除寒, 不能火制, 丁多衣祿安然.

或干透一丙, 支藏一丙, 加以甲透無壬, 科甲有准, 卽藏丙無制, 亦主衣衿.

或多見壬水, 得戊透破之, 財破身榮, 富中取貴, 不見戊土, 富屋貧人, 凡三冬己土, 見壬水出干, 如水浸湖田, 尋常孤苦, 見火不孤, 見土不貧.

或一派癸水, 不見比印, 作從財論, 反主富貴, 雖不科甲, 恩誥有之, 若見比劫爭財, 平常人物, 妻子主事, 從財者, 金妻水子, 子多.

或一派戊己, 取甲制之, 甲透者富貴.

或一派庚金, 雖用丙火, 還宜丁火爲助, 透丁藏丙, 富貴無雙, 奇特之命.

## 7. 子月 庚金

| | | |
|---|---|---|
| 丙 | | 有丙無丁甲, 富大貴小. 富格 |
| 丁 | 甲 | 丁甲兩透, 丙在支中, 科甲有准, 卽無丙火, 亦有貢監生員 |
| 丙 | 支燥 | 丙透丁藏, 異途顯達有丁無甲 |
| 甲 | 藏干, 丁 | 丁藏有甲, 武學可虛 |
| | 丁 | 丁火無甲, 假貴眞富 |
| | 甲 | 有甲無丁, 尋常人物. 凡命 |
| 戊 | 水局 | 支成水局, 戊透者大貴. 上格<br>→ 仲冬 庚金이 水局을 보면 格局이 潤下로 변한다. 이는 午月 甲木이 火局을 보아 炎上이 되는 것과 마찬가지다. 따라서 戊土는 官이 되고, 丙丁火는 財가 되어 財旺生官하여 貴를 이루는 것이다. |
| | 水局 | 支成水局, 不見丙丁, 此乃傷官格, 聰明淸雅, 衣祿常盈, 但子息艱難 |
| 丙 | 癸 | 多作常人, 有能 |
| 敗 | | 不見丁甲丙. 下格 |

十一月天氣嚴寒, 仍先取丙照.

丁甲兩透, 丙在支中, 科甲有准, 卽無丙火, 亦有貢監生員, 有丁無甲, 丁火無根, 假貴眞富, 白手成家, 有甲無丁, 尋常人物, 丙透丁藏, 異途顯達, 丁藏有甲, 武學可許.

或丙透癸出, 多作常人, 有能, 或重見丙透, 可許一富, 但多勞碌鄙俗,或丙坐支寅, 見有一二, 富眞貴假, 見癸出干, 一介寒儒, 不見丁甲丙下格.

或支成水局, 不見丙丁者, 此乃傷官格, 聰明淸雅, 衣祿常盈, 小富, 但子息艱難, 若戊透者大貴.

或丙丁太多, 名官殺混雜, 書曰, 官殺混雜最無良, 又怕身輕有損傷, 如遇東南二運地, 焉能挨得過時光, 過於淸冷, 似有凄凉, 柱中一派金水, 不入火土之鄕, 主一生孤貧浪蕩, 難望有成也.

## 8. 子月 辛金

<table>
<tr><td>丙</td><td>支燥</td><td>冬月辛金, 不能缺丙火溫暖, 定許一榜. 貴格</td></tr>
<tr><td>丙</td><td>壬</td><td>丙壬兩透, 不見戊出, 科甲顯宦. 貴格</td></tr>
<tr><td>丙</td><td>甲</td><td>丙甲出干, 配得中和, 不止貢監衣衿</td></tr>
<tr><td rowspan="2">壬</td><td rowspan="2">甲</td><td>壬多, 無戊無丙, 洩金太過, 定作寒儒, 用甲洩之方妙</td></tr>
<tr><td>壬多, 甲乙亦多, 不見丙火, 乃寒儒秀士</td></tr>
<tr><td rowspan="3"></td><td rowspan="3">水局</td><td>丙戊兩透, 主大富貴, 無戊出制, 貧苦常人</td></tr>
<tr><td>→ 子月 辛金이 水局으로 水旺金沈하면 辛金으로 논하지 않고, 壬水로 보아 丙戊를 취하니 變格이다.</td></tr>
<tr><td>加干出庚辛, 不見戊土, 名潤下格, 富貴非常</td></tr>
<tr><td>丁</td><td>金局</td><td>支成金局, 丁透定主科甲, 然必須甲引丁, 方可許此</td></tr>
<tr><td></td><td></td><td>無丙</td></tr>
</table>

十一月子中癸水得令, 爲寒冬雨露, 最忌癸水出干, 凍金而困丙火.

得丙壬兩透, 不見戊出, 科甲顯宦, 卽壬水藏支, 有丙透溫金而暖水, 定許一榜.

或壬多有戊, 丙甲出干, 配得中和, 不止貢監衣衿, 或壬多, 無戊無丙, 洩金太過, 定作寒儒, 用甲洩之方妙, 或壬多, 甲乙亦多, 不見丙火, 乃寒儒秀士.

或支成水局, 加以丙透, 有二戊出干, 主大富貴, 無戊出制, 貧苦常人.

或又亥子丑水潤下通源, 加干出庚辛, 不見戊土, 名潤下格, 富貴非常, 運喜西北, 忌東南地, 或無庚辛出干, 而干見乙己, 又無丙戊, 必爲僧道.

或支成金局, 丁透定主科甲, 然必須甲引丁, 方可許此.

總之冬月辛金, 須丙溫暖爲妙.

## 9. 子月 壬水

| 무<br>戊 | 병<br>丙 | 수왕의무 조후의병 병무필수겸용 귀격<br>水旺宜戊, 調候宜丙, 丙戊必須兼用. 貴格 |
|---|---|---|
| | | 병무장지 해동지류 공명현달비상 단수운호<br>丙戊藏支, 解凍止流, 功名顯達非常, 但須運好 |
| | 무<br>戊 | 유무무병 불과처세유도 명리난전<br>有戊無丙, 不過處世有道, 名利難全 |
| | 병<br>丙 | 유병무무 호모무실지<br>有丙無戊, 好謀無實之 |
| | 수국<br>水局 | 지성수국 불견병화 즉유무토이불득소 상인이이<br>支成水局, 不見丙火, 卽有戊土而不得所, 常人而已 |
| | 화국<br>火局 | 신왕재왕 대부<br>身旺財旺, 大富 |
| 정<br>丁 | 기<br>己 | 역주권중위고<br>亦主權重位高 |
| 패<br>敗 | | 양인무관살<br>陽刃無官殺 |

十一月壬水, 陽刃帮身, 較前更旺, 先取戊土, 次用丙火.

丙戊兩透, 科甲富貴, 且才能德業無雙, 或有戊無丙, 不過處世有道, 名利難全, 有丙無戊, 好謀無實之.

或支成水局, 不見丙火, 卽有戊土而不得所, 常人而已, 或丙戊藏支, 解凍止流, 功名顯達非常, 但須運好, 運左便非.

或支成火局, 一富而已.

或比見月時, 丁出年干, 常人, 或支見四庫, 又主富貴, 或壬日見二丁出年月時干者, 名爲爭合, 主名利難成.

或壬午日丁未時, 雖非科甲, 亦主權重位高, 何也, 蓋用子中癸水, 名用神得地, 與戊丙並用.

## 10. 子月 癸水

| | | |
|---|---|---|
| 丙 | 辛 | 丙火解凍, 辛金滋扶, 丙透辛透, 金溫水暖, 科甲顯宦. 貴格 |
| 丙 | | 二丙出干, 當推富貴, 但貴不及富耳 |
| | | → 二丙은 干支에 각각 하나씩 있는 것으로 이해해도 무방하다. 대개 丙과 寅巳로 成格된다. |
| 敗 | | 全無丙火 |

十一月癸水, 嚴寒冰凍, 癸祿庚死, 金水無交歡之象, 專用丙火解凍, 不致變雨爲雪, 結露爲霜, 方用辛金滋扶, 然無丙火, 辛亦不妙, 如丙透辛透, 金溫水暖, 兩兩相生, 科甲顯宦, 此理至驗.

或一派壬癸, 無丙照暖, 貧賤之士, 如運行火地, 主吉利, 或一派水, 無火出干, 支亦多壬, 孤貧下賤, 雖見火運, 不吉, 如見二丙出干, 當推富貴, 但貴不及富耳.

或一派戊土, 名殺重身輕, 貧夭之人.

如辛年丙月癸日, 有火者主恩榮寵錫, 繞膝芝蘭, 無火者, 損資得貴, 位重當朝.

用火者, 木妻火子, 用辛者, 土妻金子.

■ 丑月

| 用神 一線 | 用神 二線 | 看法 摘要 |
|---|---|---|

## 1. 丑月 甲木

| | | |
|---|---|---|
| 庚 | 丁, 支燥 | 劈甲引丁, 木火通明, 必須支見寅巳. 貴格 |
| | | → 劈甲引丁格은 春木의 木火通明과 달리 死木이 庚金을 필수 요건으로 삼는 경우를 말한다. |
| 丁 | 藏干, 庚 | 丁透庚藏. 貴格 |
| 庚 | 丙 | 殺用食制. 貴格 |
| 敗 | | 無庚, 貧賤 |
| | | 無丁, 寒儒 |

十二月甲木, 天氣寒凍, 木性極寒, 無發生之意, 先用庚劈甲以引丁火, 木火始有通明之象, 故丁次之.

庚丁兩透, 科甲有准, 庚透丁藏者, 小富貴, 丁透庚藏者, 富貴, 無庚者貧賤, 無丁者寒儒, 庚金劈甲引丁, 故庚丁不相離, 以庚取貴, 以丁取富.

或無庚, 有丁透重重, 亦是富貴中人, 但須比肩發丁之燄, 自有才德, 如無比肩, 便是尋常之士, 稍有衣食而已, 或支無丁火, 而多見水, 卽有比肩, 亦是常人.

總之臘月甲木, 雖有庚劈, 丁不可少, 然無丁猶可, 無庚不成格矣, 書云, 假木無庚, 難免夭病.

## 2. 丑月 乙木

| | | |
|---|---|---|
| 丙 | | 寒谷回春, 專用丙火. 上格 |
| | 藏干, 丙 | 貧寒免避. 凡命 |
| 敗 | | 丙火全無, 寒木凍結, 淸貧命 |
| | | 癸水破丙, 黑雲遮日, 貧命 |

十二月寒木見丙, 有回春之意.

得一丙透, 無癸出破格, 科甲顯宦, 或支藏丙火, 不過廩貢生員, 終作貧寒之士.

或一派戊土, 見甲, 專用丙火, 不能大富, 頗有衣祿.

或四柱皆戊己, 不見比劫, 作從財論, 大富, 比劫破財, 貧無寸土.

## 3. 丑月 丙火

| | | |
|---|---|---|
| 壬(임) | 甲(갑) | 喜壬爲用(희임위용). 土多不可少甲(토다불가소갑). 貴格(귀격) |
| 壬(임) | 藏干(장간), 甲(갑) | 不過秀才(불과수재), 秀命(수명) |
| 壬(임) | | 富中取貴(부중취귀). 富格(부격) |
| | 己(기) | 一派癸水(일파계수), 己土出干(기토출간), 自手成家(자수성가) |
| | | 一派己土(일파기토), 假傷官聰明(가상관총명), 名利虛像(명리허상) |
| | | 癸辛兩透(계신양투), 貴格(귀격) |
| 敗(패) | | 忌土晦光(기토회광) |

十二月氣進二陽, 侮雪欺霜, 應先壬爲用, 己土司令, 己多須用甲爲佐.

壬甲兩透, 科甲有準, 雖風土淺薄, 貢監可許, 甲藏, 不過秀才, 或無甲得一壬透, 富中取貴, 三春皆利.

或一派癸水, 己土出干, 必自創基業, 若己土制癸太多, 又取辛金洩己滋癸, 必透癸乃秀, 雖不成名, 有雅人風度.

## 4. 丑月 丁火

| | | |
|---|---|---|
| 甲(갑) | 庚(경) | 庚金劈甲引丁(경금벽갑인정), 甲木爲尊(갑목위존), 庚金爲佐(경금위좌). 上格(상격) |
| 甲(갑) | 藏干(장간), 庚(경) | 如有嫡母(여유적모), 可秋可冬(가추가동). 貴格(귀격) |

| | | |
|---|---|---|
| 丙 | 藏干, 庚 | 一丙奪丁, 賴支水破之, 加以支金發水之源, 官高權重 |
| | | → 丁火는 昭融하여 丙火가 불꽃을 도우면 財官을 기뻐한다. 寒暖燥濕의 처리는 藏干이 出干에 영향력을 행사한다. |
| | 戊 | 水旺用戊. 小貴 |
| 敗 | | 無甲無庚 |

三冬丁火微寒, 專用甲庚, 庚乃甲之良友, 用甲木, 庚不可少, 無庚不能劈甲, 無甲何以引丁, 難云木火通明, 冬丁有甲, 雖水多金多, 可稱上格, 得庚透天干, 科甲有準, 卽非科甲, 亦儒雅風流, 見己則否, 己多合甲, 便是常人.

或一丙奪丁, 賴支水破之, 加以支金發水之源, 官高權重, 無金水, 無用之人, 或有金無水, 貧寒之士, 有壬無金, 又主淸貴.

或時月二壬爭合, 取戊破之, 有戊主小富貴, 無戊常人, 戊藏得位, 不失衣衿.

或二丙奪丁, 得癸出干, 支又帶合, 金水得所, 異途重職, 此格極驗, 卽無癸出干, 亦有能秀才.

或仲冬金旺水多, 全無比印, 作棄命從煞論, 大貴.

比印破格, 常人, 且主骨肉浮雲, 六親流水, 或戊出破癸, 多賢兄弟, 六親有力, 此格用戊, 火妻土子.

或四柱丙火太多, 又用癸破之, 用癸者, 金妻水子.

## 5. 丑月 戊土

<table>
<tr><td rowspan="2">丙</td><td rowspan="2">甲</td><td>嚴寒氷凍, 丙火爲專. 甲木爲佐. 貴格</td></tr>
<tr><td>→ 子丑月의 嚴凍에는 調候가 時急하여 火盛해야 財官을 감당할 수 있다. 까닭에 火重이 凶하지 않다. 丙이 두 개 出해야 진정한 富貴를 논할 수 있고, 丙이 없으면 食財官 모두 쓸모가 없다.</td></tr>
<tr><td>丙</td><td>藏干, 甲</td><td>財格透印. 貴格</td></tr>
<tr><td>甲</td><td>藏干, 丙</td><td>財旺生殺, 小貴</td></tr>
<tr><td></td><td>丙</td><td>有丙無甲, 豪富</td></tr>
<tr><td colspan="2" rowspan="2">敗</td><td>有甲無丙, 貧孤</td></tr>
<tr><td>無丙無甲, 下賤</td></tr>
</table>

十一二月嚴寒冰凍, 丙火爲尊, 甲木爲佐.

或一派丙火, 運値二陽之際, 加以丙透, 弱中變强, 得一壬透干, 淸高而富, 且富中取貴, 無壬水者, 僧道孤寡.

或土水寒滯, 不見一丙, 得一巳字, 亦不失交遊義氣之人.

或一派壬水, 不見比劫, 作從財論, 名利因人而得.

若有比劫多, 見甲出大富, 但土寒水寒, 有甲無丙丁, 亦外實內歉之人, 如戊寅 甲子 戊辰 戊午, 得甲丙爲用, 但戊多晦火, 不能成名, 奸吝飽暖, 暗惹人嫌.

或二癸透月時, 名爲爭合, 雖有餘錢, 勞碌之人, 得丙己出干, 制癸, 爲忠義之士, 舍己從人.

年月辛金者, 又屬土金傷官, 異路功名可許, 以金爲妻, 水爲子.

## 6. 丑月 己土

| | | |
|---|---|---|
| 丙 | 藏干, 丙 | 大地普照, 三冬己土, 非丙暖不生.<br>→ 冬月 己土는 濕泥로 寒凍하여 調候가 시급하다. 丙火를 尊神으로 삼고 癸水는 取하지 않는다. |
| 丙 | 甲, 支燥 | 土多, 取甲木疏之. |
| 丙 | 戊 | 透壬戊制, 硬軟相配, 富中取貴 |
| 丁 | 藏干, 丙 | 透丁藏丙, 富貴無雙, 奇特之命 |
| | 寅<br>巳 | 支藏一丙, 藏丙無制, 亦主衣衿 |
| 敗 | | 丙火全無 |

三冬己土, 濕泥寒凍, 非丙暖不生, 取丙爲尊, 甲木參用, 不可用癸, 戊土惟初冬壬水旺, 用以爲制, 餘皆用丙, 無丙用丁, 但丁不能解凍除寒, 不能火制, 丁多衣祿安然.

或干透一丙, 支藏一丙, 加以甲透無壬, 科甲有准, 卽藏丙無制, 亦主衣衿.

或多見壬水, 得戊透破之, 財破身榮, 富中取貴, 不見戊土, 富屋貧人, 凡三冬己土, 見壬水出干, 如水浸湖田, 尋常孤苦, 見火不孤, 見土不貧.

或一派癸水, 不見比印, 作從財論, 反主富貴, 雖不科甲, 恩誥有之, 若見比劫爭財, 平常人物, 妻子主事, 從財者, 金妻水子, 子多.

或一派戊己, 取甲制之, 甲透者富貴.

或一派庚金, 雖用丙火, 還宜丁火爲助, 透丁藏丙, 富貴無雙, 奇特之命.

## 7. 丑月 庚金

| | | |
|---|---|---|
| 丙 | 丁 | 丙丁兩透, 再加甲木, 大富大貴. 上格 |
| | | 有丙丁無甲者, 白手成家, 異途顯職 |
| 丙 | | 有丙無丁甲, 富大貴小. 富格 |
| 丁 | 甲 | 有能秀才, 不富自貴 |
| 敗 | | 如丁甲丙俱無, 卽支成金局, 亦無用之人 |

十二月寒氣太重, 丑爲濕泥, 愈凍愈寒, 先用丙火解凍, 次取丁火煆金, 甲木亦不可少.

丙丁兩透, 再加甲木, 大富大貴, 有丙無丁甲, 富大貴小, 有丁甲無丙者, 有能秀才, 不富自貴, 癸透便是常人, 但有衣祿耳, 有丙丁無甲者, 白手成家, 異途顯職, 刀筆達時.

或支成金局, 無火, 僧道貧賤之人, 蓋巳中丙火會丑成金, 故爲下格, 如丁甲丙俱無, 卽支成金局, 亦無用之人.

## 8. 丑月 辛金

| | | |
|---|---|---|
| 丙 | 壬 | 非丙不能解凍, 解凍水不成氷, 方可用壬淘洗. 貴格 |
| 丙 | 藏干, 壬 | 壬丙一透一藏, 貢監衣衿不少 |
| 壬 | 藏干, 丙 | |
| | 丙 | 有丙無壬, 富眞貴假 |
| 丙 | 癸 | 丙多無壬有癸, 有能常人 |
| 敗 | | 無丙 |

十二月氣寒水凍, 先丙次壬, 非丙不能解凍, 解凍水不成冰, 方可用壬淘洗.

丙壬兩透, 淸雅富貴, 廊廟之材, 或壬丙一透一藏, 貢監衣衿不少, 或有丙無壬, 富眞貴假, 有壬無丙, 僧道孤貧, 或丙多無壬有癸, 有能常人, 市中貿易之流.

或火重逢, 須以癸己爲君, 丙丁爲臣, 亦主衣祿豊裕, 一生安樂.

故十二月辛金, 俱先丙次壬, 戊己又次之.

## 9. 丑月 壬水

| | | |
|---|---|---|
| 병<br>丙 | | 상 반 월 전 용 병 화 유 병 명 리 양 전 귀 격<br>上半月專用丙火, 有丙, 名利兩全. 貴格 |
| 병<br>丙 | 갑<br>甲 | 하 반 월 용 병 갑 목 위 좌 과 갑 지 귀 귀 격<br>下半月用丙, 甲木爲佐, 科甲之貴. 貴格 |
| 병<br>丙 | 신<br>辛 | 병 신 구 투 과 갑 부 귀<br>丙辛俱透, 科甲富貴 |
| | 무<br>戊 | 견 무 제 수 가 허 의 금 차 유 록 수<br>見戊制水, 可許衣衿, 且有祿壽 |
| | | 병 장 상 인<br>丙藏常人 |
| | 금 국<br>金局 | 불 견 병 정 명 금 수 침 한 한 도 저 일 세 고 빈 견 화 해 한<br>不見丙丁, 名金水沈寒寒到低, 一世孤貧, 見火解寒<br>방 가<br>方可 |
| 패<br>敗 | | 무 병 정 작 단 한<br>無丙定作單寒 |

十二月壬水, 旺極復衰, 何也, 上半月癸辛主事, 壬水稍旺, 專用丙火解凍, 下半月己土主事, 故丙火爲先, 徐用甲木爲佐, 術士不察, 例作旺推, 殊不知上半月壬癸只旺十二日, 下半月土, 則有十八日也, 俱作旺推, 安能有驗, 故有丙, 名利兩全.

丙辛俱透, 科甲富貴, 無丙定作單寒, 丙透甲出, 科甲之貴, 然四柱無壬, 方妙, 或四柱有壬, 丙藏常人, 見戊制水, 可許衣衿, 且有祿壽.

或支成金局, 不見丙丁, 名金水沈寒寒到底, 一世孤貧, 見火解寒方可.

臘月壬水, 用丙火, 或甲木爲佐, 用火者木妻火子, 用戊者不可無丙.

金旺, 卽丙透遇辛, 亦不爲妙, 見丁頗吉.

或丁出時干, 化合成木, 月支又見丁火, 無癸破格, 亦富貴.

水旺居垣須有智，水土混雜必愚頑，壬癸路經南域，主健，富貴堪圖，又云，有水木傷官格，財官兩見始爲歡.

## 10. 丑月 癸水

| | | |
|---|---|---|
| 丙 | 支燥 | 專用丙火解凍. 貴格 |
| 丙 | 壬，支燥 | 二丙出干，支藏多壬，或時透壬水，名水輔陽光. 上格 |
| | | 一丙一壬出干，貢監 |
| 丙 | | 有丙無壬，不過靈變生員 |
| | 火局 | 庚壬不透，無妻子，得一金一水透，主有衣祿 |
| | 金局 | 丙透得地，名地溫水暖，雖不發科甲，亦能拔萃超群 |
| 敗 | | 全無丙火 |

十二月癸水，落地成冰，萬物不能舒泰，專用丙火解凍.

得二丙出干，支藏多壬，或時透壬水，不見月上丁火，名水輔陽光，科甲富貴極品. 或一丙一壬出干，貢監，或有丙無壬，不過靈變生員，有壬無丙，又見戊透，奔流之輩.

或有丙透，支見子丑，又一癸出干，名雲霧有根，遮蔽陽光，即有丙透，不能解凍，平常之人，或丙遭辛合，須見丁制，乃吉.

或一派癸己會黨，年干透丁，名雪夜燈光，科甲無疑，但夜生者貴，無丁火，便是孤貧.

或見水局，水寒不流，無丙，亦是常人.

或支成火局，庚壬不透，無妻子，得一金一水透，主有衣祿.

或支成金局，丙透得地，名地溫水暖，彼此相生，雖不發科甲，亦能拔萃超群，丙藏，才學雖富，終不成名，且無承受.

或見木局洩癸，無金，殘疾之人，有金，雖難讀書，必多靈變，加以創立成家，亦以丙火爲用.

# 궁통보감 원문
# □ 窮通寶鑑 原文

楚南 余春台 原編

東海 徐樂吾 改編

## ■ 五行總論

五行者, 本乎天地之間而不宮者也, 故謂之行.

北方陰極而生寒, 寒生水. 南方陽極而生熱, 熱生火. 東方陽散以泄而生風, 風生木. 西方陰止以收而生燥, 燥生金. 中央陰陽交而生溫, 溫生土. 其相生也所以相維, 其相剋也所以相制, 此之謂有倫.

火爲太陽, 性炎上. 水爲太陰, 性潤下. 木爲少陽, 性騰上而無所止. 金爲少陰, 性沉下而有所止. 土無常性, 視四時所乘, 欲使相濟得所, 勿令太過弗及.

夫五行之性, 各致基用. 水者基性智, 火者基性禮, 木基性仁, 金基性義, 惟土主信, 重寬厚博, 無所不容： 以之水, 則水附之而行； 以之木, 則木托之而生； 金不得土, 則無自出； 火不得土,則無自歸. 必損實以爲通, 致虛以爲明, 故五行皆賴土也.

推基形色, 則水黑、火赤、木青、土黃, 此正色也. 及其變易, 則不然. 常以生旺從正色, 死絶從母色, 成形冠帶從妻色, 病敗從鬼色, 旺墓從子色.

其數則水一、火二、木三、金四、土五. 生旺加倍, 死絶減半.

以義推之, 夫萬物負陰而抱陽, 沖氣以和. 過與不及, 皆爲乖道. 故高者抑之使平, 下者擧之使崇, 或益其不及, 或損基太過. 所以貴在折衷, 歸於中道, 使無有餘不足之累, 則才官印食貴人驛馬之微意也. 行運亦如之, 識其微意, 則於命理之說, 思過半矣.

## ■ 論木

木性騰上而無所止, 氣重則欲金任使, 有金則有惟高惟斂之德. 仍愛土重, 則根蟠深固, 土少則有枝茂根危之患. 木賴水生, 少則滋潤, 多則漂流. 甲戌、乙亥、木之源. 甲寅、乙卯、木之鄕. 甲辰、乙巳、木之生. 皆活木也. 甲申, 乙酉, 木受剋. 甲午, 乙未, 木自死. 甲子, 乙丑, 金剋木. 皆死木也. 生木得火而秀, 丙丁相同. 死木得金而造, 庚辛必利. 生木見金自傷, 死木得火自焚, 無風自止, 其勢亂也. 遇水返化其源, 其勢盡也. 金木相等, 格謂斲輪. 若向秋生, 反爲傷斧, 是秋生忌金重也.

木生於春, 餘寒猶存. 喜火溫暖, 則無盤屈之患. 藉水資扶, 而有舒暢之美. 春初不宜水盛, 陰濃則根損枝枯. 春木陽氣煩燥, 無水則葉槁根枯. 是以水火二物, 旣濟方佳. 土多而損力, 土薄則才豐. 忌逢金重傷殘剋伐, 一生不閑. 設使木旺, 得金則良, 終生獲福.

夏月之木, 根乾葉操, 盤而且直, 屈而能伸. 欲得水盛而成滋潤之力, 誠不可少. 切忌火旺而招焚化之憂, 故以爲凶. 土宜在薄, 不可厚重, 厚則反爲災咎. 堊金在多, 不可欠缺, 缺則不能琢削. 重重見木, 徒以成林, 疊疊逢華, 終無結果.

秋月之木, 氣漸凄凉, 形漸凋敗. 初秋之時, 化氣未除, 尤喜水土以相滋. 中秋之令, 果以成實, 欲得剛金而修削. 霜降後不宜水盛,水盛則木漂. 寒露節又喜火炎, 火炎則木實. 木多有多材之未, 土厚無自任之能.

冬月之木, 盤屈在地, 欲土多而培養. 惡水盛而忘形. 金總多不能剋伐. 火重見溫暖有功. 歸根復命之時. 木病安能輔助, 須忌死節之地, 只宜生旺之方.

## ■ 甲木總論

春月之木, 漸有生長之象. 初春猶有餘寒, 當以火溫暖, 則有舒暢之未, 水多變剋, 有損精神. 重見生旺, 必用庚金斲鑿, 可成棟樑. 春末陽壯水渴, 藉水資扶, 則花繁葉茂. 初春無火, 增之以水, 則陰濃氣弱, 根損枝枯, 不能華秀. 春末失水, 增之以火, 則陽氣太盛, 燥渴相加, 枝葉乾枯, 亦不華秀. 是以水火二物, 要得時相濟爲美.

■ 三春甲木

正月甲木, 初春尙有餘寒, 得丙癸逢, 富貴雙全. 癸藏丙透, 名寒木向陽, 主大富貴. 倘風水不及, 亦不失儒林俊秀. 如無丙癸, 平常人也.

正二月甲木, 素無取從才從殺從化之理.

或一派庚辛, 主一生勞苦, 剋子刑妻, 再支會金局, 非夭則貧.

如無丙丁, 一派壬癸, 又無戊己制之, 名水泛木浮, 死無棺槨.

如一派戊己, 支會金局, 爲財多身弱, 富屋貧人, 終生勞苦, 妻晚子遲.

或無庚金, 有丁透, 亦屬文星, 爲木火通明之象, 又名傷官生財格, 主聰明雅秀. 一見癸水傷丁, 但作厚道迂儒. 或柱中多癸, 滋助木神, 傷滅丁火, 其人奸雄梟險, 曹操之徒, 言淸行濁, 笑裏藏刀.

若庚申、戊寅、甲寅、丙寅. 一行金水運, 發進士. 或甲午日庚午時, 此人必貴. 但要好運相催, 不宜制了庚丁. 或支成金局, 多透庚辛, 此又不吉, 號曰木被金傷, 若無丙丁破金, 必主殘疾.

或支成火局, 洩露太過, 定主愚懦, 常有啾唧災病纏身, 終有喑疾.

支成木局, 得庚爲貴, 無庚必凶, 若非僧道, 男主鰥孤, 女主寡獨.

支成水局, 戊透則貴, 如無戊制, 不但貧賤, 且死無棺木.

故書曰： 甲木若無根, 全賴申子辰, 干得才殺透, 平步上靑雲.

凡三春甲木, 用庚者, 土爲妻, 金爲子. 用丁者, 木爲妻, 火爲子.

總之正二月甲木, 有庚戊者上命. 如有丁透, 大富大貴之命也.

二月甲木, 庚金得所, 名陽刃駕殺, 可云小貴, 異途顯達, 或主武職, 但要財資之. 柱中逢才, 英雄獨壓萬人. 若見癸水, 困了才殺, 主爲光棍, 重刃必定遭凶. 性情凶暴.

書曰： 木旺宜火之光輝, 秋闈可試. 木向春生, 處世安然有壽. 日主無依, 却喜運行才地.

三月甲木, 木氣相竭. 先取庚金, 次用壬水. 庚壬兩透, 一榜堪圖. 但要運用相生, 風水陰德, 方許富貴.

或見一二庚金, 獨取壬水. 壬透淸秀之人, 才學必富. 或天干透出二丙, 庚藏支下, 此鈍斧無鋼, 富貴難求. 若有壬癸破火, 堪作秀才.

或主中全無一水, 戊己透干, 支成土局, 又作棄命從才, 因人而致富貴, 妻子有能.

或見戊己, 及比劫多者, 名爲雜氣奪才, 此人勞碌倒老, 無馭內之權. 女命合此, 女掌男權, 賢能內助, 若比劫重見, 淫惡不堪. 或支成金局, 方可用丁, 不然, 三月無用丁之法. 惟有先庚後壬取用.

書曰 : 甲乙生寅卯, 庚辛干上逢, 離南椎富貴, 坎地卻爲凶.

■ 三夏甲木

四月甲木退氣, 丙火司權, 先癸後丁.

庚金太多, 甲反受病. 若得壬水, 方配得中和, 此人性好淸高, 假裝富貴. 則蔭襲顯達, 終日好作禍亂, 善辨巧談, 喜作詩文. 此理最驗.

如一庚二丙, 稍有富貴. 金多火多, 又爲下格.

或癸丁與庚齊透天干, 此命可言科甲, 卽風水淺薄, 亦有選拔之才. 癸水不出, 雖有庚金丁火, 不過富中取貴, 異途官職而已. 壬透可云一富, 若全無點水, 又無庚金丁火, 一派丙戊, 此無用之人也.

五六月甲木, 木性虛焦, 一理共推. 五月先癸後丁, 庚金次之. 六月三伏生寒, 丁火退氣. 先丁後庚, 無癸亦可. 或五月乏癸, 用丁亦可, 要運行北地爲催.

總之五六月用丁火, 雖運行北地, 不致於死. 欲不利運行火地, 號曰木化成恢, 必死. 行西程又不吉, 號曰傷官遇殺, 不測災來, 惟東方則吉, 北方次之. 此五六月用丁之說也.

凡用神太多, 不宜剋制, 須洩之爲妙.

五六月甲木, 木盛先庚, 庚盛先丁. 五月癸庚兩透, 爲上上之格. 六月庚丁兩透, 亦爲上上之格. 用神旣透, 木火通明, 自然大富大貴. 或丁火太多, 癸水亦多, 反作平人.

若住中多金, 名曰殺重身輕, 先富後貧, 運不相扶, 非貧則夭. 或庚多, 有一二丙丁制伏, 又有壬癸透干, 泄金之氣, 此又有先貧後富.

或滿柱丙火, 又加丁火, 不見官殺, 謂之傷官傷盡最爲奇, 反成淸貴, 定主才學過人, 科甲有望, 但歲運不宜見水. 若柱中有壬水, 運又逢水, 必貧夭死.

但凡木火傷官者, 聰明智巧, 卻是人同心異, 多見多疑, 雖不生事害人, 每抱忌妒之想, 女命一理同推.

或四柱多土, 干上有乙木, 切勿作棄命從財.

時月兩透己土, 名二土爭合, 男主奔流, 女主淫賤. 見二甲則不爭矣, 亦屬平庸之輩. 或四柱有辰, 干見二己二甲, 此人名利雙全, 大富大貴.

若在六月, 見辰支, 名爲逢時化合格. 以癸水爲妻, 丁火爲子. 若二己一甲爭合. 取支中比劫爲用. 以甲爲用者, 壬癸爲妻, 甲乙爲子.

其餘用庚者, 土妻金子. 用丁者木妻火子.

女命以妻作夫, 用作子. 十干皆同.

或是己土, 不見戊土, 乃爲假從, 其人一生縮首, 反畏妻子. 若無印綬, 一生貧苦. 六月尤可, 五月決不可.

## 三秋甲木總論

三秋甲木, 木性枯槁, 金土乘旺, 先丁後庚, 丁庚兩全, 將甲造爲畫戟, 七月甲堪爲戟, 非丁火不能造庚, 非庚不能造甲, 丁庚兩透, 科甲定然. 庚祿居申, 殺人相生, 運行金水, 身伴明君. 或庚透無丁, 一富而已, 主爲人操心太重, 不能坐享. 或丁透庚藏, 亦主淸衿小富. 或庚多無丁, 殘疾病人, 若爲僧道, 災厄可免.

或四柱庚旺, 支內水多, 不作棄命從殺. 見土多可作從才而看.

庚多無癸, 而壬水多, 戊己亦多, 此則專用一點丁火, 方可制金以養群土, 此命大富. 丁藏富小, 不顯. 丁露定作富豪. 得二丁, 不坐死絶, 必然富貴雙全, 則風水不及, 亦可富中取貴, 納粟奏名. 或癸疊疊制伏丁火, 雖滿腹文章, 終難顯達. 得運行火土, 破癸, 略可假就功名, 歲運皆背, 刀筆之徒. 支成水局, 戊己透干, 制去癸水,存其丁火, 又可云科甲, 但此等命, 主爲人心奸巧詐, 好訟爭非, 因貪致禍. 奸險之徒, 抉非安份之人也.

■ 三秋甲木

七月甲木, 丁火爲尊, 庚金次之, 庚金不可少. 火隔水不能鎔金, 故丁火鎔金, 必賴甲木引助, 方成洪爐. 若有癸水阻隔, 便滅丁火, 壬水無礙, 且能合丁, 但須見戊土, 方可制水存火.

八月甲木, 木水金旺. 丁火爲先, 次用丙火, 庚金再次.

一丁一庚, 科甲定顯. 癸水一透, 科甲不全.

丙庚兩透, 富大貴小. 丙丁全無, 僧道之命.

丙透無癸, 富貴雙全. 有癸制丙, 尋常之人. 支成火局, 可許假貴, 戊己一透, 可作富翁.

或支成金局, 干露庚金, 爲木被金傷, 必主殘疾, 得丙丁破金, 亦主老來暗疾.

或支成木局, 干透比劫, 反取庚金爲先, 次用丁火.

九月甲木, 木星凋零, 獨愛丁火, 壬癸滋扶, 丁壬癸透, 戊己亦透, 此命配得中和, 可許一榜. 庚金得所, 科甲定然.

或見一二比肩, 無庚金制之, 平常人也. 倘運不得用, 貧無立錐. 一命, 甲辰、甲戌、甲辰、甲戌、身伴明君, 富貴壽考, 此爲天元一氣, 又名一才一用. 遇比用才, 專取季土. 或見庚丙, 可許入泮, 白手成家. 用火者木妻火子, 子肖妻賢.

或四柱木多, 用丙用丁, 皆不足異, 耑用庚金爲妙. 凡四季甲木, 總不外呼庚金. 譬如木爲犁, 能疏季土, 非庚爲犁嘴, 安能疏土, 雖用丙丁, 癸庚決不可少也. 九月卻不取土妻庚子, 當取水妻木子. 凡甲木, 多見戊己, 定作棄命從才而看. 從才格, 取火妻土子.

或見一派丙丁傷金, 不過假道斯文, 有壬癸破了丙丁, 技藝之流. 無壬癸破火, 支又成火局, 乃爲枯朽之木, 有庚亦何能爲力, 定作孤貧下賤之輩, 男女一理.

或有假傷官, 得地逢生, 此正合甲乙秋生貴元武之說, 用水制傷官者, 以金爲妻, 水爲子.

或丁戊俱多, 總不見水, 又爲傷官生財格, 亦可云富貴, 此格取火爲妻, 土爲子.

凡甲多庚透, 大貴. 庚藏, 小貴. 若住中多庚, 則文以丁爲奇, 富貴人也. 如庚申年、丙戌月、甲申日、壬申時, 此主功名顯達, 有文學. 若無庚丙年月, 又無火星出干, 雖曰好學, 終困名場.

九月甲木, 耑用丁癸, 見戊透必貴. 如戊戌、壬戌、甲子、甲申, 支成水局, 干有壬水, 正合貴元武之說. 配得中和, 一榜之命, 家計豐足. 但庚丁未透出干, 不能館選.

甲乙比肩, 又逢比劫運, 主兄弟劫財爭訟, 刑妻損子. 甲乙生丁二月, 無制無洩, 主長髮師姑.

■ 三冬甲木

十月甲木, 庚丁爲要, 丙火次之. 忌壬水泛身, 須戊土制之.

若庚丁兩透, 又加戊出干, 名曰去濁留清, 富貴之極, 則乏丁火, 亦稍有富貴. 或甲多制戊, 庚金無根, 平常人也. 庚戊若透, 雖出比劫, 必定富而壽.

或多比劫, 只一庚出干, 坐祿逢生, 乃爲捨丁從庚, 略富貴. 或支見申亥, 戊己得所, 以救庚丁, 可許科甲. 若單己透, 其力弱小, 不過貢監而已.

用庚, 土妻金子. 用丁, 木妻火子.

十一月甲木, 木性生寒, 丁先庚後, 丙火佐之. 癸水司權, 爲火金之丙. 庚丁兩透, 支見巳寅, 科甲有准, 風水不及, 選拔有之. 若癸透傷丁. 無戊己輔救, 殘疾之人. 或壬水重出, 丁火全無者, 庸人也, 得丙方妙.

或支成水局, 加以壬透, 名爲水泛木浮, 死無棺木.

總之十一月甲木, 爲寒枝, 不比春木清茂, 耑取庚丁. 透壬無丙, 不過刀筆異途, 武職有驗.

用庚, 土妻金子. 用火, 木妻火子.

十二月甲木, 天寒氣凍, 木性極寒, 無生發之象, 先用庚劈甲, 方引丁火, 始得木火有通明之象, 故丁次之. 庚丁兩透, 科甲恩封. 庚透丁藏, 小貴. 丁透庚藏, 小富貴. 無庚者, 貧賤. 無丁者, 寒儒.

或有丁透重重, 亦是富貴中人, 但須比肩, 能發丁之燄, 自有德業才能. 如無比肩, 尋常之士, 稍有衣食而已. 或支多見水, 則有比肩, 亦屬平常.

總之臘月甲木, 雖有庚金, 丁不可少. 乏庚略可, 乏丁無用. 經云 : 甲木無根, 男女夭壽.

## ■ 三春乙木總論

三春乙木, 爲芝蘭蒿草之物, 丙癸不可離也, 春乙見丙, 卉木向陽, 萬象回春, 須癸滋養根基. 丙癸齊透天干, 無化合制剋, 自然登科及第, 故書曰 : 乙木根荄種得深, 只須陽之不宜陰, 漂浮只怕多逢水, 剋制何須苦用金.

### ■ 三春乙木

正月乙木, 必須用丙, 因天氣尤有餘寒, 非丙不暖, 雖有癸水, 恐凝寒氣, 故以丙火爲先, 癸水次之.

丙癸兩透, 科甲定然, 或有丙無癸, 門戶闌揚. 或丙多乏癸, 名曰春旱. 獨陽不長, 濁富之人. 或丙少癸多, 又爲困丙, 終爲寒士. 或癸己多見, 爲溼土之木, 皆下格.

用丙者木妻火子. 用癸水見火多者, 金妻水子.

二月乙木, 陽氣漸升, 木不寒矣, 以丙爲君, 癸爲臣, 丙癸兩透, 不透庚金, 大富大貴.

或天干透庚, 支下無辰, 不能火金, 得癸透養木亦爲貴, 若見水庫, 則爲假火, 平常人也.

二月乙木, 耑用丙癸. 或支成木局, 有癸透乃作貴命, 更得丙洩木氣, 上上之命, 但須透癸. 或水多困丙, 多戊化癸, 皆下格.

用丙者, 木妻、火子. 用癸者, 金妻、水子.

亥卯未逢於甲乙, 富貴無疑. 木全寅卯辰方, 功名有准. 活木忌埋根之鐵, 支下有庚辛, 戕賊其根, 木則朽矣.

三月乙木, 陽氣愈熾, 先癸後丙.

癸丙兩透, 不見己庚, 玉堂之客. 見己庚者, 平常之人. 或一乙逢庚, 不見己者, 亦主小富貴, 但不顯達. 或多水見己, 只恐高才不第. 見戊堪發異塗. 或庚己混雜, 丙癸全, 則爲下格.

或見水局, 丙戊高透, 亦主科甲. 或住中全無丙戊, 支合水局, 此離鄉之命.

或見一派癸水, 又有辛金, 則作旺看. 得一戊己制癸, 亦可云小富貴. 若一派壬水, 不特貧賤, 而且夭折. 有一戊己, 方云有壽, 但終爲技術之人.

又或庚辰時月, 名二庚爭合, 乃貧賤之輩. 如年干見丁破庚, 可云從化, 亦不失武職之權.

用癸者, 金妻水子. 癸多用丙者, 木妻火子.

## ■ 三夏乙木總論

三夏乙木, 木性枯焦. 四月專尙癸水. 五六月先丙後癸, 夏至前仍用癸水.

先得丙透, 支下又有丙火, 名曰木秀火明. 得一癸透, 科甲中人.

或透二丙一癸, 可許採芹.

或一派癸水, 有丁無丙, 平常之人. 或一癸透干, 異途顯宦, 難由科甲. 癸居子辰, 異路小職. 或丙藏支下, 癸透年干, 己出月上, 雖非科甲, 異路功名. 又或重重癸水, 或支藏癸水, 由行伍出身得功名.

■ 三夏乙木

四月乙木, 自有丙火, 耑取癸水爲尊. 四月乙木專用癸水, 丙火酌用, 雖以庚辛佐癸, 須辛透爲淸.

癸透、庚辛又透, 科甲定然, 獨一點癸水、無金, 是水無根, 雖出天干, 不過秀才小富, 須要大運相扶. 或土多困癸, 貧賤之人. 丙戊太多, 支成火局, 瞽目之流.

用癸者, 金妻水子.

乙逢雙女木傷殘, 若見辛金壽必難, 不得丙丁來制伏, 豈知安樂不久長.

五月乙木, 丁火司權, 禾稼俱旱. 上半月屬陽, 仍用癸水. 下半月屬陰, 三伏生寒, 丙癸劑用. 柱多金水, 丙火爲先, 餘皆用癸水爲先.

乙木重逢火爲, 名爲氣散之文, 支成火局, 洩乙精神, 須用癸滋. 癸透有根, 富貴雙全. 或庚辛年上, 癸透時干, 定許科甲, 無癸者常人.

若見丙透, 支成火局, 陽焦木性, 此人殘疾, 無癸必夭, 見壬可解. 或火土太多, 其人愚賤, 或爲僧道門下閒人.

六月乙木, 木性且寒, 柱多金水, 丙火爲尊. 支成水局, 乙得無傷. 癸水透干, 大富大貴. 無癸定作常人, 運不行北, 困苦一生.

凡五六月乙木, 氣退枯焦, 用癸水切忌戊己雜亂, 則爲下格. 或甲木高透, 制伏土神, 名爲去濁留淸, 可許俊秀. 土多乏甲, 秀氣脫空, 庸人而已.

或丙癸兩透, 加以甲透制戊, 選拔定然. 若不見丙癸, 只有丁火, 亦屬常人, 有壬、可充衣食.

或柱中無水, 又無比劫出干, 乃爲棄命從才, 富大貴小, 能招賢德之妻. 從才格以火爲妻, 土爲子.

或一派戊土出干, 不見比肩, 名爲才多身弱, 從爲富屋貧人.

或丙辛化水, 嫖賭破家, 終非承受之兒.

或一派乙木, 不見丙癸, 名爲亂臣無主. 勞碌奔波, 又加多支辛金, 僧道之輩.

或一派甲木, 無癸無丙, 又無庚金, 此人一生虛浮, 總不誠實. 有庚制甲, 乃有謀之人, 但嗜酒貪花, 多慾敗德, 不修品行, 男女一理.

總之夏月之乙木, 耑用癸水, 丙火酌用, 庚辛次之.

■ 三秋乙木

三秋乙木, 金神司令, 先丙後癸, 惟九月耑用癸水, 恐丙暖戊土爲丙也.

七月乙木, 庚金乘令, 庚雖輸情於乙妹, 怎奈干乙難合支金. 柱見庚多, 乙難受載. 或丙透干, 又加巳出埋金, 此格可云科甲. 有己透、加丙, 亦是上命. 七月喜己土爲用, 或不見丙癸. 己土必不可少, 此則以火爲妻, 土爲子.

或癸透、丙藏、庚少, 此不用己, 可許貢拔. 無丙、有癸透者, 不失刀筆門戶. 有支下庚多, 癸又藏者, 無丙己二神, 平常人物.

或生辰時, 此爲從化, 反主富貴. 凡化合格, 皆以所生之神爲用. 化金者, 戊爲用神, 特忌丙丁煆煉破格. 從化者以火爲妻, 土爲子.

其餘以金爲妻. 妻必賢美. 以水爲子, 子必克肖, 但忌刑沖. 凡命皆然, 不特此也.

秋乙逢錦, 非貧卽夭. 秋生乙木忌根枯, 根旣枯槁, 貧苦到老.

八月乙木, 芝蘭禾稼均退. 以丹桂爲乙木. 在白露之後, 桂蕊未開, 耑用癸水以滋桂萼. 若秋分後, 桂花已開, 欲喜向陽, 又宜用丙, 癸水次之, 丙癸兩透, 科甲名臣.

或支成金局, 宜暗藏丁, 無丁制金, 恐木被金傷. 若無水火, 此人勞碌. 或得癸水, 爲子得母其人一生豐盈. 或丙癸兩透, 戊土雜出, 亦主異路功名.

生秋分後, 有丙戊癸, 亦略富貴. 若有癸無丙, 名利虛花. 若四柱不見丙癸, 下格.

或癸在年 (月) 干, 丙透時干, 名爲木火文星, 定主上達. 生於秋分後方佳.

或生上半月無癸, 姑用壬水, 不然, 姑木無用, 必作貧人. 又四柱多見戊己, 下格.

用癸者, 金妻、水子. 用丙者, 木妻、火子. 用壬者, 金妻水子.

甲乙遇强金, 魂歸西土, 青龍逢兌旺, 且貧且賤.

乙木生居酉, 莫逢巳酉丑, 富貴坎離宮, 貧窮申酉守. 木逢金旺巳傷, 再遇金鄕, 豈不損壽.

九月乙木, 根枯葉落, 必賴癸水滋養. 如見甲申時, 名爲藤蘿繫甲, 可秋可冬.

若見癸水, 又遇辛金發水之源, 定主科甲. 或有癸無辛, 常人. 有辛無癸, 貧賤. 或四柱壬多水難生乙, 亦是尋常之輩.

或支多戊土, 又逢天干, 作從才看, 無比劫方妙, 一逢比劫, 富屋貧人.

用癸者, 金妻、水子. 但子女艱難, 季土剋制故也.

■ 三冬乙木

十月乙木, 木不受氣, 而壬水司令, 取丙爲用, 戊土爲次.

丙戊兩透, 科甲定然. 有丙無戊, 雖不科甲, 亦入儒林. 支多丙火, 運入火鄕, 亦主顯達.

或水多無戊, 乙性漂浮, 流蕩之徒. 若不見丙巳, 妻子難全, 或一

점임수, 즉다견무토, 역위불묘, 득갑제무, 가허능간, 단위인호생
點壬水, 則多見戊土, 亦爲不妙, 得甲制戊, 可許能幹, 但爲人好生
화란, 구송생비, 남녀일리
禍亂, 構訟生非, 男女一理.

지성목국, 시치소양, 차우여춘목동왕, 약유계출, 수취무위존
支成木局, 時値小陽, 此又如春木同旺, 若有癸出, 須取戊爲尊,
가이병투, 과갑지인, 약무병무이자, 자성자패, 종비승수지배
加以丙透, 科甲之人. 若無丙戊二字, 自成自敗, 終非承受之輩.

십일월을목, 화목한동, 일양래부, 희용병화해동, 즉화목유향
十一月乙木, 花木寒凍, 一陽來復, 喜用丙火解凍, 則花木有向
양지의, 불의용계이동화목, 고용병화
陽之意, 不宜用癸以凍花木, 故耑用丙火.

유일이점병화출간, 무계제자, 가허과갑, 즉병장지내, 역유선
有一二點丙火出干, 無癸制者, 可許科甲. 則丙藏之內, 亦有選
발은봉, 득차불귀, 필인풍수박, 혹임계출간, 유무제, 가작능인
拔恩封, 得此不貴, 必因風水薄. 或壬癸出干, 有戊制, 可作能人,
즉병재지내, 역시준수, 약임투무무, 빈천지인
則丙在支內, 亦是俊秀. 若壬透無戊, 貧賤之人.

지성수국, 간투임계, 병정전무, 수유무제, 빈핍도로, 운지남
支城水局, 干透壬癸, 丙丁全無, 雖有戊制, 貧乏到老, 運至南
방, 초유의식, 정화유역여무정내등촉지화, 기능해엄한지동, 설
方, 稍有衣食. 丁火有亦如無丁乃燈燭之火, 豈能解嚴寒之凍. 設
무병정, 무기다견, 금수분류, 하천, 혹유무기무화, 역속상인, 단
無丙丁, 戊己多見, 金水奔流, 下賤. 或有戊己無火, 亦屬常人, 但
불지하천, 혹일파정화, 대간대사지도, 여무갑인정, 고환도로, 정
不至下賤. 或一派丁火, 大奸大詐之徒. 如無甲引丁, 孤鰥到老. 丁
화견갑, 필주린지진진, 지란요슬
火見甲, 必主麟趾振振, 芝蘭繞膝.

혹성수국, 임계량투, 즉목부의, 불특빈천, 이차요절, 득일무구
或成水局, 壬癸兩透, 則木浮矣, 不特貧賤, 而且夭折, 得一戊救
방가
方可.

冬月之木, 雖取戊制水, 不可作用, 耑取丙火則可. 用火者, 木妻、火子. 用土者, 火妻、土子.

乙木生於冬至之後, 坐下木局, 得丙透干者, 富貴之造. 則丁出干, 亦有衣祿, 須忌癸制丁. 乙木生於冬月, 己土透干, 又有丙透, 大富大貴之造.

十二月乙木, 木寒宜丙, 有寒谷回春之象, 得一丙透, 無癸出破格, 不特科甲, 定主名臣賢宦丙火藏支, 食餼而已. 干支無丙, 一介寒儒.

或四柱多己, 不逢比劫, 乃爲從才, 富比王侯, 若見比劫, 貧無立錐. 雖或一派戊己, 見甲頗有衣祿. 耑二丙火爲用, 方妙.

## ■ 論火

炎炎眞火, 位鎭南方, 故火無不明之理, 輝光不久. 全要伏藏, 故明無不滅之象. 火以木爲體. 無木、則火不藏炎. 火以水爲用, 無水、則火太酷烈. 故火多則不實, 火烈則傷物. 木能藏火, 到寅卯方而生火, 不利於西, 遇申酉而必死. 生居離位, 果斷有爲, 若居坎宮, 謹畏守禮.

金得火和, 而能鎔鑄. 水得火和, 則成既濟. 遇土不明, 多主蹇塞. 逢木旺處, 決定爲榮. 木死火虛, 難得永久, 縱有功名, 必不久長. 春忌見木, 惡其焚也. 夏忌見土, 惡其暗也. 秋忌見金.金難剋制. 冬忌見水, 水旺則滅. 故春火欲明, 不欲炎. 炎則不實. 秋火欲藏, 不欲明. 明則太燥, 冬火欲生、不欲殺, 殺則歇滅.

生於春月, 母旺子相, 勢力並行, 喜木生扶, 不宜過旺, 旺則火炎. 欲水既濟, 不愁興盛, 盛則沾恩. 土多則蹇塞埋光. 火盛則傷多烈燥. 見多可以施功, 縱重見用才尤遂.

夏月之火, 秉令乘權. 逢水制則免自焚之咎, 見木助必招夭折之患, 遇金必作良工, 得土遂成稼穡. 金土雖爲美利, 無水則金燥土焦, 再加木助, 太過傾危.

秋月之火, 性息體和, 得木生則有復明之慶. 遇水剋難免隕滅之災.

토중이엄식기광 금다이손상기세 화견화이광휘 종첩견이필리
土重而掩息其光. 金多而損傷其勢. 火見火以光輝, 縱疊見而必利.

동월지화 체절형망 희목생이유구 우수극이위앙 욕토제위영
冬月之火, 體絶形亡, 喜木生而有救, 遇水剋以爲殃. 欲土制爲榮,
애화비위리 견금위난임재 무금이불조해 천지수경 화수난성
愛火比爲利. 見金爲難任財, 無金而不遭害, 天地雖傾, 火水難成.

## 삼춘병화총론
## ■ 三春丙火總論

삼춘병화 병상지위 양회대지 모설기상 단용임수 위부양
三春丙火, 秉象至威, 陽回大址, 侮雪欺霜, 耑用壬水, 爲扶陽,
명왈천화지윤 기제공성 정월용임 경신위조 이월단용임수 삼
名曰天和址潤, 旣濟功成. 正月用壬, 庚辛爲助, 二月耑用壬水, 三
월토중회광 취갑좌지위묘
月土重晦光, 取甲佐之爲妙.

계병춘생 불청불우지천 병일춘생 시월출계 운무미몽 불현
癸丙春生, 不晴不雨之天. 丙日春生, 時月出癸, 雲霧迷濛, 不顯
불달 비약수보병야
不達, 非若水輔丙也.

### 삼춘병화
### ■ 三春丙火

정월병화 삼양개태 화기점염 취임위존 경금좌지 임경량
正月丙火, 三陽開泰, 火氣漸炎, 取壬爲尊, 庚金佐之. 壬庚兩

透, 科甲定然. 則壬透庚藏, 亦有異途顯達.

若一庚高透, 支藏一二丙火, 納粟奏名, 主爲人慷慨英雄, 有才邁衆.

或一派庚辛混雜, 常人. 得時月兩透庚金、無辛者, 定主淸貴. 或辛年辛時, 名爲貪合, 酒也之徒. 女命一理.

或丙少壬多, 而無戊制, 名殺重身輕. 斯人簑裡藏刀, 尋非痞棍. 或見一戊制壬, 反成富貴, 宜見一二比肩方妙.

或一片戊土, 甲不出干, 終非大器, 且恐孤貧. 正月之丙, 忌戊晦光. 或支成火局, 耑取壬水爲貴. 無壬、癸亦姑用. 若壬癸俱無, 取戊以洩火氣, 但屬平人.

或支成火局, 弔作炎上而推, 但不逢時耳. 若不見東南歲運, 反致孤貧.

或四柱有甲木, 得庚金暗制, 可作秀才.

無壬用癸者, 略富貴, 且官殺亦要旺有限. 丙火無壬, 多主貧賤, 屢徵屢驗. 或火多無水, 一至水 必死. 不然, 定有災咎, 惟五月丙火, 合炎上格, 則不喜水破格. 用癸無根, 定主目疾.

用壬者, 金妻水子. 用庚者, 土妻金子.

二月丙火, 陽氣舒升, 耑用壬水. 壬透天干, 不見丁化, 加以庚辛己亦透, 壬水有根, 定主科甲.

或無壬水, 己土姑用, 主有才學, 雖不能成名, 必衣食充足.

或一派壬水, 見一戊制, 雖不科甲, 亦有恩庇. 或無戊透, 則有辰戌丑未之戊, 但辰宮癸水, 貪合成火, 不能制土, 此平常衣祿. 若支下全無一戊, 此係奔流之人, 加以金多生水, 下賤之命.

或一派戊土, 亦用壬水, 運喜行木, 見土不祥. 行火亦不利.

或丙子日辛卯時, 乃從化格, 但不逢時貪財壞印, 難招祖業. 若得一二重丁火破辛, 壬水得位亦主富貴, 雖不科甲, 亦有異途, 名傳郡邑. 合此格, 主妻妾多子. 或月時見二辛卯, 日乃丙子, 名爲爭合, 年不透丁制辛, 此人昏迷酒色, 年透丁火, 反吉. 或支成木局, 反因奸得財, 因酒得名.

凡用壬子, 金妻水子.

三月丙火, 氣漸炎升, 用壬水, 或成土局, 取甲木爲輔, 壬不可離. 壬申兩透, 科甲定宜, 惟忌庚出制甲, 則秀才而已.

無甲用庚, 助壬水洩土氣.

壬透甲藏, 富大貴小, 有甲無壬, 勞碌濁富. 壬藏無甲, 一介寒儒. 壬甲兩無, 愚賤之輩. 乙丁雜亂, 定必屬凡夫.

用壬者, 金妻水子. 用甲者, 水妻木子.

## ■ 三夏丙火總論

三夏丙火, 陽威性烈, 專用壬水. 若亥宮壬水無力, 回剋洩氣故也, 仍用申宮長生之水, 方云富貴.

四月耑用壬水, 金爲佐. 五月亦耑用壬. 四五月壬透者富貴. 丁多、兼看癸水. 六月用壬, 但借庚金爲佐.

陽刃合殺, 威權萬里. 丁火羊刃太旺, 正謂羊刃倒戈, 無頭之鬼. 丙火用壬, 生旺坐實方好, 忌壬水太多, 名殺重身輕.

■ 三夏丙火

四月丙火, 建祿於巳, 火勢炎炎, 宜專用壬水, 解炎威之力, 成既濟之功. 如無壬水, 孤陽失輔, 難透淸光, 得庚發水源, 方爲有根之水. 壬庚兩透, 不見戊土, 號曰湖水汪洋, 廣映太陽, 光輝顯著, 文明之象, 人合此格, 不但科甲崢嶸, 必有恩諡封榮, 若不驗, 必暗損陰德.

或無壬水, 癸亦姑用, 見庚透癸, 不富必貴, 但心性乖僻, 巧謀善辯.

或壬癸俱無, 愚頑之輩. 火炎無制, 僧道之流, 不然, 須防夭折.

或一派庚金, 不見比劫, 有富無貴.

或丙午日干, 四柱多壬, 不見戊制, 名曰陰刑殺重, 光棍之流. 或支成水局, 加之重重壬透, 一無制伏, 盜賊之名, 如見己土, 下賤鄙夫.

用壬者金妻水子.

五月丙火愈炎, 得壬庚高透, 方爲上命. 或一壬無庚, 亦主貢監, 猶防戊己出干, 丁壬化合, 則爲平人. 則不透庚壬, 或有申宮長生之水, 濟之坐祿之金, 至妙, 必入詞林. 又怕戊己雜亂, 則爲異路.

或成火局, 不見滴水者, 乃僧道鰥獨之命. 則有一二癸水, 多遇火土, 用之無力, 瞽目之人. 得戊己透火氣, 亦主刑剋孤寡, 行北運多凶, 何也, 所謂燥烈水激反凶.

或成炎上格, 柱運不見庚辛, 多見甲乙者, 反主大富貴, 然亦不加見水運.

或有庚癸透者, 衣祿充足, 支火輕, 無目疾, 支見水者, 異途. 或成土局, 又爲洩太過, 得壬滋甲出干, 土被制而火得生扶, 此必富貴壽考之格也.

六月丙火退氣, 三伏生寒, 壬水爲用, 取庚輔佐.

庚壬兩透, 貼身相生, 可運科甲名宦, 若無庚有壬, 不見無出, 小富小貴, 見戊制壬則爲 賢而已. 或己土出干混雜, 此必庸夫俗子. 或壬水淺, 己土出干, 其人貧困, 無壬下格, 賤而且頑, 男女一理.

或天干一派丙火, 陽極生陰, 干支兩見庚壬, 登科及第.

總之六月丙火用壬, 不同餘月用壬, 喜運行西北, 六月用壬, 喜運行西南.

■ 三秋丙火

七月丙火, 太陽轉西, 陽氣衰矣, 日近西山, 見土皆晦, 惟日照湖海, 暮夜光天, 故仍用壬水輔映光輝.

如壬多, 取戊制方妙. 有壬透干, 又見戊土出干, 可云科甲. 如戊藏支內, 不過生員. 多壬無戊, 平常人也. 或戊多壬少, 亦屬常人, 或多壬, 一戊出制, 所謂衆殺猖狂, 一仁可化, 必主顯達, 有權職.

一派辛金, 又爲棄命從才, 奇特之造, 亦得恩榮, 但多依親戚而爲進身之階, 從才者以水妻木子.

八月丙火, 日近黃昏, 丙之餘光, 存於光湖, 仍用壬水輔映.

四柱多丙, 一壬高透爲奇, 定主登科及第. 富貴雙全. 一壬藏之, 亦主秀才. 或戊多困水, 則假作斯文, 若無壬水, 癸亦可用, 但功名不久.

或見辛透, 不能從化, 貧苦到老, 或見一丁制辛, 爲人奸詐, 不識高低, 女命合此, 長舌淫賤.

或成金局, 無辛出干, 此非從才, 乃朱門餓莩, 如辛出干, 不見比劫, 此從才格, 反主富貴, 親戚提拔, 妻賢內助, 用水者, 金妻水子, 從才者, 水妻木子.

九月丙火, 火氣愈退, 所忌土晦光, 必須先用甲木, 次取壬水.

甲壬兩透, 富貴非凡, 若無壬水, 得癸透干, 亦可, 雖不科甲, 異路功名. 壬癸藏支, 貢監而已. 甲藏壬透, 無庚破甲, 可許秀才. 或庚戊困了水木, 定是庸才, 無甲壬癸者, 下格.

或一派火土, 雖不太旺, 亦自燥矣, 如不離 過繼, 亦主奔流, 加以無庚辛壬癸出干, 必爲夭命.

或支成火局, 炎上失時, 若運入南方, 一貧徹骨.

用甲者, 水妻木子, 用壬者, 金妻水子.

■ 三冬丙火

十月丙火, 太陽失令, 得見甲戊庚出干, 可云科甲, 主爲人性好清高, 斯文領袖.

如辛透見辰, 名化合逢時, 主大貴.

或壬多無甲, 乃作棄命從殺, 則不科甲, 亦是宦僚.

혹임다유갑무무 극비종살 의용기토혼임
或壬多有甲無戊, 卻非從殺, 宜用己土混壬.

총지십월병화 목왕의경 수왕의무 화왕용임 수의작용가야
總之十月丙火, 木旺宜庚, 水旺宜戊, 火旺用壬, 隨宜酌用可也.

십일월병화 동지일양생 약중부 임수위최 무토좌지
十一月丙火, 冬至一陽生, 弱中復強, 壬水爲最, 戊土佐之.

임무량투 과갑가허 무무견기 이로공명
壬戊兩透, 科甲可許, 無戊見己, 異路功名.

혹무임수 유계출간 득금자무상 우유병투이해동 가허의금
或無壬水, 有癸出干, 得金滋無傷, 又有丙透以解凍, 可許衣衿.

혹일파임 즉단용무토 차인수불성명 문장매중 단명리허부 하
或一派壬, 則耑用戊土, 此人雖不成名, 文章邁衆, 但名利虛浮, 何
야 인무회광 우수갑목위약야 혹무임수 계역가용 단불심현
也, 因戊晦光, 又須甲木爲藥也, 或無壬水, 癸亦可用, 但不甚顯.

혹사주다임무갑 내작기명종살 역유운로
或四柱多壬無甲, 乃作棄命從殺, 亦有雲路.

혹수다 유갑 무무 각비종살 의용기토탁임 십일월병화 여
或水多、有甲、無戊, 卻非從殺, 宜用己土濁壬, 十一月丙火, 與
십월파동
十月頗同.

십이월병화 기진이양 매설기상 희임위용 기토사령 토다우
十二月丙火, 氣進二陽, 每雪欺霜, 喜壬爲用, 己土司令, 土多又
불가소갑 임갑량투 과갑감의 갑장즉수재이이 혹무갑득일임
不可少甲, 壬甲兩透, 科甲堪宜, 甲藏則秀才而已, 或無甲得一壬
투 부중취귀
透, 富中取貴.

여견일파기토 불견갑을 명가상관 총명성오 명리허부
如見一派己土, 不見甲乙, 名假傷官, 聰明性傲, 名利虛浮.

혹일파계수 득기출간 필자주창기업 약제복태과 우취신금
或一派癸水, 得己出干, 必自主創基業. 若制伏太過, 又取辛金
작용 득견계투 차인즉불성명 필청아문묵지사
作用, 得見癸透, 此人則不成名, 必清雅文墨之士.

■ 三春丁火

正月丁火, 甲木當權, 乃爲母旺, 非庚不能劈甲, 何以引丁, 姑用庚金.

或一派甲木, 無庚制之, 非貧則夭. 或只一甲木, 多見乙木者, 必離之客, 焉問妻兒. 或見甲乙, 生庚子時, 又主妻早子早, 且可採芹.

得壬化木, 弱極復生, 合此必主大貴, 但此化合, 反以不見庚破格爲妙.

或有庚金壬癸, 得己出干制之, 此命不由科甲, 亦有異途.

或一派壬癸, 不得寅時, 又無庚金, 必主窮困.

或丁年、壬月、丁日、壬時, 男主大貴, 女則不宜, 此格以土爲妻、金爲子, 但子女艱難, 女命合此, 淫賤, 刑夫剋子.

或支火局, 無滴水解炎, 僧道之命, 見甲出略可, 總不可無水, 水多亦不宜.

二月丁火, 溼乙傷丁, 先庚後甲, 非庚不能去乙, 非甲不能引丁. 庚甲兩透, 科甲定然, 庚透甲藏, 亦有生貢, 甲透庚藏, 異路功名.

或庚乙俱透, 庚必輸情於乙, 未免貪合, 運行金水, 一貧徹骨. 或庚透乙藏, 則不能貪合, 乙反引丁, 則用乙亦無害, 運入木火之鄉, 自然富貴, 用乙者水妻木子.

若盡是乙木, 不見一甲, 此人富貴不久, 因貪致禍. 弄巧反拙, 且不能承先人之業.

或支成木局, 有庚透、主淸貴, 不見庚者、常人, 二月乙木司權, 必須有庚, 有乙無庚, 主貧苦無衣, 用庚者、土妻金子.

得印旺殺高, 大富大貴. 或一派水, 無一戊制, 主貧苦無依. 或乙少癸多, 有戊出制, 反吉. 用土者、火妻土子.

三月丁火, 戊土司令, 洩弱丁氣, 先用甲木引丁制土, 次看庚金, 庚甲兩透, 定主科甲, 或一藏一透, 終非白丁.

或支成木局, 取庚爲先, 得庚透, 丁癸不透, 亦有異路功名.

或支成水局, 加以壬透, 名殺重身輕, 必夭折夭年. 或遭凶死, 或戊己兩透, 廊廟之客, 若一甲破土, 定是常人.

用甲者, 水妻木子, 用金者, 土妻金子.

■ 三夏丁火

四月丁火乘旺, 雖取甲引丁, 必用庚劈甲, 伐甲、方云木火通明, 甲多、又取庚爲先.

但四柱忌見癸水, 癸水一見, 洩金、溼甲、傷丁, 故以癸爲病.

或癸水藏支, 壬水出干制丙, 不奪丁光, 自是雁塔題名, 玉堂淸貴.

或有庚無甲, 戊透天干, 此爲傷官生才, 又取戊爲用, 必主富貴, 戊土出干, 不見甲乙, 又不見水, 是傷官傷盡, 八字淸高, 但不大貴, 亦不大富, 見水多木多, 定是常人.

或四主多丙, 不見壬癸, 奪了丁光, 此人貧苦, 或丁年、巳月、丁巳日、丙午時, 一丙不奪二丁, 則不顯達, 亦名播四鄰. 故書曰, 丁火陰柔一燭燈, 太陽相見奪光明, 柱中若見甲木透, 定許身安福自臨.

五月丁火, 時歸建祿, 不宜亂用甲木.

遇年透隔位之壬, 不貪丁合者, 忠而且厚, 或支成火局, 干見火出, 得庚壬兩透者, 科甲定然, 土透制壬, 常人. 則壬藏支中, 亦非白丁,

단요운행서북 방가발달 득일계투 명독살당권 출인두지
但要運行西北, 方可發達, 得一癸透, 名獨殺當權, 出人頭地.

약견인진해묘자 화목생화 평상인물 풍의족식 중년부 단형
若見寅辰亥卯字, 化木生火, 平常人物, 豐衣足食, 中年富, 但刑
극자식 로이무공 혹병오월 정미일 신해시 해중유임제병
剋子息, 勞而無功, 或丙午月、丁未日、辛亥時, 亥中有壬制丙,
불치빈고 약병오시 즉적수난구염화 필주승도 약년지견자 수
不致貧苦. 若丙午時, 則滴水難救炎火, 必主僧道, 若年支見子, 雖
불과갑 역유의금
不科甲, 亦有衣衿.

약간지무화국 유수투간 수용갑목 우요경벽갑방명 목화통
若干支無火局, 有水透干, 須用甲木, 又要庚劈甲方明, 木火通
명 주대부귀 혹목소화다 분기목성 불능광투구소 영화불구
明, 主大富貴, 或木少火多, 焚其木性, 不能光透九霄, 榮華不久.

혹생월시록 지개생왕합국 가이화출 무적수해염 내신왕무
或生月是祿, 支皆生旺合局, 加以火出, 無滴水解炎, 乃身旺無
의 고빈지격 녀필위니 즉운북지 반주흉위
衣, 孤貧之格. 女必爲尼. 則運北地, 反主凶危.

용임자 금처수자 용갑자 수처목자
用壬者, 金妻水子. 用甲者, 水妻木子.

륙월정화 음유퇴기 단치삼복생한 정약극의 전취갑목 임수
六月丁火, 陰柔退氣, 但値三伏生寒, 丁弱極矣, 專取甲木, 壬水
차지
次之.

약득갑출천간 지성목국 견해중지임 위목신유근 접인정화
若得甲出天干, 支成木局, 見亥中之壬, 爲木神有根, 接引丁火,
필연과갑 즉불견목국 지견임수 수불대귀 역유릉운지기 무경
必然科甲, 則不見木局, 支見壬水, 雖不大貴, 亦有凌雲之氣, 無庚
불묘
不妙.

혹지성수국 견수투간 즉습목성 불능인정 필위평상인 유갑
或支成水局, 見水透干, 則溼木性, 不能引丁, 必爲平常人, 有甲

透、有才幹. 有庚透、無刑傷, 若無甲木, 假名假利.

或年月日時, 皆一派丁未之類, 此爲純陰, 終無大用.

用甲者, 水妻木子.

■ 三秋丁火

三秋丁火, 退氣柔弱, 耑用甲木, 金雖乘旺司權, 無傷丁之理, 仍取庚劈甲, 爲引火之物, 或借丙暖金晒木, 不慮丙奪丁光, 凡兩丙夾丁者, 夏月忌之, 餘月不忌, 但此格少年困苦刑剋中年富貴, 必要地支譴水制丙, 方妙.

三秋甲庚丙並用, 仍分優劣, 何也, 七月甲丙, 申中有庚, 八月甲丙庚皆用, 七八月或無甲木, 乙亦可用, 爲枯草引燈, 郤不離丙晒也, 九月耑用甲庚, 大抵甲一庚, 乙不離丙, 其理極明. 或見甲庚丙皆透, 必主科甲, 無甲用乙者, 富貴皆小, 且富而不貴者多.

或一重壬水, 又多見癸水, 必以戊土爲制, 自然富貴光輝.

或一派庚金, 名財多身弱, 主富屋貧人, 妻多主事, 或壬多洩庚, 丁壬化殺, 反成富貴, 若庚多無壬, 奔流下賤.

或八月一派辛金, 不見庚金, 又無比劫, 此棄命從財, 富而且貴, 雖不科甲, 亦有異途, 從財者水爲妻, 不剋, 有正偏, 木爲子, 不刑.

或九月一派戊土, 洩丁火之氣, 不見甲木, 爲傷官傷盡, 非尋常可比, 或甲木透出, 爲文書清貴, 秋闈可奪, 用甲者, 庚不可少, 水妻木子.

■ 三冬丁火

三冬丁火微寒, 耑用庚甲, 甲乃庚之良友, 凡用甲木, 庚不可少, 無庚無甲, 何能引丁, 難云木火通明, 冬丁有甲, 不怕水多金多, 可稱上格, 甲庚兩透, 科甲分明, 見己則否, 己多合甲, 則爲常人.

或一丙奪丁, 必賴支內水救, 若有支金發水之源, 官拜烏台有准, 全無癸水制丙, 無用之徒, 或有金無水, 貧寒之士, 有水無金, 文主清高.

或時月二壬爭合, 取戊破之, 有戊稍有富貴, 無戊常人, 設戊藏得所, 不失衣衿.

或二丙奪丁, 得年干有癸, 支下帶合, 金水得所, 亦必顯達, 納粟奏名, 必驗.

或仲冬水多癸旺, 全無比印, 此作棄命從殺, 亦有異途功名, 見丁比出干, 難合格局, 常人, 且主骨肉浮雲, 六親流水, 戊出破癸, 頗有兄弟妻兒, 此格用戊, 火妻土子, 用甲、水妻木子.

或四柱多丙丁, 又用癸制火. 用癸者金妻水子.

三冬丁火, 甲木爲尊, 庚金佐之, 癸戊權宜酌用可也.

## ■ 論土

五行之土, 散在四維, 故金木水火, 衣而成象, 是四時皆有用有忌者, 火, 死酉也, 水, 旺子也. 蓋土賴火運, 火死則土囚, 土喜水才, 水旺則土虛, 土得金火, 方成大器, 土高無貴, 空惹灰塵. 土聚則滯, 土散則輕.

辰戌丑未, 土之正也. 分陰分陽, 主則不同, 辰有伏水, 未有匿木, 滋養萬物, 春夏爲功, 戌有藏火, 丑有隱金, 秋火冬金, 肅殺萬物, 土聚辰未爲貴, 聚丑戌不爲貴, 是土愛辰未、而不愛丑戌也明矣, 若更五行有氣, 人命逢之, 田産無比, 晩年富貴悠悠, 若土太實無水, 燥則不和, 無木則不疏通, 土見火則焦, 女命多不生長, 土旺四季, 惟土困弱. 戌多爲人好鬥, 多瞌睡, 辰未人好食, 丑人清省. 丑爲艮土, 有癸水能潤而膏, 人命遇此, 主能卓立.

生於春月, 其勢虛浮, 喜火生扶, 惡木太科, 忌水泛濫, 喜土比助, 得金而制木爲祥, 金太多仍盜土氣.

夏月之土, 其勢燥烈, 得盛水滋潤成功, 忌旺火煆煉焦坼, 木助火炎, 水剋無碍, 金生水泛, 妻才有益, 見比肩蹇滯不通, 如太過又宜木剋.

秋月之土, 子旺母衰, 金多而耗盜其氣, 木盛須制伏純良, 火重重而不厭, 水泛泛而不祥, 得比肩則能助力, 至霜降不比無妨.

冬月之土, 外寒內溫, 水旺才豐, 金多子秀, 火盛有榮, 木無咎, 再加比肩扶助爲佳, 更喜身主康强足壽.

## ■ 論四季之土

辰戌丑未, 四土之神, 惟未土爲極旺, 何也, 辰土帶木氣剋之, 戌丑之土, 帶金氣泄之, 此三土雖旺而不旺, 故土臨此三位, 金多作稼穡格, 不失中和. 若未月土, 則帶火氣也, 帶火以生之, 所以爲極旺也, 若土臨此旺未月, 見四柱土重, 多作火炎土燥, 不可作稼穡看, 但臨此月之土, 見金結局者, 不貴則富也, 書曰, 土逢季月見金多, 終爲貴論, 而在未月尤甚.

## ■ 三春戊土總論

三春戊土, 無丙照暖, 戊土不生, 無甲疏劈, 戊土不靈, 無癸滋潤, 萬物不長, 正二月先丙後, 癸文次之, 三月先甲後丙, 癸文次之, 因戊土司權故也, 有胛、丙、癸, 三者齊透, 必主一品當朝, 或

이투일장, 역등금방, 이장일투, 야가이도
二透一藏, 亦登金榜, 二藏一透, 也可異途.

정이월즉유갑계, 약무병제한, 여만물생이불장, 고무병자, 부
正二月則有甲癸, 若無丙除寒, 如萬物生而不長, 故無丙者, 富
귀간신, 혹유병무갑계자, 명왈춘한, 여만물생이다액, 무갑계자,
貴艱辛, 或有丙無甲癸者, 名曰春旱, 如萬物生而多厄, 無甲癸者,
일생근고, 로이무공, 혹일파병화, 유갑구계, 선태후부, 혹지성화
一生勤苦, 勞而無功, 或一派丙火, 有甲久癸, 先泰後否, 或支成火
국, 불견임계, 승도고빈, 계투자귀, 임투자부.
局, 不見壬癸, 僧道孤貧, 癸透者貴, 壬透者富.

용수자요심수지다소, 혹일파, 갑목무병상인, 득일경투방묘,
用水者要審水之多少, 或一派, 甲木無丙常人, 得一庚透方妙,
혹지성수국, 갑우출간, 우유경투, 부귀쌍전.
或之成水局, 甲又出干, 又有庚透, 富貴雙全.

혹무경금, 우무비인, 난작종살, 정주조흉, 불연, 필위도적, 약
或無庚金, 又無比印, 難作從殺, 定主遭凶, 不然, 必爲盜賊, 若
일하좌오, 불득희종.
日下坐午, 不得喜終.

혹일파을목, 위관살회당, 즉유경종, 극난제을, 차인내간외직,
或一派乙木, 爲官殺會黨, 則有庚從, 卻難制乙, 此人內奸外直,
구시심비, 가일갑재내, 무경, 필라타자감, 호식무염, 혹병다갑
口是心非, 加一甲在內, 無庚, 必懶惰自甘, 好食無厭, 或丙多甲
다, 의이계경참용.
多, 宜以癸庚參用.

삼월무토사령, 불견병갑계자, 우이차천, 갑계투자, 과갑, 병계
三月戊土司令, 不見丙甲癸者, 愚而且賤, 甲癸透者, 科甲, 丙癸
투자, 생원, 갑계구장자, 지가운부, 유계이도.
透者、生員, 甲癸俱藏者, 只可云富, 有癸異途.

약병다무계, 한전무수, 불능종묘, 구곡이몰, 신곡미등, 차선부
若丙多無癸, 旱田無水, 不能種苗, 舊穀已沒, 新穀未登, 此先富
후빈지조, 혹화다유임투자, 선빈후부, 계투선천후영, 임장불과
後貧之造, 或火多有壬透者, 先貧後富, 癸透先賤後榮, 壬藏不過

食足, 癸藏不過名傳, 則此亦須運美, 或支成火局, 得癸透者, 富貴天然, 壬透富貴辛苦, 何也, 癸乃天上甘霖, 壬乃江河波浪, 所以有勞逸之殊.

支成木局, 又甲乙出干, 此名官殺會黨, 官殺無去留之義, 得一庚透, 掃除官殺, 亦主富貴, 無庚乃淺薄之人, 宜用火洩木氣, 有一命, 丁未、癸卯、戊寅、乙卯, 癸丁透干, 加以戊癸化火, 將甲木暗, 反得武科探花.

或木多無比印透, 作從殺而論, 亦富貴.

或有比印, 耑看癸透, 取癸而成貴格, 無癸、無火、無金, 名爲土木自戰, 主腹生疾病, 憂愁艱苦.

用甲者, 水妻、木子, 用丙者, 木妻、火子.

■ 三夏戊土

四月戊土, 陽氣發升, 寒氣內藏, 外實內虛, 不畏火炎, 無陽氣相催, 萬物不長, 故先用甲疏劈, 次取丙癸爲佐.

丙透甲出, 廊廟之才, 丙癸俱透, 科甲之士, 則透一位, 支藏得所, 終非白丁.

若一派丙火, 爲火炎土燥, 僧道之流, 得一癸透壬藏, 功名有准, 或支藏癸, 衣食充足, 但骨肉多刑.

化合成局無破, 富貴非輕.

或支成金局, 干出癸水, 此爲奇格, 正是土潤金生, 則不爲桃浪之客, 定有異路恩榮.

此用癸水, 金妻水子.

五月戊土, 仲夏火炎, 先看壬水, 次取甲木, 丙火酌用, 用癸力微.

壬甲兩透, 名君臣慶會, 自然桃浪先聲, 權高位顯, 又得辛透年干, 官居一品, 一命、辛未、甲午、戊寅、壬子, 壬甲兩透, 印旺殺高, 出將入相, 名播四夷.

若支成火局, 則透癸水, 不能大濟, 是一杯水難濟薪火也, 人命合此, 則好學不倦, 亦能成名, 且主目疾, 若得壬水出干, 則非此比.

又或土木重重, 全無滴水, 僧道孤貧之輩.

用壬者、金妻水子.

六月戊土, 遇夏乾枯, 先看癸水, 次用丙火甲木.

癸丙兩透, 科甲中人, 或有癸無丙, 見甲可許秀才, 無甲略富, 或有丙無癸, 假道斯文, 衣食頗足, 或癸透辛出, 以刀筆之才, 可謀異路. 無癸丙者, 常人, 若又無甲, 下賤之輩.

或土多得一甲出, 不見庚辛, 爲人作事軒昂, 性情謹愼, 則不顯揚, 亦文章驚世.

用癸者, 金妻、水子, 用丙者, 木妻、火子, 用甲者, 水妻、木子.

■ 三秋戊土

七月戊土, 陽氣漸入, 寒氣漸出, 先丙後癸, 甲木次之.

丙癸甲透者, 富貴極品. 癸藏丙透, 不僅秀才, 丙申兩透, 癸水會局藏辰, 亦不失富貴, 無丙得癸甲透, 此人淸雅, 家富千金, 無癸甲者、常人, 有丙火、妻顯子肖, 若丙甲癸三者俱無, 下流之命.

或支成水局, 休作棄命從才, 宜取甲洩之, 甲透者、稍有富貴, 用神妻子仝前.

八月戊土, 金洩身寒, 賴丙照暖, 喜水滋潤, 先丙後癸, 不必木疏.

丙癸兩透, 科甲中人, 丙透癸藏, 可許入泮, 癸透丙藏, 納資得官, 若丙藏又無癸, 則多不透, 此皆常人, 癸丙全無, 奔流之客.

或四株皆辛, 無丙丁, 此名傷官格爲人淸秀, 則不能拾芥, 亦可武庠, 一見癸水, 富而且貴.

或支成水局, 壬癸出干, 此名才多身弱, 愚懦無能, 若天干有比劫分散才神, 頗言衣食.

用神妻子同前, 秋土生金極弱, 須丙火丁火出干方妙.

九月戊土當權, 不可專用丙, 先看甲木, 次取癸水, 郤忌化合, 見金先用癸水, 後取丙火, 配合支干, 方成有生之土, 定發雲程.

或無丙有癸, 不見甲透者, 衣衿小富, 無癸丙、有甲者, 衣食而已, 若癸甲全無, 雖有丙火, 亦屬平常, 或爲僧道.

或支成水局, 壬癸透干, 用戊止流, 有比透反主富.

支成火局, 名土燥, 不發.

得金水兩透, 此人淸高, 略可富貴, 無水、一生困苦. 妻子仝前.

十月戊土, 時値小陽, 陽氣略出, 先用甲木, 次取丙火, 非甲、土不靈, 非丙、土不暖, 安能發生萬物. 甲丙兩出, 富貴中人.

或甲得長生, 遇支藏得地之水, 一丙高透, 亦主身貴揚名, 支見庚金, 入泮而已.

若不見庚金, 甲木藏支, 丙火高透, 科甲有之, 若有庚, 丁出制, 必異路功名, 或爲典吏.

卽庚丁不透, 甲丙藏支, 亦云富貴.

壬透得戊救丙, 主富貴取貴, 丙甲俱無, 泌爲僧道.

十一二月嚴寒冰凍, 丙火爲專, 甲木爲佐, 丙甲兩透, 桃浪之人, 丙出甲藏, 採芹食, 丙藏甲出, 佐雜前程, 有丙無甲者, 豪富, 有甲無丙者, 清貧, 丙甲全無, 下流之造.

或一派丙火, 加以丙透, 運値火土, 弱中復強, 又一壬透干, 主淸高榮祿, 乏壬、僧道孤寒.

或一派水土寒滯, 不見一丙, 得一癸透月時, 亦不失儒雅風流.

或一派壬水, 不見比劫, 可作從才而論, 則有比劫, 得甲出干, 又主富貴, 若寒土無丙, 雖有甲木, 亦是內虛外實之人.

或二癸透月時, 名爲爭合, 終屬勞碌之人, 得一己出干制癸, 反爲忠義之士, 合己從人而論.

年月透辛金者, 文屬土金傷官, 異路功名可許, 以錦爲妻、水爲子.

■ 三春己土

正月己土, 田園猶凍, 蓋因臘氣未除, 餘寒未退, 故丙爲尊, 得丙照暖, 萬物自生, 忌見壬水, 反爲己病, 何也, 壬乃江湖之水, 湖水一發, 則田園洗蕩, 變爲沙土, 而根苗盡沒矣. 須戊作堤, 以保園圃, 壬多要見戊制, 有戊出干者, 定主玉堂金馬, 若乏制戊, 必屬平常.

或一派甲木, 有庚出干, 加以癸丙齊透, 配得中和, 亦名利雙全.

卽丙生寅月, 庚透天干, 亦有俊秀.

若甲多無庚, 殘疾廢人, 宜用丁洩.

或一派火, 則不見水無碍, 何也, 正月己土滋, 必丙燥暖, 反主厚祿, 加一癸透, 科甲自然, 戊透、反作常人.

或一派戊土, 有甲出制, 文主榮顯, 如見乙出, 雖多不能疏土, 且乙多奸詐小人.

用丙者, 木妻、火子.

二月己土, 陽氣漸升, 雖禾稼未成, 萬物出土, 田園未展, 先取甲木疏之, 忌合, 次取癸水潤之. 甲癸出干, 定主科甲, 加以一丙出透, 勢壓百僚, 一見壬水, 微末官職.

或見庚制甲, 壬水出干, 比劫重重, 此必俗子, 丙透猶有小富, 丙藏衣祿無虧.

或支成木局, 庚透富貴, 若主多乙木, 乙又屈庚, 庚必輸情於乙, 不能掃邪於正, 此必狡詐之徒, 運入東南, 恐有不測. 當用丁洩之, 有丁者、小人而已, 不致無良.

無比印、從殺者貴.

若柱中無甲丙癸者, 皆下格, 妻子用神全前.

三月己土, 正栽培禾稼之時, 先丙後癸, 土暖而潤, 隨用甲疏, 三者俱透天干, 必官居黃閣, 或三者透一, 科甲定然, 但要得地. 郤以庚金爲病.

或有丙甲無癸, 亦可致富, 但不貴顯, 或有癸而無甲丙, 亦有衣衿, 或有丙癸無甲, 亦係才人. 丙癸全無, 流俗之輩.

或一片乙木, 無金制伏, 貧而且夭也. 妻子仝前.

■ 三夏己土

三夏己土, 雜氣才官, 禾稼在田, 最喜甘沛, 取癸爲要, 次用丙火, 夏無太陽, 禾稼不長, 故無癸曰旱田, 無丙曰孤陰.

或丙癸兩透, 又加辛金生癸, 此富貴之格, 名水火既濟, 鼎甲之人, 郤忌戊癸化合.

或有丙無癸, 有壬亦可, 但不大發.

或一派丙火烈土, 加以丁火制辛, 癸水無根, 如七八月之間旱, 則苗槁矣, 此命孤苦零丁, 或有甲木, 又見丙火重重, 無適水解炎, 亦孤貧到老.

如有壬水, 又見庚辛, 此又不作孤看, 但恐目疾, 心腎肝臟之災, 若壬水有根, 辛金得地, 又非此而論, 或壬癸丙出, 破火潤土, 此人聰穎特達, 富中取貴, 又轉禍爲福也.

用癸者、金妻, 水子. 用丙者, 木妻, 火子.

■ 三秋己土(삼추기토)

三秋己土(삼추기토), 萬物收藏之際(만물수장지제), 外虛內實(외허내실), 寒氣漸升(한기점승), 須丙火溫之(수병화온지), 癸水潤之(계수윤지), 不特此也(불특차야), 且癸能洩金(차계능설금), 丙能制金(병능제금), 補土精神(보토정신), 則秋生之物咸茂矣(즉추생지물함무의). 癸先丙後(계선병후).

丙癸兩透(병계량투), 雁塔題名(안탑제명), 或無癸(혹무계), 有兩丙透者(유량병투자), 異途顯達(이도현달), 或武職權高(혹무직권고), 或有丙火(혹유병화), 不見壬癸(불견임계), 爲假道斯文(위가도사문), 終無誠實(종무성실), 或有壬癸無丙者(혹유임계무병자), 衣食充足(의식충족), 才能而已(재능이이).

或支成金局(혹지성금국), 癸透有根(계투유근), 此人家畜萬緡(차인가축만민), 富中取貴(부중취귀).

或支四庫(혹지사고), 甲透者富(갑투자부), 乏甲者孤貧(핍갑자고빈), 或甲出無癸乏金(혹갑출무계핍금), 積德可全科甲(적덕가전과갑), 或會火局(혹회화국), 無水救(무수구), 乃大奸大惡之徒(내대간대악지도).

或丙透癸藏(혹병투계장), 遇金頗有選援(우금파유선원), 加一壬輔(가일임보), 富貴慷慨(부귀강개), 有賢聲(유현성), 見戊透者(견무투자), 主遭凶厄且貧(주조흉액차빈).

八月支成金局(팔월지성금국), 無丙丁出救(무병정출구), 此人零丁孤苦(차인령정고고), 如得丙透丁藏(여득병투정장), 生己元神(생기원신), 此人名魁天下(차인명괴천하), 五福完人(오복완인).

總之三秋己土(총지삼추기토), 先癸後丙(선계후병), 取辛輔癸(취신보계), 九月土盛(구월토성), 宜甲木疏之(의갑목소지), 餘(여)

皆酌用.

勾陳全備潤下, 勞祿奔波之客, 土凝水竭, 離鄕背井之流.

勾陳得位會才官, 無沖無破必然端, 甲子北方寅卯木, 管敎環拱戴金冠. 戊己喜亥卯未爲官, 申子辰爲才, 忌刑沖殺害.

■ 三冬己土

三冬己土, 溼泥寒凍, 非丙暖不生, 取丙爲尊, 甲木參酌, 戊土癸水不用, 惟初冬壬旺, 取戊制之. 餘皆用丙丁, 但丁不能解凍除寒, 不能大濟.

或干透一丙, 支藏一丙, 如以甲透, 科甲有准, 則藏丙無制, 亦主衣衿.

或多壬水, 得戊透制之, 此命安然富中取貴, 不見戊土, 富屋貧人, 凡三冬己土, 見壬水出干, 爲水浸湖田, 此人孤苦, 若見火不孤, 見土不貧.

或一派癸, 不見比劫, 此爲從才, 反主富貴, 雖不科甲, 恩誥有之, 若見比爭, 平常人物, 妻子主事. 從才者, 木妻、火子.

或一派戊己, 取甲制之, 甲透者富貴.

或一片辛庚, 須用丙火, 還須丁火爲助, 丙藏、富貴奇特之命.

## ■ 論金

金以至陰爲體, 中含至陽之精, 乃能堅剛, 獨異衆物, 若獨陰而不堅, 冰雪是也, 遇火則消矣, 故金無火鍊, 不能成器, 金重火輕, 執事繁難, 金輕火重, 煆煉消亡, 金極火盛, 爲格最精, 金火全、名曰鑄印, 犯丑字、則爲損模, 金火多名爲乘軒, 遇死衰、反爲不利, 木火煉金, 成名銳而退速. 純金遇水, 逢富顯以嬴餘, 金能生水, 水旺則金沉, 土能生金, 金多則土賤, 金無水乾枯, 水重、則沉淪無用, 金無土死絶, 土重、則埋沒不顯, 兩金兩火、最上, 兩金兩木、才足, 一金生三, 力弱難勝, 一金得三木, 頑鈍自損, 金成則火滅, 故金未成器, 欲得見火, 金已成器, 不欲見火, 金到申酉巳丑,

역가위지성야 운희서북 불리남방
亦可謂之成也, 運喜西北, 不利南方.

생어춘월 여한미진 귀호화기위영 성유체약 욕득후토위조
生於春月, 餘寒未盡, 貴乎火氣爲榮, 性柔體弱, 欲得厚土爲助,
수성증한 난시봉예지세 목왕손력 유좌둔지위 금래비조 부지
水盛增寒, 難施鋒銳之勢, 木旺損力, 有挫鈍之爲, 金來比助, 扶持
최묘 비이무화 실류비량
最妙, 比而無火, 失類非良.

하월지금 우위유약 형질미비 우혐사절 화다이각위불염 수
夏月之金, 尤爲柔弱, 形質未備, 尤嫌死絶, 火多而卻爲不厭, 水
성이자윤정상 견목이조요상신 우금이부지정장 토박이최위유
盛而滋潤呈祥, 見木而助幺傷身, 遇金而扶持精壯, 土薄而最爲有
용 토후이매몰무광
用, 土厚而埋沒無光.

추월지금 당권득령 화래하련 수성종정지재 토다배양 반야
秋月之金, 當權得令, 火來煆煉, 遂成鍾鼎之材, 土多培養, 反惹
완탁지기 견수즉정신월수 봉목즉탁삭시위 금조유강 강과즉
頑濁之氣, 見水則精神越秀, 逢木則琢削施威, 金助愈剛, 剛過則
결 기중유왕 왕극즉쇠
決, 氣重愈旺, 旺極則衰.

동월지금 형한성랭 목다즉난시탁삭지공 수성이미면침잠지
冬月之金, 刑寒性冷, 木多則難施琢削之功, 水盛而未免沉潛之
환 토능제수 금체불한 화래조토 자모성공 희비견취기상부
患, 土能制水, 金體不寒, 火來助土, 子母成功, 喜比肩聚氣相扶,
욕관인온양위리
欲官印溫養爲利.

삼춘경금
■ 三春庚金

정월경금 목왕지제 유토개사 불능생금 차금지한기미제 선
正月庚金, 木旺之際, 有土皆死, 不能生金, 且金之寒氣未除, 先

용병난경성 우려토후매금 수갑소설 병갑량투 과갑현영 이자
用丙暖庚性, 又慮土厚埋金, 須甲疏洩, 丙甲兩透, 科甲顯榮, 二者
투일 역유생감 병장갑투 이로공명
透一, 亦有生監, 丙藏甲透, 異路功名.

혹주중토다 갑투자귀 갑장자부 경출즉부
或柱中土多, 甲透者貴, 甲藏者富, 庚出則否.

혹정화출간 가이무기이무수자 우주부귀 하야 인중갑목 인
或丁火出干, 加以戊己而無水者, 又主富貴, 何也. 寅中甲木, 引
정유근 무수위병 명관성유기 재왕생부 고이부귀추지 여화다
丁有根. 無水爲病. 名官星有氣, 才旺生扶, 故以富貴推之, 如火多
즉용토 용토자화처토자
則用土, 用土者火妻土子.

혹지성화국 임투 유근자 대부귀 무근자 소부귀 핍수자
或支成火局, 壬透、有根者, 大富貴, 無根者、小富貴, 乏水者、
잔질지인
殘疾之人.

혹목피금상 무병정출제 지무정화 차계평인 혹병조계곤 무
或木被金傷, 無丙丁出制, 支無丁火. 此係平人, 或丙遭癸困, 無
무제자역연
戊制者亦然.

총지정월경금 병갑위상 정화차지 춘금다화 불요즉빈 양금
總之正月庚金, 丙甲爲上, 丁火次之, 春金多火, 不夭則貧, 陽金
최희화련 하련태과 반주분류
最喜火煉, 煆煉太過, 反主奔流.

이월경금 주중자연유을 당령지을 견경필류정어을 차금유
二月庚金, 柱中自然有乙, 當令之乙, 見庚必留情於乙, 此金有
암 지세 여추금일리 고이월경금 전용정화 차갑인정 차경벽
暗強之勢, 如秋金一理, 故二月庚金, 專用丁火, 借甲引丁, 借庚劈
갑 무정용병자 부귀다출어면강
甲, 無丁用丙者, 富貴多出於勉強.

혹정재간 갑투인정 지하재견일경제갑 배득중화 필연대귀
或丁在干, 甲透引丁, 支下再見一庚制甲, 配得中和, 必然大貴,

如不見庚合者, 雖丁甲兩透, 亦屬平人, 春丁不旺不衰, 故用甲爲佐丁之物, 甲若無庚劈, 則不能引丁, 乙木雖多, 又忌溼乙傷丁, 難爲丁母, 故有丁甲無庚者, 常人, 有丁庚、甲不出干者、常人, 或丁透無庚甲者, 可許貢監, 無丁有丙者, 異路功名.

或一片甲乙, 忌庚出干破才, 乃從才格, 反主富貴, 若見一比, 又主孤貧.

從才者, 火妻土子, 用丁者, 取甲爲妻、若有庚制, 難許同偕.

死金嫌蓋頂之泥, 重見戊土, 如人壓伏之象, 須甲透爲妙.

三月庚金, 戊土司令, 無生金之理, 有埋金之憂, 故先甲後丁, 不用庚劈甲, 三月之庚, 土旺金頑, 頑金宜丁, 旺土須甲, 乏甲不能立業, 乏丁焉能成名, 二者少一, 富貴不真, 庚金無火, 非夭則貧, 身弱才多, 富貴不久.

得丁甲兩透, 不見比肩, 科甲之明, 但要好運相催, 甲透丁藏, 採芹拾芥, 甲藏丁透, 異路功名. 丁甲俱藏, 不受庚制, 富中取貴, 刀筆起家, 有甲無丁, 平常之輩, 有丁無甲, 迂儒腐儒. 丁甲兩無, 下賤之流.

或一甲、無丁、有丙, 由行伍而得官職, 須不見壬, 癸, 爲妙.

或支成土局, 無木, 貧賤僧道, 見乙、奸詐小人.

或支成火局, 癸水透, 富貴, 有丙丁出干, 見壬制之、方吉, 無制、殘疾之人.

用甲者, 水妻、木子, 用丁者, 木妻、火子.

■ 三夏庚金

四月庚金, 長生於巳, 巳內有戊, 丙不鎔金, 故不畏火炎, 丙亦可作用, 但先壬水, 方得中和, 故曰群金生夏, 喜用勾陳, 次取戊土, 丙火佐之, 三者皆全, 登科及第, 則透一二, 亦非白丁.

或一派丙火, 名曰假殺爲權, 須不見壬制者, 此人假作淸, 高並無仁義, 刑妻剋子, 有壬制者, 又主榮華, 壬藏支者, 有富貴之名, 而無其實.

或支成金局, 變弱爲強, 用丙無力, 用丁方妙, 故丁透者吉, 無丁、無用之人. 或丁出三四, 煆制太過, 其人奔波.

四月庚金, 須用壬丙戊, 但非拘執先後, 宜分病用藥. 妻子全前.

偸戟成功, 入火鄕而反害, 金逢火已損, 再見火必傷, 庚辛火旺怕南方, 逢辰巳之鄕, 又爲榮斷.

五月庚金, 丁火旺烈, 庚金敗地, 專用壬水, 癸又次之.

壬透癸藏, 支見庚辛, 必然科甲, 切忌戊己透干制水、則否, 戊藏支內, 不失儒林, 或壬在支, 有金生助, 又得金神出干, 明經之貴, 或癸出帶辛, 異路之榮.

或支成炎局, 乏水者, 奔波之客, 有壬癸制者, 捐納之人, 又見戊己透者則吉, 無壬癸制火者, 又宜戊己出干補金洩火, 庶不夭折孤貧.

總之仲夏無水, 非上格, 或一派木火, 無傷、印、比劫, 又作從殺而論.

六月庚金, 三伏生寒, 頑鈍極矣, 先用丁火, 次取甲木.

丁甲兩透名顯身榮, 忌癸傷丁, 有甲無丁、庸俗, 有丁無甲、生員, 丁甲全無, 下賤之人, 木雖有, 丁不透, 支又見水, 執鞭之士, 丁火無傷, 貿亦之流.

支會土局, 甲先丁後, 甲透者, 文章顯達, 丁透者, 刀筆揚名.

或柱多金, 有二丁出制, 異路功名.

■ 三秋庚金

七月庚金, 剛銳極矣, 專用丁火煆煉, 次取木引丁, 故曰, 秋金銳銳最爲奇, 壬癸相逢總不宜, 如逢木火來成局, 試看福壽與天齊, 如得丁甲兩透, 定步淸雲, 若有丁無甲爲俊秀, 有甲無丁是平人. 丁甲兩無無用物, 只堪門下作閒人.

或支成水局, 乏丁用丙, 柱中則有丙火, 不見甲木者, 必主愚懦. 何也, 當時金水兩旺, 金生水以制火, 何能發達, 或見甲出引丁, 可云生監, 甲弱者、衣食充盈.

或支成土局, 先甲後丁.

支成火局, 富貴中人, 金剛木明, 行商坐賈之人, 金備申酉戌之地, 富貴疑, 金神入火鄉, 逢羊刃富貴榮華.

八月庚金, 剛銳支退, 用丁甲, 丙不可少, 若丁甲透, 又見一丙, 功名顯赫, 且見羊刃無刑沖, 丙殺藏支, 名爲羊刃架殺, 主出將入相, 直介忠臣.

或丙火重重, 一丁高透, 亦主科甲, 丙出丁藏, 異路之仕.

혹 갑 장 지 화 투 이 수 불 투 자 역 주 청 고 의 금 가 망
或甲藏支, 火透而水不透者, 亦主淸高, 衣衿可望.

혹 정 장 지 내 중 견 병 화 자 차 명 가 살 중 중 수 양 인 첩 신 극 난 종
或丁藏支內, 重見丙火者, 此名假殺重重, 雖羊刃帖身, 郤難從
살 야
殺也.

즉 일 병 투 수 이 불 부 혹 지 견 중 중 갑 을 무 용 인 야 총 지 왕 금 목
卽一丙透, 秀而不富, 或支見重重甲乙, 無用人也. 總之旺金木
쇠 비 화 막 제 불 견 병 정 예 술 지 배
衰, 非火莫制, 不見丙丁, 藝術之輩.

구 월 경 금 무 토 사 령 최 파 토 후 매 금 의 선 용 갑 소 후 용 임 세 즉
九月庚金, 戊土司令, 最怕土厚埋金, 宜先用甲疏, 後用壬洗, 則
금 자 출 의 기 견 기 토 탁 임
金自出矣, 忌見己土濁壬.

임 갑 량 투 과 갑 상 의 혹 갑 투 임 장 향 괴 가 망 갑 장 임 투 름 공 감 모
壬甲兩透, 科甲相宜, 或甲透壬藏, 鄕魁可望. 甲藏壬透, 廩貢堪謀.
유 갑 무 임 유 유 학 문 유 임 무 갑 막 문 의 금 임 갑 량 무 즉 위 하 격
有甲無壬, 猶有學問. 有壬無甲, 莫問衣衿, 壬甲兩無, 則爲下格.

혹 지 성 수 국 병 투 구 지 차 인 재 고 매 중 명 중 향 려 불 견 계 수 일
或支成水局, 丙透救之, 此人才高邁衆, 名重鄕閭, 不見癸水, 一
방 가 허
榜可許.

혹 사 주 무 다 금 왕 전 무 갑 임 자 즉 유 의 록 역 불 능 구 혹 경 무 다
或四柱戊多金旺, 全無甲壬者, 則有衣祿, 亦不能久, 或庚戊多
무 임 갑 자 우 완 지 배
無壬甲者, 愚頑之輩.

삼 동 경 금
■ 三冬庚金

십 월 경 금 수 랭 성 한 비 정 막 조 비 병 불 난
十月庚金, 水冷性寒, 非丁莫造, 非丙不暖.

丁甲兩透, 支無水局, 一榜有之, 支藏丙火, 桃浪之仙, 支見亥子, 得己出制, 亦有功名.

若見丙透無丁者, 無顯達, 丁藏甲透, 武職之人, 以上不合者, 庸俗.

如金水混雜, 全無丙丁者, 鄙夫, 支成金局, 無火者, 僧道之命也, 書曰, 水冷金寒愛丙丁.

十一月庚金, 天氣嚴寒, 仍取丁甲, 次取丙火照暖, 或丁甲兩透, 丙在支中, 必主科甲, 則無丙火, 亦有衣衿, 有丁無甲, 亦可富中取貴, 有甲無丁, 只作常人, 或丁透丁藏, 異途名望, 丁藏有甲, 武學可許.

或重重丙火, 可許一富, 但不淸高, 丙戊生寅, 或丙坐支寅, 有一二者, 富眞貴假, 若見癸透, 一介寒儒.

或支成水局, 不見丙丁者, 此乃傷官格, 爲人淸雅, 衣祿常盈, 但子息艱難耳.

或丙丁太多, 名官煞混雜最無良, 又怕身輕有損傷. 如遇東南二運地, 焉能挨得過時光, 過於淸冷, 似有凄涼, 柱中一派金水, 不入火土之鄕, 主一生孤貧浪蕩, 難望有成也.

十二月庚金, 寒氣太重, 且多濕泥, 愈寒愈凍, 先取丙火解凍, 次取丁火煉金, 甲亦不可少.

丙丁甲透者, 則不科甲, 亦有恩榮. 有丙無丁甲者, 富中取貴, 有丁甲無丙者, 特達才人, 有丙丁無甲者, 白手成家, 刀筆亨通, 乏金更美, 或支成金局無火, 僧道之流.

■ 三春辛金

正月辛金, 陽氣舒而寒氣未除, 不知正月建寅, 中有長生之丙, 解去寒氣, 忌甲木司權, 辛金失令, 取己土爲身之本, 欲得辛金發現, 全賴壬水之功, 己壬兩透, 支見庚制甲, 科甲定然, 或己土透干, 支中有甲, 異路恩榮, 或己土不全, 號曰君臣失勢, 富貴難全, 或有丙火出干, 亦主武學, 或見壬、無己庚者, 貧賤之徒.

或支成火局, 則壬水出干, 不剋己土, 亦尋常之人, 或庚壬凉透, 破局制火, 必爲顯達之人.

或支成水局, 不見丙火, 名爲金弱沉寒, 平常之士, 書曰金水性寒寒到底, 淒涼難免少年憂, 得丙透照暖, 反主富貴.

故正月辛金, 先己後壬, 己爲君, 庚爲佐, 如用丙火須參看, 用己, 火妻土子, 用壬, 金妻水子.

辛金珠玉, 最怕紅爐, 辛逢卯日, 子時, 名曰朝陽.

二月辛金, 陽和之際, 壬水爲尊, 見戊己爲病, 得甲制伏, 則辛金不致埋沒, 壬水不致混濁, 合此者必身入玉堂, 故二月辛金, 有壬甲透者貴顯, 否則, 鄕紳, 或壬坐亥支, 不見土出, 可能入芥, 家亦小康, 得申中之壬者, 異途名望, 無壬者常人, 其生剋之理, 與正月辛金皆同.

或壬戊透, 甲不出干, 此爲丙不遇葯, 平常之人, 得乙破戊, 頗有衣衿, 但假名假利, 刻薄乖張.

或一派壬水汪洋, 名金水淘洗太過, 不得中和, 略有衣食, 全無作爲, 如壬水重重, 得戊反吉.

或支成木局, 洩盡壬水, 有庚富貴, 無庚平人.

或支成火局, 名官印相爭, 金水兩傷, 下流之格, 得二壬出制, 富貴反奇.

辛金生於春季(신금생어춘계), 一派壬水(일파임수), 而無丙火(이무병화), 則能顯達(즉능현달), 家無宿春(가무숙용), 得壬丙齊透(득임병제투), 方許大富大貴(방허대부대귀).

三月辛金(삼월신금), 戊土司令(무토사령), 辛承正氣(신승정기), 母旺子相(모왕자상), 先壬後甲(선임후갑), 壬甲兩透(임갑량투), 富貴必然(부귀필연), 壬透甲藏(임투갑장), 廩貢不失(름공불실), 甲透壬藏(갑투임장), 富則可云(부즉가운), 壬甲皆無(임갑개무), 平常之格(평상지격).

所忌者丙貪合也(소기자병탐합야), 如月時皆丙(여월시개병), 名爲爭合(명위쟁합), 主慷慨風流(주강개풍류), 交遊四海(교유사해), 若癸出干制丙(약계출간제병), 可許採芹(가허채근), 或支坐亥子之鄉(혹지좌해자지향), 支又見申(지우견신), 則非玉堂(즉비옥당), 亦泌高增祿位(역필고증록위), 若戊出干制水(약무출간제수), 不見甲乙(불견갑을), 清閑之人(청한지인).

又或支見四庫(우혹지견사고), 名土厚金埋(명토후금매), 不見甲制(불견갑제), 愚頑之輩(우완지배).

或四柱火多(혹사주화다), 無水制伏(무수제복), 名火土雜亂(명화토잡란), 主作緇衣(주작치의), 見癸可解(견계가해).

或比劫重重(혹비겁중중), 壬癸淺弱(임계천약), 主夭(주요), 有甲出干(유갑출간), 則貴(즉귀), 然無庚制方妙(연무경제방묘).

■ 三夏辛金(삼하신금)

四月辛金(사월신금), 時逢首夏(시봉수하), 忌丙火之燥烈(기병화지조렬), 喜壬水之洗淘(희임수지세도), 支成金局(지성금국), 水透出干(수투출간), 有木制戊(유목제무), 名一清澈底(명일청철저), 科甲功名(과갑공명), 癸透壬藏(계투임장), 富真貴假(부 귀가), 若壬癸皆藏(약임계개장), 戊己亦藏(무기역장), 略富(략부), 若壬癸俱無(약임계구무), 反見火出(반견화출), 必主鰥獨(필주환독).

或支成火局, 有制者吉, 無制者凶, 凡火旺無水, 取土洩之.

若壬水藏亥, 戊不出干, 亦主上達, 有戊常人, 有一甲透, 衣祿可求, 若有甲戊壬癸者, 富貴虛浮, 所謂羊質虎皮是也.

壬、癸、甲、三者全無, 文不合格, 斯爲下品.

五月辛金, 丁火司權, 辛金失令, 陰柔之極, 不宜煆煉, 須己壬兼用, 何也, 己爲泥沙, 壬爲湖海, 己無壬不濕, 辛無己不生, 故壬己竝用. 無壬、癸亦可用. 但癸力小. 或支成火局, 則重見癸出, 亦不濟, 得壬透破火方可, 必主生員. 若無壬, 癸見戊, 雖有午宮己土, 燥泥成灰, 金必燬鎔, 反遭埋沒, 必爲僧道. 有一二重比肩, 不致孤獨.

五月辛金, 壬、癸、己、三者皆用.

或壬己兩透, 支見癸水, 不沖, 定主顯達, 則己藏支, 亦有廩貢, 或無妊有己, 須得異途, 或癸出有庚, 必主衣錦, 叨受恩榮, 若水土多見, 見甲方妙.

庚辛生於夏月, 要壬癸得地, 若木多火多, 不見金水, 逢金水運必敗.

六月辛金, 己土當權, 輔助太多, 恐掩金光, 先用壬水, 取庚佐之, 壬庚兩透, 科甲功名, 卽不出干, 藏之得所, 亦有榮華, 但忌戊出, 得甲制之, 方吉, 甲須膈位, 恐貪己合, 反掩金光, 又塞壬水之流, 下賤之格, 又忌庚出制甲, 或只有未中一己, 見了壬水, 又爲濕泥, 不可見甲, 甲出, 反作平人, 總以一壬一己, 見庚無甲, 方妙, 與五月用己壬同.

或丁乙出干, 又有庚壬者, 顯貴, 無壬者、否, 或支成木局, 得壬透, 又有庚金發水之源, 可云富貴.

■ 三秋辛金

七月辛金, 値庚司令, 不旺自旺, 且壬水居申, 四柱不見戊土, 胎元戊藏申內, 爲壬堤岸, 人命得此, 爲官清正, 但不富耳.

或有土無甲, 爲有病無葯, 常人, 有甲者, 衣衿可望.

或四柱金多, 宜水洩之, 若一派金水, 得一戊土, 反爲辛用, 又宜甲制, 自然富貴.

或干支水多, 重見戊土, 逢生得位, 福壽之造.

七月辛金, 壬不在多, 故書云, 水淺金多, 號曰體全之象, 壬水爲尊, 甲戊酌用可也, 癸水不可爲用.

八月辛金, 當權得令, 旺之極矣, 專用壬水淘洗, 故云金見水以流通. 如見戊己, 則生扶太過, 故以土爲病, 見甲制土、方妙. 無戊、不宜用甲.

或四柱一點壬水, 甲多洩水, 此爲用神無力, 奸詐之徒, 得庚制者, 反主仁義, 或三點辛金, 一重壬水, 多見甲木, 有庚透者, 主大富貴, 不見丁爲美, 若見一丁, 此人風雅淸高, 衣食饒裕而已.

或一二比肩, 壬甲皆一, 無庚出干, 亦有恩榮.

若二三比肩, 一點壬水, 戊土多見, 此爲土厚埋金, 此人愚懦, 見一甲出, 必爲創立之人.

或一派辛金, 一位壬水, 無庚雜亂, 又主富中取貴.

或一派壬水洩金, 無戊出制, 爲沙水同流, 主奔波貧苦. 若得支見一戊止流, 其人頗有才略, 藝術過人.

或支成金局, 干見比肩, 無壬淘洗, 此宜用丁, 無丁必主凶頑無賴. 若得一壬高透, 以洩群金, 又名一淸到底, 定有治國之材.

或支成金局, 戊己透干, 壬透無火, 名曰虎格, 運行西北, 富貴大顯, 子息艱難. 或透丙火, 雖有壬出, 亦屬平庸.

或一二辛金, 一派己土, 定爲僧道. 或干透己土, 支見庚甲, 一生安閒.

或一派乙木, 不見庚壬, 爲才多身弱, 一見庚制, 富貴可期.

金生秋月土重, 貧無寸鐵. 六辛日逢戊子時, 運喜西方, 陰若朝陽, 切忌丙丁離位. 庚辛局全巳酉丑, 位重權高.

九月辛金, 戊土司令, 毛旺子相, 須甲疏土, 壬洩旺金, 先壬後甲. 壬甲兩透, 桃洞之仙. 或壬透甲藏, 又見戊者, 平人. 甲透、壬藏, 戊在支內, 異途之仕.

或辛日甲月, 壬水在支, 有庚自能去濁留淸, 秋闈一榜. 若戊戌月, 則有甲在支亦否.

總之土太多, 甲不出干, 莫問功名, 得一壬出, 洗土助胛, 雖不發達, 富而可求.

或土多無壬甲, 時月多透丙辛者, 略貴. 加以辰字在支, 則榮顯莫及.

或木多土厚, 無水者常人. 或干上重見癸水, 雖無淘洗之功, 頗有淸椧之用. 此命主貴、辛苦.

或己透無壬有癸, 亦能滋生金力, 衣衿之貴, 但恐己多, 不免濁富.

九月辛金, 火土爲病, 水木爲藥.

■ 三冬辛金

十月辛金, 時値小陽, 陽漸升, 寒氣將降, 先用壬水, 次取丙火, 壬丙兩透, 金榜題名, 何也, 蓋辛金有壬水丙火, 名金白水淸, 又在亥月故發.

丙透壬藏, 採芹之造. 丙藏壬透, 富有千金, 壬丙在支, 聰瞑之士.

戊壬在柱, 積富之人. 或壬多無戊, 名辛水汪洋, 反成貧賤, 戊多壬少, 文主成名.

或甲多戊少, 因藝術而蓄金.

若己多有戊, 壬水被困, 金被埋, 不過誠實之人. 或壬癸多無戊丙者, 勞祿辛苦. 十月辛金, 先壬後丙, 餘皆參用.

十一月辛金, 癸水司令, 爲寒冬雨露, 切忌癸出凍金, 而困丙火, 壬丙兩透, 不見戊癸, 衣錦腰金. 則壬藏丙透, 一榜堪圖.

或壬多有戊, 丙甲出干者, 靑雲之客, 若壬多無戊丙者, 洩金太過, 定主寒儒, 或壬多、甲乙重重, 無丙火者, 貧寒.

或支成水局, 癸水出干, 有二戊制者, 富貴恩榮, 無戊者常人.

或支見亥子丑, 干出比劫, 無丙、名潤下格, 富貴雙全, 運喜誓北. 若無庚辛, 又出甲乙, 無戊丙者, 必主僧道.

或支成木局, 有丁出干, 又見成者, 功名特達. 冬月辛金, 遂丙溫暖, 方妙.

十二月辛金, 寒凍之極, 先丙後壬, 無丙不能解凍, 無壬不能洗淘, 丙壬兩透, 金馬玉堂之客, 壬丙俱藏, 游庠食 之人, 有丙無壬, 富眞貴假, 有壬乏丙, 賤耳且貧. 或丙多, 無壬, 有癸, 市中貿易之流.

或水多、有戊己出干, 又有丙丁, 必主衣食充盈, 一生安樂, 十二月辛金, 丙先壬後, 戊己次之.

## 論水

天傾西北, 亥爲出水之方, 地陷東南, 辰爲納水之庫, 逆流到申而作聲, 故水不西流. 水性潤下, 順則有容, 順行十二神, 順也, 主有度量, 有吉神扶助, 乃貴格. 逆則有聲, 逆行十二神, 逆也. 入格者, 主清貴, 有聲譽. 忌刑沖, 則橫流, 愛自死自絶、則吉.

水不絶源, 仗金生而流遠, 水流泛濫, 賴土剋以堤防. 水火均, 則合既濟之美. 水土混, 則有濁源之凶. 四時皆忌火多, 則水受渴. 忌見土重, 則水不流. 忌見金死, 金死則水困. 忌見木旺, 木旺則水死. 沈芝云 : 水命動搖, 多主濁濫, 女人尤忌之. 口訣云 : 陽水身弱、窮, 陰水身弱、主貴.

生於春月, 性濫滔淫, 再逢水助, 必有崩堤之勢. 若加土盛, 則無泛漲之憂. 喜金生扶, 不宜金盛, 欲火既濟, 不要火多, 見木而可施功, 無土仍愁散漫.

夏月之水, 執性歸源, 時當涸際, 欲得比肩, 喜金生而助體. 忌火旺而焙乾. 木盛則盜其氣. 土旺則制其流.

秋月之水, 母旺子相, 表裏晶瑩, 得金助則澄清. 逢土旺而混濁. 火多耳財盛, 木重而子榮, 重重見水, 增冀泛濫之憂. 疊疊逢土, 始得清平之意.

冬月之水, 司令當權, 遇火、則增暖除寒, 見土、則刑藏歸化. 金多、反曰無義. 木盛、是謂有情. 土太過、勢成涸轍. 水泛濫、喜土堤防.

■ 三春壬水

正月壬水, 汪洋之象, 能幷百川之流, 然水性柔弱, 宜用庚金之源, 庶不致汪洋無度. 有庚丙戊三者齊透, 科甲功名. 或庚戊藏支, 丙坐寅支者, 亦有恩誥, 則一庚透, 貢監有之.

凡壬日無比肩羊刃者, 不必用戊, 專用庚金, 以丙爲佐.

或見比劫, 又有庚辛, 此弱極復旺, 又宜制伏. 戊透、可云科甲.

戊藏、則是秀才. 然必丙透不合、爲妙.

或支見多戊, 又有甲出干, 名一將當關, 群邪自伏, 主光明磊落, 名重百僚.

或支成火局, 惜不逢時, 主名利皆虛, 文章駭俗.

用庚者, 土妻庚子. 用丙者, 木妻火子. 用戊者, 火妻土子.

二月壬水, 寒氣初除, 有并流之象, 不用丙暖, 專取戊土辛金. 二月壬水, 先戊後辛, 庚金次之.

戊辛兩透, 雁塔題名. 戊透辛藏, 亦有恩誥. 或戊辛不透, 有庚出干者、主富.

或支成木局, 有庚透者, 金榜題名. 庚在支者, 異途之仕.

或木出火多, 名木盛火炎, 須比肩羊刃, 尤宜水透, 富貴恩榮. 乏水者則否.

或比肩重重, 又須戊討, 書曰：土止流水福壽全. 若戊不見, 名水泛木浮. 一生辛苦, 再行水運, 落水身亡.

或甲乙重重無比肩者, 此依人度日, 全無作爲. 若見庚辛, 飢寒可免.

三月壬水, 戊土司權, 恐有椎山填海之患, 先用甲疏季土, 次取庚金.

甲庚俱透, 科甲定然. 甲透庚藏, 修齊品格. 甲藏有根, 可云俊秀. 有癸滋甲, 必主干城. 獨甲藏支, 必富. 獨庚在柱, 常人. 無甲、剛暴之徒. 乏庚、愚頑之輩.

或時干透丁者, 此爲化合, 助火而不助水. 見丁未一理.

或支成四庫, 乏甲者, 名殺重身輕, 終身有損.

凡水旺多見庚金者, 乃無用之人, 須丙制之方妙.

■ 三夏壬水

四月壬水, 丙火司權, 水弱極矣, 專取壬水比肩爲助, 次取辛金發源, 且暗合丙火, 庚金爲佐.

壬辛兩透, 金榜有名, 或癸辛兩出, 加以甲透, 亦主異路之榮. 無甲者、富貴門下之客.

如無壬, 木少火多者, 又作棄命從才格, 因妻致富. 癸透者殘疾.

或四柱多金得地, 則極弱復強, 須用巳中戊土, 亦主名利雙全.

혹이도지귀 약견일갑장인 여기상형 주유암질 명리개허 불능
或異途之貴. 若見一甲藏寅, 與己相刑, 主有暗疾, 名利皆虛, 不能
창립
創立.

혹다갑을 유경출간자 귀 무경자부
或多甲乙, 有徑出干者、貴. 無庚者否.

혹지성수국 대귀
或支成水局、大貴.

오월임수 정왕임약 취계위용 취경위좌 무경불능발수 무계
五月壬水, 丁旺壬弱, 取癸爲用, 取庚爲佐. 無庚不能發水, 無癸
불능상정 오월임수 신계역가참용 기리여사월개동
不能傷丁. 五月壬水, 辛癸亦可參用, 其理與四月皆同.

경계량투 과갑필연 경임량투 관거극품 유경무임계자 상
庚癸兩透, 科甲必然, 庚壬兩透, 官居極品. 有庚無壬癸者, 常
인
人.

혹지성화국 전무금수 명재다신약 부옥빈인 약우갑을다자
或支成火局、典無金水, 名才多身弱, 富屋貧人. 若又甲乙多者,
승도지명
僧道之命.

육월임수 기토당권 정화퇴기 선용신금계수 차용갑목벽토
六月壬水, 己土當權, 丁火退氣, 先用辛金癸水, 次用甲木劈土.
육월임수 선신후갑 차취계수
六月壬水, 先辛後甲, 次取癸水.

신갑량투 부귀청고 갑장신투 공감생원 신장갑투 이도무
辛甲兩透, 富貴淸高. 甲藏辛透, 貢監生員. 辛藏甲透, 異途武
직 갑임량투 무상 유치국지귀 즉갑장임출무파 시습개지재
職. 甲壬兩透, 無傷, 有治國之貴. 卽甲藏壬出無破, 是拾芥之才.
혹지다토화 우지청빈
或支多土火, 又只淸貧.

혹일파기토 차가종살격 위인간사 차주고빈 득갑을출제가
或一派己土, 此假從殺格, 爲人奸詐, 且主孤貧, 得甲乙出制可

救. 凡土居生旺之地, 須用木制方妙.

或支成木局, 洩水太過, 當用金水爲貴, 以金爲妻、水爲子.

■ 三秋壬水

七月壬水, 庚金司令, 壬得申之長生, 源流自遠, 轉弱爲強, 專用戊土, 次取丁火佐戊制庚. 但用辰戌之戊, 不用申中受病之戊. 戊丁俱透, 科甲生員. 戊透天干, 丁藏午戌, 恩封可待, 特忌戊癸化合. 卽支見寅戌, 年出丁火, 可許衣衿. 或丁戊兩藏, 富中取貴.

或四柱多壬戊又透干, 名假殺化權, 閬苑之仙. 支中見甲, 亦不忌也. 但太多者、常人. 有庚居申, 頗有衣祿.

或戊多而透, 得一甲制, 略貴, 無甲常人. 或一派甲木, 又見火多, 無庚出者, 別祖離鄕, 隨緣度日. 蓋申中之庚, 不能救也.

七月壬水, 專用戊土. 丁火爲佐.

八月壬水, 辛金司權, 正金白水淸, 忌戊土爲病, 專用甲木. 甲木一透制戊, 壬水澈底澄淸, 名高翰苑. 若甲出時干, 功名顯達, 設見庚破, 又屬常人. 卽甲藏之、無庚, 秀才可許.

或天干有壬, 支見申亥, 此非用甲, 戊土作用. 亥雖有甲, 又有申中之金制甲, 秀才一定, 且富足多才.

或無戊、多金水者, 主人淸才濁, 困苦寒儒.

無甲用金, 發水之源, 名獨水三犯庚辛, 號曰體全之象.

八月壬水, 專用甲木, 庚金次之. 用甲者, 水妻、木子.

九月壬水進氣, 其性將厚, 若一派壬水, 見一甲、制戌中之戊, 戊又出干, 斯用丙火. 此格淸貴極矣, 正合一將當關, 群邪自伏, 或不見丙戊, 亦不爲妙.

或一派戊土, 無一己庚雜亂, 得一甲透時干. 玉堂淸貴, 卽甲透月上, 亦主科甲. 若支藏己土, 一榜可圖. 或庚乏丁, 貧賤之人.

或丁透見甲, 畧貴.

或水多乏丙者, 又用戊土, 常人.

九月壬水, 專用甲木, 次用丙火. 用土者, 火妻土子.

■ 三冬壬水

十月壬水司權, 至旺之極, 取戊爲用, 若生辰日干, 又見辰時, 必須戊透, 又須庚制甲, 不傷戊土, 戊庚兩全, 定主登科乃第, 位顯權高. 或甲出制戊, 不見庚救者, 斷之困窮. 戊藏無制, 可許生員. 或戊庚兩透無甲者, 亦主榮顯.

或支成木局, 有甲乙出干, 得庚透者, 富貴. 無庚者、平常.

或支成水局, 不見戊己, 名潤下格, 運行西北, 大富貴, 行東南者、必危.

或丙戊兩透, 行火土運, 名利雙全. 或有丙無戊, 可云衣祿. 有戊無丙, 難許推盈. 十月壬水、專用戊丙, 次取庚金.

十一月壬水, 陽刃幫身, 較前更旺, 先取戊土, 次用丙火, 丙戊兩透, 富貴榮華. 有戊無丙, 畧可言富. 有丙無戊, 好謀無成.

或支成水局, 丙不出干, 則有戊土, 亦是庸人. 或丙透得所. 則戊藏支, 亦可顯達, 須運得用方妙.

或支成火局, 一富而已.

或比見月詩, 年見丁火, 平常之輩. 支成土庫, 富貴中人. 或丁出時干, 名爲爭合, 主名利難成.

或壬子日、丁未時, 雖不能科甲, 亦柔恩榮, 何也, 蓋用子中癸水爲官，號曰用神得地，亦主榮華.

十一月壬水，丙戊並用.

十二月壬水，旺極復衰，何也？上半月癸辛主事，故旺，專用丙火．下半月幾土主事，故衰．亦用丙火，甲木佐之.

有丙解凍，名利雙全．丙透甲出，科甲之貴，然四柱無壬、方妙．無丙、單寒之士.

或四柱多壬，戊透制之，衣衿可望.

或丁出時干，化合成木，月干又見丁火，無癸破格，亦主富貴.

或支成金局，不見丙丁，名金寒水凍，一世孤貧，見火略可．則丙透遇辛，亦不爲妙，見丁頗吉.

臘月壬水，先取丙火，丁甲爲佐，故水冷金寒愛丙丁．用火者，木妻火子.

水旺居垣須有智，水土混雜必愚頑．壬癸路經南域、主健、富貴堪圖．又云：惟有水木傷官格，才官相見始爲歡.

■ 三春癸水

正月癸水，値三陽之候，雨露之精，其性至柔，先用辛金，生癸水之源, 次用丙火照暖, 名陰陽和合, 萬物發生. 辛丙兩透, 金榜有名.

或支成火局, 辛金受傷, 有壬出救者、富貴. 無壬者、貧窮. 或丙出天干, 辛在酉丑, 亦有衣衿. 若辛丙皆無, 貧寒下格. 或辛透丙藏, 恩榮之造. 丙辛在柱, 以富得官.

或戊透月上、坐辰時, 不見比劫, 丙丁出干, 此爲化合, 定主腰金, 見刑沖則否.

或支成水局, 宜有丙透, 無壬者, 衣祿不少. 若見丙火重重, 又作貴推.

正月癸水, 辛金爲主, 庚金次之, 丙亦不可少. 若無庚辛, 雖有丙火, 無用之人. 或火多土多, 殘疾不免.

用辛者, 土妻、金子.

二月癸水, 不剛不柔, 乙木司令, 洩弱元神, 專以庚金爲用, 辛金次之. 庚辛俱透, 無丁出干者, 貴由科甲. 無庚辛者常人.

或庚透辛藏, 榮封有准. 庚藏辛透, 亦有衣衿. 庚辛兩藏, 富中取貴, 或刀筆揚名. 或庚辛重見, 有己丁出干者亦貴.

或支成木局, 月時又見木者, 爲洩水太過, 定主貧困多災. 卽運入西方, 亦屬無用.

三月癸水, 要分淸明穀雨. 淸明後、火氣未熾, 專用丙火, 爲陰陽合諧. 穀雨後, 雖用丙火, 尙宜辛甲佐之. 如辛卯、壬辰、癸未、丙辰, 生上半月, 用丙火、顯達. 生下半月, 必無傷辛金癸水、方妙. 然丙亦不可少. 用丙、木妻、水子.

三月癸水, 從化者多, 得化者榮祿. 不化者平常.

或支成水局, 又見己土、無木, 乃假殺格, 有甲出者、常人.

或支坐四庫, 又得甲透, 可謂顯達名揚. 無甲者僧道孤苦.

或支成木局, 無金, 名傷官生財格, 主聰明博學, 衣祿充饒.

三月癸水, 辛甲皆酌用. 下半月、土妻金子.

■ 三夏癸水

四月癸水, 喜辛金爲用, 無辛用庚. 若辛高透, 不見丁火, 加以壬透, 主科名榮貴, 聲播四夷. 若有丁破格, 貧無立錐, 有壬可免. 辛藏無丁, 貢監衣衿.

或一派火土乏辛, 則有己庚, 亦不能生水. 又無比肩羊刃, 必至熬乾癸水，損目無疑．若壬兩透，洩制火土，名劫印化晉，極貴之造．有丁見干者．則否．如有庚無壬．亦無丁破庚者，堪入儒林．有庚無辛者，異路功名．總之四月癸水，專用辛金方妙．

五月癸水，至弱無根，必須庚辛爲生身之本，但丁火司權，金難敵火，安能滋養癸水，宜見比劫，方得辛金之用．五月癸水，庚辛壬參酌並用可也．

如庚辛透干，又見壬癸者，定主鍾鼎名家．或有金透，支見申子辰者，亦主金榜掛名．或無水出干，支只一水，雖有庚辛，一富之造．故曰：水源會夏，富重貴庚．又曰：金水會夏天，富貴永無邊，運行火土地，快樂似神仙．

或支成火局，無壬出幹，定主僧道．或二壬一庚同透，衣錦腰金．

或一派己土，無甲出制，此作從殺而論，又主大貴．凡從殺者，切不可破格方吉．

六月癸水，有上下月之分．下半月庚辛有氣，上半月庚辛休囚．凡六癸日、多不驗者，厦也？俗士不知此理．因未中有乙己同宮，破而不破，故癸水不能從薩，所以專用庚辛．如上半月金神衰弱，火氣炎烈, 宜比劫助身, 可云富貴. 與五月一理. 下半月庚辛有氣, 卽比劫亦可, 又忌丁透, 卽在支亦不吉. 其生剋制化, 與五月略同.

■ 三秋癸水

七月癸水, 正母旺子相之時, 癸雖死申, 殊不知申中有庚生之, 名死處逢生, 弱中復強, 卽運行西北, 亦不死也. 但庚司令. 剛銳極矣, 必取丁火爲用. 或丁透有甲, 名有焰之火, 必主科甲. 或丁透無甲, 又無壬癸, 卽有一二庚金, 亦有生監. 有二丁更妙. 或金多乏丁制者, 貧困之人.

或一丁坐午, 名獨才格, 主金玉滿堂, 富中取貴. 若在未戌, 則是常人. 或柱見二戌二未, 又得丙丁藏支, 干見甲出、無水, 亦作富貴而推.

八月癸水, 辛金虛靈, 非頑金可比, 正金白水淸, 故取辛金爲用, 丙火佐之. 名水暖金溫. 如丙與辛隔位同透, 主科甲功名. 或丙透辛藏, 一榜之士. 或土多剋水, 生意中人. 八月癸水, 丙辛皆用.

九月癸水, 失令無根, 戊土司權, 剋制太過, 專用辛金發水之源,

요비견자갑제무방묘
要比肩滋甲制戊方妙.

혹신갑량투 지견자계 정주평보청운 혹계갑량투 부귀성명
或辛甲兩透, 支見子癸, 定主平步青雲, 或癸甲兩透, 富貴成名.

혹유갑신무계자 역유은봉 혹유갑계무신자 부대귀소 유갑무
或有甲辛無癸者, 亦有恩封. 或有甲癸無辛者, 富大貴小. 有甲無
계신자 상인 이자구무 빈천지격
癸辛者, 常人. 二者俱無, 貧賤之格.

혹유갑견임자 파허의금
或有甲見壬者, 頗許衣衿.

구월계수 신갑병용
九月癸水, 辛甲並用.

삼동계수
■ 三冬癸水

십월계수 왕중유약 하야 인해요목 설산원신 의용경신위
十月癸水, 旺中有弱, 何也? 因亥搖木, 洩散元神, 宜用庚辛爲
묘 득경신량투 불견정상자 공명유준
妙. 得庚辛兩透, 不見丁傷者, 功名有准.

혹지성목국 유정출간 위목왕화상 제주경신불생수 필주청
或支成木局, 有丁出干, 爲木旺火相, 制主庚辛不生水, 必主淸
한 혹성목국 간견병정 이로지영
寒. 或成木局, 干見丙丁, 異路之榮.

혹일파임수 불견무제 명동수왕양 분파도로 약득무투 청귀
或一派壬水, 不見戊制, 名冬水汪洋, 奔波到老. 若得戊透, 淸貴
감과
堪誇.

혹일파경신 득정출제 주명리쌍전 약불견정 우주빈박
或一派庚辛, 得丁出制, 主名利雙全. 若不見丁, 又主貧薄.

혹사주화다 명재다신약 부옥빈인
或四柱火多, 名才多身弱, 富屋貧人.

十一月癸水, 値冰凍之時, 金水無交歡之象, 專用丙火解凍, 庶不致成冰, 又要辛金滋扶, 無丙有辛, 不妙. 凡冬季癸水, 有丙透解動, 則金溫水暖, 兩兩相生, 要不見壬癸, 自然登科及第, 紫誥金章.

或一派壬水, 無丙出干, 寒困之士. 一派癸水, 孤賤之流. 或支成水局, 得丙火重出干者, 又主蟒袍玉帶之榮.

或支成金局, 丙火無剋者, 芒鞋革履之流.

如辛年. 丙月. 癸日. 有火者. 主恩榮寵錫, 繞膝芝蘭. 無火者, 捐資得貴, 位重當朝.

或一派戊己, 名殺重身輕, 非貧則夭.

用火者, 木妻、火子. 用辛者, 土妻、金子.

十二月癸水, 寒極星冰, 蔓物不能舒泰, 宜丙火解凍. 或丙透年柴, 加以壬透, 支中多戊, 名水輔陽光, 主顯達名臣. 無戊者, 異途之職. 若有丙無壬, 黌門之客. 有壬無丙, 戊又出干者, 皂隷之流.

或支見子丑, 比肩出干, 則有丙透, 不能解凍, 此屬平常. 或無癸水, 有辛與合, 亦不爲美. 有丁出、頗吉.

或一片癸己會黨, 年透丁火, 名雪後燈光, 夜生者貴, 日生者否.

약무정화, 우주고빈.
若無丁火, 又主孤貧.

혹지성수국, 무병자, 사해위가, 일생로고.
或支成水局, 無丙者, 四海爲家, 一生勞苦.

혹지성화국, 유경신투자, 의식충족. 무금출, 고고령정.
或支成火局, 有庚辛透者, 衣食充足. 無金出、孤苦零丁.

혹지성금국, 병투득지, 명금온수난, 피차상생, 정허광대문려,
或支成金局, 丙透得地, 名金溫水暖, 彼此相生, 定許光大門閭,
성치한원. 핍병자, 즉문장해세, 총위손산.
聲馳翰苑. 乏丙者, 則文章駭世, 總爲孫山.

혹지성목국, 설수태과, 주잔병신음, 득금출간보구, 기예지류.
或支成木局, 洩水太過, 主殘病呻吟, 得金出干輔救, 技藝之流.

범동월용병, 수병화득지방묘, 불연, 즉중중병화출간, 안능경
凡冬月用丙, 須丙火得地方妙、不然, 則重重丙火出干, 安能輕
허부귀재.
許富貴哉.

## ■ 참고문헌


■ 余氏用神辭淵 行卯出版 梁湘潤 編著

■ 窮通寶鑑・欄江網 武陵出版 徐樂吾 評註

■ 窮通寶鑑評註 益群出版 李鐵筆 編著

■ 造化元鑰評註 武陵出版 徐樂吾 評註

■ 造化元鑰評註 益群出版 李鐵筆 編著

■ 窮通寶鑑精解 明文堂 崔鳳秀, 權伯哲 講述

■ 三命通會 武陵出版 萬民英 著

■ 命理乾坤 武陵出版 鍾義明 著

■ 四柱推命十干秘解 佐藤六龍 編著

## 李修 先生 活動 年表

1965년 釜山 출생

1999년 역학계 데뷔

스포츠조선 '오늘의 운세' 연재

2000년 운세 역학 포털사이트 '애스크퓨처닷컴(www.askfuture.com)' 런칭

중앙일보 이코노미스트, 한국경제신문 고정 칼럼니스트

한국경제TV MC 및 패널리스트

- 이코노미스트, "이수 선생의 四柱-테크"
- 한국경제신문, "명사들의 사주 산책"
- 한국경제TV, '국민주식고충처리반'
- 한국경제TV, "동양학으로 보는 증시 예단"

2001년 한국능률협회, 최고 경영자 과정 세미나 초빙 강연

'이수문파(李修門派)' 창건

코리아타임즈(The Korea Times) 칼럼니스트

- 코리아타임즈, 중앙데일리 "매년 國運 예측" 기고
- 이코노미스트, "벤처CEO 추명(推命) 탐방 시리즈"

- 한국경제신문, "십간론 증시 예측"

2002년 이코노미스트, '이수 · 고승덕' 하계 투자 컨설팅 세미나

중앙일보 '오늘의 운세' 연재

증시 사이트 '팍스넷' 투자분석가(전문 애널리스트) 활동

서울경제신문 '오늘의 재운' 연재

- 한국경제TV, '投資와 命理'
- 한국경제TV, "동양학으로 그려본 2002년 주가 그래프"

2003년 스포츠조선 계열사 SCFM 대표이사 취임

스포츠조선 칼럼니스트

- 스포츠조선, "재테크와 역술"
- 이코노미스트, "CEO 풍수학"
- 월간중앙, "이수의 명리학 강의 – 세기적 인물의 사주학적 운명"

2004년 원광대학교 동양학 대학원 명리학 강의

머니투데이 칼럼니스트

- '매직다우, ^DJI 등락 주간 예측' 연재
- 한국경제TV, '건강충전, 풍수–테크'

2005년 AskFuture USA Inc. 설립

성균관대학교 경영학 대학원 금융MBA 과정 출강

매일경제신문 '창조포럼' 창조 리더 연사

# 난강망(欄江網) 마스터리-III

초판 1쇄 2006년 5월 18일

초판 2쇄 2018년 12월 18일

지은이 이 수(李 修)

펴낸이 장석홍

펴낸곳 도서출판 장서원

주소 서울 용산구 한강대로88길21-5

전화 703-5362 팩스 713-7436

등록 제 03-01213호

E-mail moonumsa@hanmail.net

정가 30,000원